KB105978

읽 으 면

읽 을 수 록

빠 져 드 는

회 계 책

읽으면 읽을수록 빠져드는 회계책(최신 개정판)

초판 1쇄 발행 · 2018년 3월 15일
초판 6쇄 발행 · 2021년 8월 15일
개정1판 1쇄 발행 · 2024년 6월 20일

지은이 · 권재희
발행인 · 이종원
발행처 · (주)도서출판 길벗
출판사 등록일 · 1990년 12월 24일
주소 · 서울시 마포구 월드컵로 10길 56(서교동)
대표전화 · 02)332-0931 | **팩스** · 02)322-0586
홈페이지 · www.gilbut.co.kr | **이메일** · gilbut@gilbut.co.kr

책임편집 · 박윤경(yoon@gilbut.co.kr)
제작 · 이준호, 손일순, 이진혁 | **마케팅** · 정경원, 김진영, 김선영, 최명주, 이지현, 류효정
유통혁신 · 한준희 | **영업관리** · 김명자, 심선숙, 정경화 | **독자지원** · 윤정아

교정교열 · 최원정 | **전산편집** · 김정미
CTP 출력 및 인쇄 · 정민 | **제본** · 정민

ISBN 979-11-407-1392-9 13320
(길벗 도서번호 070534)

정가 20,000원

· ·

독자의 1초까지 아껴주는 길벗출판사

(주)도서출판 길벗 | IT교육서, IT단행본, 경제경영, 교양, 성인어학, 자녀교육, 취미실용 **www.gilbut.co.kr**
길벗스쿨 | 국어학습, 수학학습, 어린이교양, 주니어 어학학습, 학습단행본 **www.gilbutschool.co.kr**

읽으면

보기만 해도
재무제표를
읽는 힘이 생긴다!

읽을수록

권재희 지음

빠져드는

회계책

길벗

회계를 알면
사는 게 편해진다!

시작이 반이다? 안타깝게도 회계에 이런 말은 없다. 회계는 다 배우고 난 뒤 비로소 시작이다. 끝까지 배우지 않으면 실전에서 활용할 수 없고, 실전에서 써먹을 수 없으면 의미가 없기 때문이다. 생각해 보면 회계의 시작은 늘 낯선 용어, 처음 보는 개념, 복잡한 숫자 등과 함께였다. 처음 부터 이러니 회계책 한 권을 끝까지 읽는 것도 쉽지 않다.

이 책은 회계를 전혀 모르거나, 회계를 포기한 분들이 완독의 기쁨을 느낄 수 있도록 구성한 회계 입문서다. 내용을 외울 필요도 없고, 중간에 이해가 되지 않아도 상관없다. 그냥 꾹 참고 끝까지 한번 읽어보자. 가능 하면 두 번, 세 번 여러 번 보기를 추천한다. 물론 두 번째부터는 다른 회 계책으로 갈아타도 된다. 원래 회계 공부는 이렇게 하는 거다. 단번에 끝 내는 게 아니라, 여러 번 보면서 자연스럽게 익숙해지는 것이 회계 공부 의 정공법이다.

여기서 의문이 들 것이다. 굳이 이렇게 하면서까지 회계를 배워야 할까? 솔직히 회계를 몰라도 먹고 사는 데 지장은 없다. 단, 누가 뭐래도 회계가 중요한 것은 사실이고, 알아두면 그만큼 유용하다. 특히, 회계를 알면 사는 게 더 편해진다. 세탁기 없이도 빨래는 할 수 있지만, 세탁기 때문에 삶의 질은 훨씬 높아졌다. 회계도 마찬가지다. 몰라도 그만이지만 막상 알고 나면 그렇게 편할 수가 없다.

회계가 쉽지는 않다. 전문가인 회계사도 늘 공부해야 한다. 그러나 일반인에게 회계는 쓸데없이 어렵다. 따라서 회계에 대한 접근 방식을 바꿀 필요가 있다. 우선 회계는 쉽게 접근해야 한다. 몰라도 되는 어려운 회계는 과감히 버려도 된다는 뜻이다. 그런 의미에서 이 책은 반드시 알아야 하는 개념은 쉽고 간결하게 설명하되, 굳이 알 필요 없는 것은 쿨하게 넘겨도 된다고 명시했다. 특히 일상생활에서 쓰이는 표현이 회계 용어보다 이해하기에 더 적합하다면 그 표현을 사용했다. 또한 회계의 기본 틀을 유지하면서도 독자들이 중간에 포기하지 않게끔 일상에 밀접한 에피소드를 많이 활용했다. 이러한 이유로 이 책에 등장하는 용어의 정의나 쓰임이 회계학 교과서의 그것과는 조금 다를 수도 있으니 양해를 구하고자 한다.

이 책의 초판이 나온 후 벌써 여러 해가 지났다. 강산이 변하려면 10년은 걸린다는데, 회계에서는 1년 사이에도 많은 변화가 일어난다. 이번 개정판에서는 그동안 있었던 중요한 회계기준의 변경 내용(금융상품, 리스 등)을 반영했다. 아울러 초판에는 어려워서 제외했던 개념이라도 실무에 자주 사용되는 중요한 내용이라면 추가로 수록했다. 대신 전체적으로 조금 더 쉽게 읽히도록 세밀한 주의를 기울였다.

개정판을 준비하는 과정에서 과거의 부족했던 점들이 눈에 띄어 부끄러운 마음이 들기도 했다. 그럼에도 조금이나마 더 나은 책을 만들기 위해 노력했으며, 이 과정에서 많은 분의 도움을 받았다. 언제나 내 편인 가족들, 가족 같은 친구 이은정, 사진을 사용할 수 있게 허락해 준 강자은 님, 송예린님, 내용 구성에 영감을 준 김성한님, 이경희님, 난제를 만날 때마다 도움을 주시는 동료, 선후배 회계사들 모두에게 감사의 말씀을 전한다.

저자 권재희

차례

PART 4

얼마나 가지고 있니? 재무상태표

PART 1

회계가 나타났다!

01

인류 역사에 회계가 등장했다

역사를 공부하면 회계가 쉬워진다?

회계는 어렵다. 경영학과에 입학한 학생들이 회계사가 될 것이 아니라면 바로 거르는 과목이 회계다. 그런데 회계는 쉽다. 애초에 태어나기는 쉽게 태어났는데, 이후에 덕지덕지 추가된 것이 많아서 어려워졌을 뿐이다. 그래서 회계와 관련된 일(회계사, 회계 부서 근무 등)을 할 것이 아니라면 회계를 어렵게 공부할 필요는 없다. 기본적인 내용만 알고 있어도 충분히 잘 써먹을 수 있기 때문이다. 회계가 왜 생겼는지, 누가 어떻게 회계를 사용하는지, 그 역사를 알면 회계에 대한 막연한 두려움을 확실히 덜 수 있다. 회계책인데 역사 이야기로 시작하는 이유도 여기에 있다.

회계는 왜 탄생했을까

중세 유럽, 이탈리아의 해양도시들은 그 유명한 십자군 전쟁(1096~1272년)에서 십자군에게 무기나 식료품을 대여해 주고, 병력을 운송해 주기도 하면서 급속히 성장했다. 덕분에 중세 유럽에서는 일찍부터 상업과 무역업이 발달했다. 이에 따라 사고파는 물건의 가격과 원가를 측정하고, 이익이나 손실을 파악할 필요가 있었고, 자연스럽게 돈과 관련된 측정 도구, 즉 '회계'가 필요해졌다.

당시 상업과 무역업에 자본을 투자한 사람들 대부분은 왕족이나 귀족, 거상들이었다. 이들은 이익금이 어떻게 만들어졌는지, 투자의 반대급부로 얼마나 받을 수 있는지 정확하게 알고 싶어 했고, 이로 인해 이익과 자산의 계산 방법도 명확해질 수밖에 없었다. 상인들 입장에서도 이렇게 명확하게 해야 또 다른 자본을 지원받을 수 있고, 돈 관리도 효율적으로 할 수 있는 이점이 있었다.

이처럼 회계는 중세 이탈리아에서 상업이 발달하면서 자연스럽게 태동한 실용적인 학문이다. 요컨대, 중세 이탈리아 상인들은 체계적이지는 않지만 경험적 지식을 바탕으로 자신들만의 방법으로 회계를 실무에 적용하고 있었던 것이다. 이 시기에 사용된 회계를 '단식부기'라고 한다. 단식부기는 직관적이고 단순한 회계의 방법이다.

단순한 단식부기에서 벗어나 천재적인 누군가들에 의해 개발된 복식부기가 사용되기 시작한 때는 중세 시대 언젠가부터다(대체로 13세기나 14세기로 추측한다). 그 시기에는 회계에 대한 체계적인 저술이나

복식부기
거래를 차변과 대변으로 구분하여 이중으로 기록하는 부기(簿記)형식으로, 가계부 작성 시 사용되는 단식부기와 상대되는 형식이다. 가계부와 재무제표를 구분짓는 중요한 차이점인데 차차 살펴볼 것이다.

교육이 부재했기에 당시엔 공부 좀 한다는 사람들만 복식부기를 사용했을 것이다(단식부기와 복식부기는 뒤에서 자세히 설명한다).

혼자서 회계를 공부할 방법이 전혀 없던 때니 회계가 얼마나 어려웠을까. 그러니 회계를 아는 사람이 얼마나 고급인력으로 대우를 받았을지 능히 상상이 간다.

대항해시대, 회계가 꽃핀 시대

상업의 성행과 함께 중세 유럽은 대항해시대에 진입한다. 무역업으로 많은 이득을 얻던 시기에 동양으로 가는 새로운 항로를 발견하는 것은 로또 당첨과도 다름없는 일이었다. 탐험가들은 너나 할 것 없이 탐험에 나서길 원했고, 탐험 자금을 마련하기 위한 홍보 수단으로 회계를 적극적으로 활용했다. 자신에게 투자하면 얼마나 많은 수익을 올릴 수 있는지를 자본가들에게 보여줌으로써 보다 손쉽게 자금을 유치할 수 있었다.

♦ 콜럼버스의 무덤

대항해시대에서 가장 유명한 탐험가는 역시 콜럼버스다. 그의 이야기를 하기에 앞서 스페인 세비야 대성당을 한번 둘러보자. 세비야 대성당에는 의외의 유물이 있다. 바로 콜럼버스의 무덤이다. 무덤은 콜럼버스의 관을 4명의 거인이 메고 있는 형태로 되어 있다. 이 거인들은 각각 스페인을 지배했던 4개 왕국의 왕을 상징한다. 왕이 관을 메주는 사람이라. 누가 보면 이탈리아 출신인 콜럼버스가 스페인 왕보다 더 높은 사람인 줄 오해할 수도 있겠다. 콜럼버스의 업적이 그만큼 대단했다는 것을 상징적으로 표현한 유물이라고 볼 수 있다.

콜럼버스는 아메리카 대륙을 발견하여 스페인에 큰 이득을 주었다. 그는 인도 항로 개척을 위해 포르투갈, 스페인, 영국, 프랑스 등 유럽의 여러 왕실, 즉 투자자들을 찾아다니며 투자설명회를 개최했다. 콜럼버스는 말로만 설득하는 것이 아니라, 항로 개척으로 인한 예상 수익과 비용, 투자자들이 가져갈 배당이 얼마인지를 자세하게 설명했을 것이다.

이렇게 미래의 수익과 비용, 이익을 계산해 주는 것이 바로 회계다. 그리고 그러한 숫자를 기록해 놓은 보고서가 재무제표이다. 콜럼버스는 탐험의 대가로 항로 개척으로 인한 수입의 10%를 달라고 요구했다고 하는데, 회계를 통해 이익을 잘 정리했으니, 이런 요구도 가능했을 것이다. 터무니없어 보이는 제안을 한 콜럼버스의 손을 들어준 사람은 스페인의 이사벨라 여왕이다. 이사벨라 여왕(아니, 그녀의 신하들)은 밤을 새워 콜럼버스가 제시한 재무제표에 대한 철저한 분석과 검증을 거치지 않았을까? 그렇게 회계는 스페인의 큰 결심에 중대한 영향을 줬을 것이다.

1492년, 콜럼버스는 드디어 아메리카 대륙을 발견한다. 콜럼버스가 산타마리아호에서 미지의 대륙을 눈에 담던 그 순간은 회계적으로도 큰 의미가 있다. 그 자리에 스페인 왕실에서 파견한 회계사가 함께하고 있었기 때문이다. 그는 콜럼버스가 투자받은 돈을 적절히 사용하는지, 새로운 대륙에서 얻은 보물을 빼돌리지는 않는지, 일일이 기록하고 감시하는 역할을 했을 것이다. 신대륙 발견과 함께 미국 회계 역사가 시작된 것이다.

회계학의 아버지, 루카 파치올리

루카 파치올리는 1494년, 현대 회계학의 근간인 복식부기에 관한 내용을 집대성하여 최초의 회계 서적을 출간했다. 그 책이 바로 《산술, 기하, 비율 및 비례의 총람》인데, 서양 최초의 회계 서적으로 알려져 있다. 이 책은 당시 상업을 토대로 강력한 공화국으로 군림하던 베니스에서 상인들이 사용해 온 복식부기 시스템을 소개하고 있다. 구두로만 전해져 오던 복식부기의 내용을 완전히 이해하여 본인의 언어로 표현한다는 것은 매우 어려운 일이다. 루카 파치올리는 그만큼 회계의 역사에서 위대한 업적을 남겼기에 회계학의 아버지라 불린다.

최초의 회계 사용 집단은 개성상인이다?

우리 역사상 걸출한 상인 집단을 꼽으라면 으레 첫손에 꼽히는 게 개성상인이다. 상인들이 있는 곳, 즉 돈이 움직이는 곳에 필수불가결하게 따라오는 것이 바로 회계이니, 우리 역사에서는 개성상인과 같은 상인들이 회계를 처음 사용했거나 발명했을 것이라고 추측된다. 개성상인들은 11세기에서 13세기 초반에 이미 복식부기를 완성해서 사용했다고 전해진다. 이른바 '사개송도치부법(四介松都治簿法)'이 그것이다. 12세기에 개성상인들이 이미 복식부기를 사용했으니, 유럽보다 200년 앞선 것이라고 한다. 다만, 중세 유럽에서는 루카 파치올리가 1494년에 복식부기에 대한 책을 최초로 저술하였다면, 우리 역사에서는 그보다 한참 늦은 1916년 헌병주 선생이 편찬한 《사개송도치부법》이 복식부기를 최초로 해설한 책으로 알려져 있다.

아라비아 상인이 우리나라에 처음 내항한 것이 1024년이라고 한다.

이후 고려는 벽란도를 통해 국제무역을 활발히 전개했다. 그러니 어쩌면 (누군가의 주장처럼) 우리의 사개송도치부법이 아라비아 상인을 통해 유럽에 전래되어 오늘날의 회계에 이르게 된 것일지도 모른다. 혹시 루카 파치올리는 사개송도치부법이라는 다 차려진 밥상 위에 숟가락만 얹고서 '회계학의 아버지'라는 타이틀을 얻게 된 것은 아닐까? 진실은 역사만이 알 테지만, 그것 참, 개성상인이 회계의 시초라니 사실이든 아니든 상상만 해도 설렌다.

알고 보면 상식이 통하는 회계

정리해 보면, 상인들이 얼마나 장사를 잘했는지, 돈이 얼마나 남았는지를 확인하기 위해 스스로 만들어서 활용하다가 자연스럽게 정리된 것이 회계이다. 상인들이 사업을 하면서 익숙하게 사용하는 용어가 회계에 그대로 등장한다. 매출, 비용, 임차료, 임대료, 인건비, 이익, 배당 등을 생각해 보자. 우리도 일생 속에서 적어도 한 번은 들어본 말이 아닌가. 이모든 용어는 회계에서 왔다.

현대 사회에서는 날마다 새로운 상품과 개념이 계속해서 생겨난다. 회계는 이 모두를 돈으로, 숫자로 측정한다. 따라서 현실을 반영하기 위해 점점 더 복잡하고 어려워졌다. 그러나 회계의 근본은 장사하던 상인들에게서 온 것이다. 일상에서 자연스럽게 사용하던 개념이 숫자로 표현된 것뿐이니, 상식적으로 접근하면 많은 것이 해결된다.

앞에서 설명했듯 회계는 투자를 유치하거나, 또는 투자자에게 투자의 결과를 브리핑할 때도 사용되었다. 투자자에게 복잡하고 어렵게 설명했다가 무슨 해코지를 당할지 모른다. 그렇기에 회계의 기본 개념 자체는 누구나 생각할 수 있을 만큼 쉽고 단순하다. 그러니 어렵다는 선입견으로 지레 겁먹고 회계를 포기하지는 말자.

02

회계, 모습은 다양하지만
원형은 하나다

회계란 무엇인가

10년차 회계사가 있다. 오정훈. 40대 가장인 그가 회계로 밥을 벌어먹고 살면서 끊임없이 듣는 말이 있다.

"도대체 회계가 뭡니까."

가장 자주 들으면서, 대답하기는 가장 난감한 질문이다. 게다가 시중에 나와 있는 책들을 보면 회계의 종류도 참 많다. 재무회계, 원가회계, 관리회계, 원가관리회계, 세무회계, 정부회계 등. 그렇지 않아도 어렵게 느껴지는 회계인데, 배워야 할 것도 많은 것 같아 더 껄끄럽게 느껴질 수도 있겠다. 그렇지만 발상을 바꿔보는 것은 어떨까? 어차피 회계라는 틀에서는 큰 차이가 없고, 이름만 좀 다른 회계들이 모여 있을 뿐이라고.

일단 회계가 무엇인지 살펴볼 필요가 있다. 회계는 한자로 모일 회(會)와 계산할 계(計) 자로 만들어진 단어다. 한자를 그대로 해석하면 모아서 계산한다는 뜻이다. 실제로 거래가 발생할 때마다 전표가 모이고, 전표 상의 숫자들을 더하고 빼서 만드는 것이 재무제표인 것을 보면, 한자의 의미 그대로 받아들여도 큰 무리는 없을 듯하다.

공식적인 회계의 정의는 다음과 같다.

● 특정의 경제적 실체에 관하여 이해관계를 가진 사람들에게 합리적인 경제적 의사 결정을 하는 데 유용한 재무적 정보를 제공하기 위한 일련의 과정 또는 체계

다시 말해 회계는 거래를 인식, 기록, 정리, 보고, 분석 및 해석하는 과 정이라고 할 수 있다. 결국 회계는 회사에 지대한 관심을 가지고 있는 사 람들에게 보여줄 자료를 만들기 위해, 회사와 관련된 다양한 숫자를 잘 정리하는 것이라고 이해하면 된다(숫자를 인식, 취합, 분류, 계산해서 보기 좋게 정돈하고, 숫자를 분석하고 해석하는 것을 모두 포함한다).

그런데, 회계의 종류는 왜 이렇게 많을까

회사와 관련된 사람들은 참 많다. 회사에 투자한 주주, 회사에 돈을 빌 려준 채권자, 회사를 운영하는 경영자와 임직원, 회사에서 세금을 징수 해야 하는 정부 등이 모두 회사의 이해관계자다. 이해관계자마다 기업에 대해 관심을 갖는 부분이 다르다 보니, 모두의 취향에 맞춰 회계를 정리 하기가 쉽지 않다. 그래서 아예 이해관계자별로 숫자를 맞춤식으로 정리 하기로 했다. 회계에 그렇게 다양한 이름이 붙은 것은 바로 이 때문이다.

회계는 크게 보면 두 가지로, 채권자와 투자자 같은 외부의 이해관계자를 위한 재무회계와 회사 내부의 경영진을 위한 관리회계로 나눌 수 있다.

재무회계(외부 이용자를 위한 회계)

재무회계는 재무제표 작성을 목적으로 하는 회계다. 여기서는 재무제표를 회사와 관련된 다양한 숫자들을 정리해 놓은 보고서 정도로 우선 이해해 두자.

재무제표는 회사의 채권자, 주주, 정부, 경영진, 임직원 등에게 중요한 정보를 제공한다. 그런데 회사 내부에 있는 사람들은 회사의 다양한 정보에 접근하기 쉽지만, 외부의 이해관계자들은 내부 정보에 접근하기가 어려워 어쩔 수 없이 정보의 불평등이 발생하게 된다. 이런 이유로 재무제표는 최대한 객관적이고 공정하게 작성되어야 한다. 그래서 모든 회사가 객관적이고 공정하게 회계를 할 수 있도록 회계기준이 마련되었다. 즉, 재무제표는 회계기준에 따라 작성되어야 하고, 일정 규모 이상의 회사는 외부감사인으로부터 재무제표에 대한 감사(외부감사)도 받아야 한다. 우리가 흔히 회계 하면 떠올리는 그것이 바로 재무회계라고 생각하면 된다.

관리회계(내부 이용자를 위한 회계)

관리회계는 말 그대로 관리를 위한 회계다. 즉 관리회계는 경영진 등 회사 내부의 의사결정자에게 회사 경영에 관련된 의사결정을 하는 데 유용한 정보를 제공하기 위한 회계다. 오직 회사 내부에서만 사용되다 보니, 관리회계를 위한 특별한 원칙이나 규정 같은 것은 없다. 회사별, 부서별 특성에 따라 내부적인 기준을 만들고, 그것을 따르면 된다. 외부에 공개할 필요도 없고, 감사를 받지도 않는다. 원가 추정, 계획 수립, 성과 평가, 손익분기 분석 등이 모두 관리회계의 영역이다.

원가회계(재무회계와 관리회계에 도움을 주는 회계)

원가회계는 제품의 원가를 계산하는 회계를 말하는데, 재무회계에 대한 보조적인 회계이면서 관리회계의 한 영역이라고 이해하면 된다. 재무회계에서 사용하는 재고자산원가, 매출원가 등의 원가 정보가 모두 원가회계를 통해 산출된다. 그래서 원가회계와 재무회계는 긴밀한 연결성을 갖는다.

원가회계에서 산출된 정보는 원가 추정, 계획 수립, 성과 평가 등 관리회계를 위한 가장 기본적인 자료가 된다. 원가를 알아야 거기에 적정한 이윤을 붙여서 판매가격을 책정할 수 있고, 원가를 알아야 손익이 얼마인지 성과 평가도 할 수 있다. 가격을 결정하고, 손익분기 분석을 하고, 성과를 평가하는 것은 관리회계의 영역이기도 하다. 결국 원가회계는 관리회계의 일부라고 보면 된다. 그런 이유로 관리회계, 원가회계 또는 원가관리회계 책들은 대부분 유사한 주제를 다룬다.

세무회계(세금을 계산하기 위한 회계)

법인소득에 대한 세금을 낼 때 재무제표를 그대로 이용하면 회사도 국세청도 참 편할 것이다. 그러나 세법은 정책적 목적을 달성하기 위해 납세자에게 여러 가지 혜택도 주고 제한을 가하기도 하므로, 회사와 관련된 숫자를 기록하는 방법이 재무회계와는 다를 수밖에 없다. 따라서 세금을 계산하기 위해 별도로 숫자를 집계하는 과정이 필요하게 되었고, 그렇게 생겨난 것이 바로 세무회계다.

정부회계(정부가 사용하는 회계)

정부는 세금을 걷고, 여러 가지 정책 목적을 위해 돈을 쓴다. 돈이 오가니 응당 그것을 정리하고 보고하는 회계가 필요한 것이 인지상정. 다만 이윤을 목적으로 하는 회사가 쓰는 재무회계를 정부에서 그대로 쓰기에는 무리가 있다. 정부의 수익원은 국민들에게서 징수한 세금인데, 정부가 회사처럼 이윤을 남기겠다고 세금을 많이 걷거나 정부지출을 줄일 수는 없을 테니 말이다. 따라서 정부 맞춤형 회계가 필요한데, 그것이 바로 정부회계다. 정부회계는 정부가 나라 살림을 하면서 발생한 숫자를 정리하고 보고하기 위해 사용하는 회계 정도로 이해해 두자.

03

회계를 몰라서 생기는 일

5억 원이 마이너스 5,000만 원이 된 사연

A회사 기획실에서 특별한 프로젝트를 기획하고, 각 부서에 프로젝트 진행에 필요한 연간 예상 비용을 뽑아달라고 요청했다. B부서에서는 지난 프로젝트 때 설치한 것과 동일한 종류의 설비가 추가로 필요할 것으로 예상하여 설비 총액(1억 원)의 비용이 그해 발생할 것으로 기획실에 보고했다. 해당 설비는 향후 10년간 사용 가능하다.

그런데 보고 과정에서 회계 용어가 잘못 사용되었다. 마치 매년 1억 원의 비용이 발생하는 것처럼 보고서에 기재된 것이다. 해당 프로젝트는 연간 5,000만 원의 수익이 향후 10년간 발생할 것으로 기대되는 상황이었다. 기획실에서는 B부서의 보고를 그대로 받아들여 매년 1억 원의 비용이 발생할 경우, 매년 손실이 5,000만 원씩(연간 수익 5,000만 원 — 연간 비용 1억 원) 발생할 것이라고 보고 프로젝트의 진행을 포기했다. 사실은

10년간 기대되는 수익이 5억 원이고, 총 투자비용은 1억 원이므로 자그마치 4억 원의 이익이 예상되는 프로젝트였음에도 말이다.

⊙ 회계상 비용이라는 개념을 정확히 인지하지 못하여 발생한 안타까운 사례다.

알짜배기 D팀이 해체된 사연

C회사에서는 수익성 개선을 위해 영업부서 중 가장 실적이 나쁜 D팀을 해체하기로 결정했다. 몇 안 되는 팀원들이 야근을 밥 먹듯 하며 열심히 일했으나, 팀 매출은 영업부서 내에서 꼴찌를 달렸다. 다른 팀들은 인력 보강이 필요하면 언제든지 새로운 팀원을 뽑고, 회식도 좋은 곳에서 하는 등 승승장구할 때, 직원 채용도 하지 못하고 이래저래 구박만 받다가 기어이 해체가 된 것이다.

그런데 이런 구조조정이 있은 후에도 회사의 상황은 크게 나아지지 않았고, 당기순이익은 오히려 더 낮아졌다. 매출 실적이 높았던 부서들에서 무리하게 인력을 운용하느라 고정비 부담이 커진 데다 매출 성장률까지 둔화되자 문제가 악화된 것이다. 게다가 알고 보니 D팀은 비록 매출 규모는 크지 않았지만 적은 인력을 운용하면서 적정 이익을 내는 알짜배기 부서였다.

⊙ 회계상 매출액, 영업이익, 당기순이익의 개념을 명확히 활용하지 못하여 발생한 안타까운 사례다.

돌을 금으로 착각한 외국회사

외국기업인 E사는 비상장회사인 내국법인 F사의 주식을 100% 매입하기로 결정했다. 외국 컨설팅회사가 평가한 F사의 주식가치가 주식가격 대비 매우 높았기 때문이다. E사는 회계전문가 K를 F사에 회계담당 임원으로 파견했다. K는 F사의 재무제표를 보고 절로 탄식이 나왔다. F사에서 임직원 퇴직 시 지급해야 하는 상당한 금액의 퇴직급여충당부채를 회사의 부채로 인식하지 않고 엉뚱하게 회계처리를 해오고 있었기 때문이다. 부채가 적게 기록되어 F사의 주식가치는 부풀려져 있었던 것이다. 결과적으로 E사는 F사의 주식을 터무니없이 비싸게 산 꼴이 되고 말았다.

◐ 회계상 충당부채의 개념을 고려하지 못해 발생한 안타까운 사례다. 충당부채는 언제 지급할지, 얼마를 지급할지가 아직 정해지지 않은 부채(빚)다. 우선은 이 정도만 알아두자.

억울하게 가산세를 납부한 회사

G사는 컨설팅 서비스 회사인데, 매출을 인식할 때 현금주의에 따라 회계처리를 하였다. 현금주의에 따라 3년에 걸쳐 이루어진 서비스 매출액을 대금 수령 시점인 현재 시점에 인식했던 것이다. 서비스 매출은 진행 기준으로 3년에 걸쳐 나누어 인식해야 하므로, 결과적으로 G사는 과거 2년간의 매출은 과소하게, 올해 매출은 과다하게 인식한 셈이다. 그런데 세무서에서 이러한 회계처리의 오류를 적발하고, 과거 2년간의 매출

을 과소하게 신고했다는 이유로 회사에 가산세를 부과했다.

○ 회계상 발생주의의 개념을 인지하지 못하여 발생한 안타까운 사례다. 발생주의는 '거래가 발생할 때 기록한다'라는 회계의 대원칙 중 하나다. 현금이 입금되거나 출금될 때 거래를 기록하는 현금주의(가계부 작성법)와 반대되는 개념이다(뒤에서 자세히 살펴볼 것이다).

04

내집마련과 회계

우리는 지금도 회계를 사용하고 있다

회계는 당신이 생각하는 것보다 상당히 실용적인 학문이다. 무역이나 물물교환 등을 하기 시작하면서 필요에 의해 만들어진 관습적인 논리라고 할 수 있다. 어렵고 복잡해 보이는 회계가 실용적이라니 무슨 말인가 싶겠지만, 우리 생활을 조금만 들여다봐도 '아하' 싶을 것이다.

사실 많은 사람들이 회계가 무엇인지 정확히 알지 못하고 심지어 관심조차 없는데도 일상생활에서 이미 사용하고 있다. 돈이 가는 데에는 반드시 회계적인 생각과 분석이 따라가게 마련이다. 그러므로 오늘도 당신은 당신도 모르는 채 그 어렵다는 재무제표 분석을 능숙하게 해내고 있을지도 모른다. 황당한가?

이미 당신이 회계적인 사고를 하고 있다는 것을 실감하려면 내집마련 과정을 떠올려 보면 된다.

한국에서 살아가는 많은 사람들의 숙원은 뭐니 뭐니 해도 내집마련이다. 그런데 흥미롭게도 많은 사람들이 내집마련을 하는 과정에서 회계를 사용하고 있다.

생각해 보자. 전세난에 치였든 투자가치가 있는 부동산을 발견했든 드디어 집을 사야겠다는 다짐이 서면, 제일 먼저 하는 일이 당장 끌어모을 수 있는 현금이 얼마나 되는지 확인하는 것 아닌가! 여기서부터 바로 회계가 시작된다.

현금이 많다면야 문제가 없겠지만 대다수는 어디서 대출을 받을 것인지, 얼마만큼 받을 수 있는지 등을 따지게 된다. 무리하게 대출을 받으면 언론에서 종종 이슈로 등장하는 일명 '하우스 푸어'로 전락할 수도 있으니 이게 또 만만치 않은 의사결정이다.

본격! 내집마련 시 회계 사용하기

오회계사도 지긋지긋한 전세 탈출을 위해 재무계획을 점검하고 전략을 수립했다. 명색이 회계사인지라 현재 자산과 대출 규모, 미래 월급과 기타수입, 이자비용을 꼼꼼하게 계산했다. 그때 도움이 되었던 것이 미래의 예상 재무상태표와 손익계산서(가장 대표적인 재무제표다. 자세한 사항은 나중에 살펴보기로 하자)였다. 아내를 설득하는 데에도 이러한 재무제표가 큰 도움이 되었음은 물론이다.

회계사가 아닌 한 집안의 가장으로서 오회계사가 가진 돈은 3억 1천만 원이었고, 이사갈 집의 시세는 5억 원이었다. 약 2억 원의 대출을 받았고, 당시 이율은 3%였다. 이를 재무상태표로 나타내면 다음과 같다. 생긴 모양이 낯설더라도 그러려니 하자. 회계사나 되니 재무상태표를 그린 것이다. 우리는 단지 그 내용만 이해하면 된다.

◆ **재무상태표(주택 구입 전)**

왼쪽		오른쪽	
현금	310,000,000원	자본	310,000,000원
계	310,000,000원	계	310,000,000원

뒤에서 살펴보겠지만, 회계에서는 하나의 사건이 생기면, 그것을 꼭 두 가지로 나누어서 표시한다. 이른바 복식부기의 원리 때문인데, 오회계사가 현금 3억 1,000만 원을 가지고 있었다는 것을 회계적으로 표현하려면 왼쪽에 현금 3억 1,000만 원을 써주고, 오른쪽에 그 현금이 어디서 나왔는지를 표시해 주어야 한다. 대출을 받아서 빌려온 돈(부채)이라든가, 또는 오회계사가 차곡차곡 모아놓은 자금(자본)이라든가. 위에서는 본래부터 가지고 있던 현금이라는 것을 표시해 주기 위해 오른쪽에 자본 3억 1,000만 원을 표시해 주었다. 자본은 모아놓은 금액이 얼마인지 표시해 주는 항목이라고 우선 생각하면 된다.

이사를 가고 나서 달라진 것이 있을까? 물론, 집이 생겼다. 이처럼 몸으로 체감되는 것도 물론 있겠지만, 회계적으로 이것은 아주 큰일이다.

◆ **재무상태표(주택 구입 직후)**

왼쪽		오른쪽	
현금	10,000,000원	대출금	200,000,000원
아파트	500,000,000원	자본	310,000,000원
계	510,000,000원	계	510,000,000원

아파트라는 자산이 증가하는 대신 대출금이라는 부채도 증가했다. 재무상태표의 포인트는 부채를 자산(현금, 아파트)과 함께 표시해 준다는 데 있다. 흔히들 내집마련은 은행이 하고, 자신은 은행에 월세를 낸다는 말을 농담 삼아 하는데, 재무상태표의 대출금 항목이 이를 나타낸다.

회계적 사고로 3년 후 예상하기

오회계사는 집을 사고 나면 더 열심히 일하기로 했다. 집을 사기 전, 오회계사는 다음과 같이 향후 3년간의 수입과 지출을 예상해 보았다. 즉, 향후 3년간의 예상 손익계산서를 작성해 본 것이다.

◆ **손익계산서(미래 3년간)**

	1년 후	2년 후	3년 후
❶ 수입(월급)	50,000,000원	55,000,000원	60,000,000원
❷ 수입(보너스)	5,000,000원	5,000,000원	5,000,000원
❸ 비용(생활비)	30,000,000원	33,000,000원	35,000,000원
❹ 이자비용	6,000,000원	6,000,000원	6,000,000원
❺ 순이익(❶ + ❷ - ❸ - ❹)	19,000,000원	21,000,000원	24,000,000원

그 결과 대출을 받아 집을 사도 큰 문제 없이 살아갈 수 있겠다는 결론이 나왔다. 그렇다면 인생 뭐 있나 싶어 과감히 첫 아파트를 마련한 오회계사였다. 오회계사가 의사결정을 하기까지의 과정(재무상태표와 손익계산서의 작성 및 분석 과정)은 다음과 같다.

❶ 오회계사의 연봉은 4,000만 원이다.

❷ 이자비용이 계속적으로 발생(연 600만 원)한다.

❸ 그러나 연봉이 오를 예정(5,000만 원 → 5,500만 원 → 6,000만 원)이고, 성과 보너스도 매년(연 500만 원) 받게 될 것이니 월급과 보너스라는 수익 또한 지속적으로 증가할 것이다.

❹ 그러니 적어도 이자 때문에 적자가 날 것 같지는 않다.

이를 회계적으로 나타낸 것이 앞의 손익계산서다.

그렇다면 3년 후의 재무상태표도 바뀌기 마련이다. 재무상태표에는 아파트(5억 원)라는 자산이 생기는 대신, 대출금(2억 원)이라는 부채가 증가했다. 이자비용이 발생할 것이나 미래 연봉 등의 상승으로 인해 들어오는 현금이 나가는 현금보다 클 것으로 예상된다.

대출금 2억 원에 대해 매년 발생하는 이자는 600만 원이다. 미래의 연봉 상승치와 보너스 예상 금액, 예상 생활비를 고려하여 향후 3년간의 손익을 계산해 보니 다음과 같이 매년 순이익이 발생했다. 그 결과 3년 후 현금과 자본은 다음과 같다.

❶ 현금 7,400만 원 = 1,000만 원 + 3년간 현금증가액(1,900만 원 + 2,100만 원 + 2,400만 원)

❷ 자본 3억 7,400만 원 = 3억 1,000만 원 + 3년간 순이익증가액(1,900만 원 + 2,100만 원 + 2,400만 원)

위에서 자본은 아파트를 매입할 때 사용한 현금 3억 1,000만 원과 향후 3년 동안 벌어들인 순이익의 합계다. 자본은 내가 가진 모든 자산(현금 + 아파트) 중에서 남의 도움(대출) 없이 직접 번 돈으로 구한 자산이 얼마나 되는지를 보여준다.

◆ 재무상태표(3년 후)

	왼쪽		오른쪽	
현금	74,000,000원	대출금	200,000,000원
아파트	500,000,000원	자본	374,000,000원
계	574,000,000원	계	574,000,000원

회계는 표현 방식을 배우는 일이다

　물론 묻지도 따지지도 않고 그냥 대출을 받아 부동산을 매입하는 사람들도 분명 있을 것이다. 이런 분들에게는 회계가 무용지물이다. 그렇지만 대다수의 사람들은 오회계사처럼 대출이자와 대출원금 상환이라는 고민을 하게 된다. 그 과정에서 단지 재무제표를 그리지 않을 뿐, 은연중에 회계적인 생각으로 그 해법을 찾아가고 있는 것이다.

　회계는 이미 모두의 마음속에 있다. 그러니 회계를 배운다는 것은 마음속에 있는 회계를 꺼내서 어떻게 쓸 수 있는지, 그 표현 방법을 알게 되는 것이라 할 수 있다.

PART 2

회계에 관한
몇 가지 약속들

05

회계의 시작은
발생주의 회계의 이해부터다

신용카드 사용내역은 가계부에 어떻게 적지?

"신용카드를 쓰면 가계부에 어떻게 적어야 하나요?"

웬만큼 부지런한 사람이 아니면 가계부를 꾸준히 쓰는 것이 그렇게 쉽지만은 않다. 돈 쓸 때마다 일일이 기록을 해야 하니 상당히 번거롭기 때문이다. 게다가 가끔은 가계부를 쓰다가 느닷없이 난관에 부딪히기도 한다. 예컨대 신용카드로 결제한 지출은 가계부에 어떻게 적어야 하는지가 아리송하다. 할부 결제는 어떻게 기록해야 하지? 그래서인지 가계부 쓰기와 관련해서 오회계사가 종종 접하는 질문이 '신용카드로 결제한 지출을 어떻게 기록해야 하는가'이다.

신용카드 지출은 '발생주의 회계'를 설명할 수 있는 가장 좋은 예다. 발생주의 회계는 '발생기준'에 따라 수익과 비용을 인식한다는 것으로, 회계를 공부할 때 꼭 알아야 하는 몇 가지 원칙 중 하나다. 여기서 발생기준이란 현금의 입금, 출금 여부와 상관없이 거래나 사건이 실제로 발생했을 때 수익과 비용을 기록하는 것을 말한다.

발생주의 회계와 반대되는 개념이 '현금주의 회계'다. 현금주의에서는 월급과 같은 수익은 현금이 입금된 날에 수입으로 기록하고, 비용은 현금으로 지급한 때에 지출로 기록한다. 우리가 흔히 생각하는 가계부가 현금주의를 적용한 대표적인 회계다.

오회계사는 노트북을 구매하고 신용카드로 결제했다. 그런데 조금 이상하다. 물건은 분명 손안에 있는데, 돈을 내지는 않았으니 말이다. 그렇다면 오회계사는 노트북을 구매한 것인가, 하지 않은 것인가. 현금주의 회계에서는 노트북을 사지 않은 것이다. 왜? 돈이 나가지 않았으니까.

그런데 노트북을 사지 않았다고 하기에는 뭔가 마음이 불편하다. 왜? 오회계사는 분명 지금도 카페에 앉아 새로 산 노트북으로 페이스북을 하고 있으니까.

'현금은 지급하지 않았지만, 그럼에도 불구하고 오회계사가 노트북을 구매한 것이 맞다'는 데 동의할 수 있는가? '네'라고 대답한다면 발생주의 회계의 기초는 이미 다 알고 있는 것이다. 발생주의 회계에서는 비록 현금의 지출은 없었지만 노트북 구입이라는 거래가 발생하였고('발생'이라는 개념을 자세히 설명하자면 한없이 복잡하고 어려울 수 있다. 지금은 그냥 직관적으로 거래가 '발생'했다는 느낌만 알아두자), 그러므로 노트북 구입비라는 비용이 기록된다(감가상각은 없다고 가정한다). 즉, 노트북을 산 게 맞다.

비록 가계부는 현금주의에 따라 쓰지만, 그렇다고 노트북 구입 사실을 가계부에 기록하지 않을 수도 없다(물론 기록하지 않는다고 큰 문제가 되는 것은 아니다. 그냥 카드대금 결제일의 비고란에 노트북을 샀다고 적으면 되니까. 그렇지만 이 경우에는 효율적이고 '체계적인 지출을 통한 재테크 실천'이라는 가계부 작성의 목표를 달성하기 어려울 것이다). 이런 때에는 현금주의 가계부에 살짝 발생주의 회계를 접목시켜야 한다. 현금 지출 외에 카드 결제분에 대한 기록을 별도로 하는 것이다. 즉, 노트북을 구입하면서 빚(카드 결제대금)이 증가한 것으로 기록하면 된다. 그리고 카드 결제대금이라는 빚이 차곡차곡 쌓여 결제일에 현금으로 결제될 때까지 현금과는 별도로 관리한다.

요즘에는 가계부 앱이 많이 나와 있어서 카드로 결제한 내용이 문자로 전송되면 그 내용을 가계부에 자동으로 기록해 주고, 결제일에 알아서 카드대금 관련 내용을 정리해 주기도 한다. 참 편한 세상이다.

◆ **수익(수입)과 비용(지출)은 언제 기록하는가?**

	발생주의 회계	현금주의 회계
수익(수입)	수익이 발생(획득)한 때	현금이 입금되었을 때
비용(지출)	비용이 발생한 때	현금으로 지급한 때

현금주의로만 회계를 할 수는 없을까?

금융거래가 발달하면 할수록, 경제생활을 하면 할수록 가계부 쓰기가 점점 어려워진다. 당장 앞의 노트북 구입 사례만 봐도 가계부에 신용카드로 결제한 거래를 어떻게 적어야 하는지 난감하지 않은가.

가계부, 즉 현금주의 회계의 기본은 현금이 들어오면 돈을 번 것(수익)으로 기록하고, 현금을 지출했으면 돈을 쓴 것(비용)으로 기록한다는 것이다. 현금의 들고 남에 따라 기록만 해주면 회계가 끝난다. 그러니 현금주의로 회계를 하면 회계가 정말 쉬울 텐데, 안타깝게도 현실 세상에는 현금주의 회계만으로는 표현할 수 없는 다양한 거래가 존재한다.

복잡한 현실에는 발생주의가 필요하다

요즘 세상에 현금을 가지고 다니는 사람은 많지 않다. 신용카드 한 장이면 충분하다. 오히려 요즘에는 ○○페이 덕분에 신용카드도 필요 없다. 휴대폰만 있으면 되는 세상이다. 그런데 신용카드로 결제할 때 일시불로만 하지는 않는다. 할부 결제도 있다. 적립한 마일리지나 포인트로 결제하거나, 상품권으로 물건을 사는 경우도 많다.

이외에도 자산을 맞바꾸는 교환거래도 있고, 무상 증여 등 현금주의로는 설명이 되지 않는 거래들이 많이 있다. 한마디로 현실세계는 좀 복잡하다. 이 복잡한 거래를 모두 현금주의로 표현하기는 쉽지 않다. 그래서 부득이, 회계를 하려면 '발생주의 회계'를 알아야 한다. 이 '발생'이 과연 무엇인지가 문제인데, 여기서 비로소 회계학의 고뇌가 시작된다. 그리고 그 고뇌의 깊이만큼 회계책이 두꺼워지고 어려워진다.

지금부터는 발생주의 회계에 대해 간략히 살펴볼 것이다. 발생주의 회계는 회계의 기본이기도 하지만, 초보자에게는 접근하기 어려운 개념이기도 하다. 가계부는 현금주의를 기본으로 하다 보니 이 장의 내용은 가계부 작성에는 도움이 되지 않을 수도 있다. 그러나 앞으로 회계를 접하다 보면 발생주의라는 단어를 수도 없이 듣게 될 터, 발생주의에 대해 알아두면 두고두고 유용하다. 어려우면 심화과정이려니 생각하고 편하게 봐두자.

공식적으로 발생주의의 정의는 다음과 같다.

● **발생주의 : 수익은 획득 시점에 인식하고, 비용은 발생된 시점에 인식하는 방법**

시작부터 수익, 획득, 비용, 발생과 같은 알쏭달쏭한 표현이 마구 쏟아져 나오다니, 통탄을 금할 수 없다. 사실 그렇게 어렵지 않을 수 있는 회계가 공식적인 표현들이 난무하는 바람에 더 어렵게 느껴지는 것일지도 모르겠다.

앞으로 수익은 그냥 번 돈, 비용은 그냥 쓴 돈이라고 이해해 두자. 직장인이 근로의 대가로 회사에서 매달 받는 월급은 한 달 동안 번 돈이고, 그게 바로 수익이다. 점심 먹고 커피 마시느라 신용카드든 현금이든 돈을 썼으면, 그게 쓴 돈이고 곧 비용이다.

발생주의 회계 1 : 실현주의 원칙

● **수익의 획득 = 현금수입을 얻기 위한 준비가 끝났다!**

수익을 얻기 위한 활동이 모두 끝나서 받을 돈의 액수를 객관적으로 측정할 수 있을 때, 그때가 바로 '수익을 획득한 때'다. 따라서 획득 시점에 수익을 인식한다는 것은 현금수입의 실현가능성이 높을 때 수익으로 기록한

실현주의 원칙
현금수입의 실현가능성이 높을 때 수익을 인식하는 것을 말한다.

다는 뜻이다. 현금을 받았을 때 수익으로 인식하는 현금주의와는 조금 다르다. 현금주의에서는 계약금을 받으면 물건이나 서비스를 공급하지 않았어도, 돈 받은 날의 수익으로 인식한다. 그런데 발생주의에서는 계약금을 받았더라도 수익을 위한 활동(물건이나 서비스의 공급)이 끝나지 않았다면 수익으로 인식하지 않는다. 반대로 물건이나 서비스를 제공하고 현금을 받지 못했어도, 판매 시점 또는 서비스 제공 시점에 매출을 인식한다.

발생주의 회계 2 : 수익비용대응의 원칙

● **비용의 발생** = 수익이 인식되기 전까지 비용은 다만 하나의 몸짓에 지나지 않는다!

회사가 돈을 쓰는 궁극적인 목적은 돈을 벌기 위함, 즉 수익을 창출하기 위해서다. 따라서 비용은 관련된 수익에 대응시켜서 인식한다. 비용이 발생했다는 의미는 관련된 수익이 인식되어 비로소 비용을 인식할 수 있게 되었다는 의미다. 예컨대, 팔기 위해 사둔 상품은 자

> **수익비용대응의 원칙**
> 수익을 창출하기 위해 발생한 비용을 관련 수익에 대응시켜 인식하는 것을 말한다.

산으로 됐다가 그 상품이 판매되었을 때 매출원가라는 비용으로 인식한다. 그리고 회사가 업무에 사용할 목적으로 구입한 컴퓨터처럼 매출액과의 관련성을 직접 확인할 수 없는 경우엔, 컴퓨터가 향후 수익 창출에 기여할 것으로 기대되는 전 기간(내용연수라고 한다)에 걸쳐서 일부 금액을 비용(감가상각비)으로 인식한다.

회원권, 상품권은 어떻게 인식할까?

발생주의는 사실 말이 어려워서 그렇지, 막상 들여다보면 쉽게 이해되곤 한다. 현실세계에서 우리가 발생주의를 어떻게 이용하고 있는지 살펴보면 이해가 조금 더 쉬울 것이다.

건강이나 다이어트를 위해 헬스클럽에 등록하는 경우가 많다. 가본 사람은 알겠지만 헬스클럽 회원권은 월단위로 구매하는 것보다는 3개월, 6개월, 1년 단위로 결제하는 것이 싸다. 그것도 많이 싸다. 그래서 끊어놓고 가지 않는 한이 있더라도 3개월 이상의 회원권을 구입하는 경우가 많다. 100만 원짜리 1년 회원권을 구입하면서 한 번에 현금으로 지불했다고 치자.

현금주의 회계에서는 구입한 날, 100만 원이 회원권 구입비용으로 기록된다. 그런데 이 회원권은 앞으로 1년에 걸쳐서 사용될 것이므로 오늘 현금을 지출하긴 했지만, 이는 미래에 사용할 회원권에 대한 대가를 먼저 지불한 것이라 볼 수 있다. 그래서 발생주의에서는 구입 시점에 지불한 100만 원을 미리 낸 돈으로 인식할 뿐, 비용으로는 인식하지 않는다. 아직 비용이 발생하지 않았다고 보기 때문이다. 발생주의에서 비용은 운동을 통해 건강 증진 효과를 얻게 될 1년의 기간 동안 나눠서 인식된다.

❶ 회원권 구입 시점 : 돈만 먼저 냈을 뿐 아직 비용이 아님

❷ 기간 경과 : 매월 헬스클럽 회원권 비용 발생(헬스클럽에 가지 않더라도 회원권 기간이 중단되지 않는 한 비용은 발생한다. 헬스클럽을 사용할 권리를 산 것이고, 그 권리는 기간이 경과하면 사라지기 때문이다)

상품권이나 사용한 금액만큼 차감하는 회원권(피부관리 회원권 등)은 어떻게 인식할까? 현금주의에서는 상품권을 구입하고 현금을 지출한 때에 비용으로 인식한다. 그러나 발생주의에서는 상품권을 사는 거래는 단순히 돈만 먼저 낸 것으로 본다. 비용은 상품권을 내고 물건을 구입하는 미래의 언젠가에 인식한다.

❶ 상품권 구입 시 : 돈만 먼저 냈을 뿐 아직 비용이 아님
❷ 상품권 사용 시 : 사용에 따른 비용 발생

상품권을 사서 선물했다면? 현금주의에서는 역시 상품권 구입으로 현금을 지출한 때에 비용으로 인식한다. 발생주의에서는 다음과 같이 인식한다.

❶ 상품권 구입 시 : 돈만 먼저 냈을 뿐 아직 비용이 아님
❷ 상품권을 선물로 증여 시 : 증여 목적에 따라 증여 시점에 인건비, 접대비 또는 기부금 등의 비용 발생

지금까지는 주로 구입하는 소비자 입장에서 어떻게 비용으로 인식하는지를 살펴보았다. 그런데 판매자 입장에서도 개념은 동일하다. 발생주의에서는 돈을 받은 때가 아니라 실제로 거래가 발생했을 때 수익으로 인식해야 한다. 가령, 헬스클럽에서 1년 회원권을 팔았다면 향후 1년 동안 그 회원이 자유롭게 헬스클럽을 이용할 수 있도록 해줘야 한다. 돈을 받았다고 해서 수익을 얻기 위한 활동이 모두 끝난 것이 아니다. 그러니 돈을 받은 그날 한꺼번에 수익을 인식하는 것이 아니라 1년에 걸쳐 나눠서 인식하게 된다.

참고로 1년에 걸쳐 수익을 나눠 인식한다는 것은 월별로 같은 금액을 수익으로 인식한다고 했을 때, 수익을 매월 1/n씩 기록한다는 의미다. 즉, 1년 회원권을 올해 7월 1일에 판매했다면, 올해는 50만 원(100만 원 × 6개월 ÷ 12개월)을, 나머지 50만 원(100만 원 - 50만 원)은 내년 수익으로 인식한다.

회계의 모든 어려움은 발생주의에서 비롯한다

발생주의 원칙 때문에 수익과 비용의 발생/이연, 수익과 비용의 기간 배분(감가상각 등) 같은 어렵기 그지없는 개념들(차차 알아볼 기회가 있을 것이다)이 파생되었다. 발생주의 때문에 회계가 어려워졌다고 해도 과언이 아니다. 그래도 뭐 어쩌겠는가. 어쨌든 현행 회계에서는 발생주의가 기본이다.

06

원가를 알아야
순이익을 제대로 계산한다!

카페라테 가격의 진실, 회계로 파헤쳐보자

언론 기사들을 보면 회계 용어를 잘못 사용하는 경우가 더러 있는데, 회계를 모르는 사람들은 기사를 그대로 믿을 수밖에 없어 혼란에 빠지기도 한다. 다음은 그런 혼란을 부른 한 가지 사례다.

수년 전 발표된 한 기사가 커피 애호가들의 원성을 자아낸 적이 있다. 아메리카노 한 잔의 원두 원가가 약 123원이라는 관세청의 통계자료를 인용한 기사였다. 그 당시 우후죽순 발표된 기사들의 제목을 보면 '얼마나 남는 거야', '커피 원가가 기가 막혀', '원두 원가 30배인 커피값' 등 커피 가격이 원가에 비해 지나치게 높다는 뉘앙스를 강하게 풍기는 제목 일색이었다. 이로 인해 커피 소비자들은 터무니없이 비싼 커피가격에 대해 성토를 하였고, 커피전문점 종사자들은 곤혹스러운 일까지 겪어야 했다.

물론 장사 좀 해본 사람들은 이런 기사의 허점을 금방 알아차릴 것이다. 그러나 평범한 사람들은 '점심 한 끼 가격의 커피를 파는 커피전문점들이 폭리를 취해 왔다'고 분개할 법하다. 창업을 준비하던 사람들은 커피전문점을 엄청난 이익을 남기는 장사로 오해할 수도 있을 것이다.

이런 기사를 읽을 때, 특히 숫자가 들어간 기사를 해독할 때, 그야말로 회계의 가치가 빛을 발하게 된다. 기사의 포인트는 '커피가격이 원두 원가의 30배'라는 것이다. 이를 보고 '커피가격이 원가의 30배이므로 그만큼 많은 이익이 남는다'라고 단순하게 해석하면 곤란하다. 왜냐하면 회계에서 원가는 제품을 생산 및 판매하는 데 필요한 모든 비용을 지칭하는 용어로서 원재료비, 노무비, 경비 등을 모두 포함하는 개념이기 때문이다. 이렇게 원가와 원재료비는 회계적으로 전혀 다른 개념임에도 비슷한 개념인 양 오용되는 경우가 많으니 주의해야 한다.

커피를 판매하기 위해서는 단순히 물과 원두만 필요한 것이 아니다. 원두 원가는 커피 원가를 구성하는 한 요소인 원재료비에 불과할 뿐, 커피를 추출하는 바리스타의 인건비, 매장 임대료, 달달한 시럽과 일회용 컵 비용 등 다양한 비용이 추가로 발생한다.

커피의 가격은 커피를 생산하여 판매하기 위해 소요된 모든 비용에 업체의 이윤을 더해서 결정된다. 바꿔 말하면 커피를 사서 마실 때에는 원두와 물뿐만 아니라 달콤한 시럽, 예쁜 디자인의 일회용 컵, 숙달된 바리스타의 커피 추출 서비스와 접근성 좋은 임대 매장의 편리함 등을 모두 함께 구매하는 것이라고 이해하면 된다. 특히 커피빈이나 스타벅스와 같은 글로벌 프랜차이즈 업체의 경우, 상당한 금액의 브랜드 사용료를 해외 본사에 지급하는데, 이런 비용도 당연히 커피 원가에 포함된다. 즉, 그만큼 커피값이 높게 책정된다는 뜻이다.

◆ **커피 원가의 구성**

구분	내용
원재료비	원두, 물, 시럽, 설탕, 일회용 컵과 뚜껑, 빨대 비용 등
노무비	바리스타 및 파트타임 근무자 급여, 각종 수당, 퇴직금, 4대보험, 복리후생비 등
임차료	매장 임대료 등
기타	카드 수수료, 감가상각비, 전기요금 등

순이익 계산은 정확한 원가 개념 이해로부터!

　원두 원가에 대한 기사를 통해 원가의 개념을 조금은 이해했을 것이다. 원가 개념을 아는 것은 매우 중요하다. 원가 개념이 확실해야 순이익을 제대로 계산할 수 있기 때문이다. 아래 내용을 보면 이해가 될 것이다.

　2023년 에스씨케이컴퍼니(구 스타벅스커피코리아, 이하 '스타벅스')의 매출액은 2조 9,300억 원이고, 매출원가는 1조 4,374억 원, 판매관리비는 1조 3,523억 원, 당기순이익은 1,175억 원이다. 매출원가와 판매관리비를 합한 회사의 영업비용은 2조 7,897억 원인데, 이 중 인건비와 임차료(사용권자산상각비 포함)는 각각 8,936억 원(32%), 4,081억 원(15%)으로 전체 영업비용의 47%에 달한다. 재료비는 4,531억 원 정도로 예상되며, 브랜드나 기술사용료(로열티) 지급액이 포함된 지급수수료는 약 3,344억 원으로 영업비용 중에서 각각 16%와 12%를 차지한다. 즉 스

2023년 상품 및 원·부재료 매입액은 9,062억 원이다. 2022년에는 상품과 원·부재료 매입액의 비율이 약 1:1이었으므로 2023년에도 동일한 비율을 적용하여 원재료 비용을 계산했다.

타벅스 커피의 원가는 원재료비보다는 인건비와 임차료에 의해 좌우된다는 이야기다. 또한 로열티도 원재료비에 버금갈 만큼 중요한 원가라는 점을 기억해야 한다.

◆ 에스씨케이컴퍼니(구 스타벅스커피코리아) 2023년 손익계산서

손익계산서		
주식회사 에스씨케이컴퍼니		(단위 : 원)
과　　목	2023년	2022년
Ⅰ. 매출액	2,929,542,979,891	2,593,904,077,851
Ⅱ. 매출원가	(1,437,420,568,097)	(1,266,761,153,707)
Ⅲ. 매출총이익	1,492,122,411,794	1,327,142,924,144
판매비와관리비	(1,352,342,862,684)	(1,204,695,287,119)
Ⅳ. 영업이익	139,779,549,110	122,447,637,025
금융수익	21,596,420,908	18,486,700,052
금융원가	(14,613,926,867)	(17,376,402,259)
기타영업외수익	11,900,475,164	9,605,403,800
기타영업외비용	(6,523,103,672)	(5,793,762,938)
지분법손익	(245,472,461)	(153,878,996)
Ⅴ. 법인세비용차감전순이익	151,893,942,182	127,215,696,684
법인세비용	(34,387,030,034)	(27,881,139,382)
Ⅵ. 당기순이익	117,506,912,148	99,334,557,302

◆ 스타벅스 2023년 영업비용 구성내역(에스씨케이컴퍼니 감사보고서 참고)

내용	금액	백분율
상품 등	4,734억 원	17%
원재료	4,531억 원	16%
인건비	8,936억 원	32%
임차료	4,081억 원	15%
지급수수료	3,344억 원	12%
기타	2,270억 원	8%
계	27,898억 원	100%

따라서 접근성이 좋은 곳, 오가는 사람들이 많은 명동 한복판이나 지하철역 앞같이 임대료가 비싼 곳에 위치한 카페일수록 커피값이 비싸고, 동네 카페는 상대적으로 저렴한 것이 당연한 일이다.

참고로 스타벅스의 2023년 매출액순이익률(당기순이익 ÷ 매출액)은 약 4%다. 100원어치 팔았을 때 남는 이익이 4원이라는 뜻이다. 커피전문점이 원가의 30배 이상을 남겨먹는다는 말은 회계에서 볼 때는 명백히 틀린 말이다.

다양한 원가의 종류

원가는 회사가 영위하는 각종 사업분야에서 다양한 목적으로 사용된다. 외부에 보고하거나(재무제표) 미래 계획을 수립할 때, 중요한 의사결정을 할 때에도 원가 정보가 이용된다. 이때 원가 정보는 사용 목적에 따라 다양한 방법으로 가공된다. 그러다 보니 원가의 종류가 많아질 수밖에 없고, 너무 많은 원가 개념이 있다 보니 회계를 잘 모르는 사람들은 개념 자체가 헷갈릴 수밖에 없다.

다양한 종류의 원가 중에서 많이 거론되는 원가들을 소개하면 다음과 같다. 이런 것도 있구나 정도로 이해하고 가볍게 넘어가자. 아울러 이렇게 다양한 원가가 있으니 헷갈릴 수도 있겠다는 점을 기억해 두면 된다.

먼저 제조원가와 관련이 있는 원가 종류를 이해하자.

제조원가

제품을 생산하는 과정에서 소요되는 원가로 재료비, 노무비, 경비로 구성된다. 앞에서도 살펴본 것처럼 흔히 원가 하면 떠올리게 되는 것이 제조원가다. 재료비, 노무비, 경비를 일컬어 원가(제조원가)의 3요소라고 부른다.

직접원가와 간접원가

제조원가는 제품과의 관련성, 추적 가능성에 따라 다시 직접원가와 간접원가로 구분한다. 직접원가는 특정 제품과 직접 관련되어 발생하므로 추적이 가능한 원가다. 특정 제품에 투입되는 원재료비, 특정 제품 생산라인에서 조립 업무를 담당하는 근로자의 임금은 제품별로 추적이 가능해 직접원가로 분류한다(직접재료비, 직접노무비 등). 반면에 공장 건물 임차료의 경우, 제품 제조와 관련해서 발생하는 것은 분명하지만 여러 가지제품을 생산하는 공장인 경우, 제품별로 직접적인 추적은 불가능하다. 따라서 공장 건물 임차료는 간접원가다(제조간접비).

고정원가와 변동원가

제조원가는 조업도(일정 기간 동안의 제품 생산량 또는 서비스 제공량) 변동과 관련이 있는지에 따라 고정원가와 변동원가로 구분할 수도 있다. 변동원가는 생산량, 판매량, 매출액, 노동시간, 기계 작동 시간 등에 따라 원가 총액이 변동하는 원가를 말한다. 대표적인 예로, 직접재료비는 제품을 만들면 만들수록, 팔면 팔수록 그 금액이 늘어나므로 변동원가에 해당한다. 그런데 이와는 반대로 임차료는 제품을 얼마나 생산했는지, 얼마나 팔았는지 등과는 관계없이 매월 정해진 금액이 지출된다. 이와 같이 조업도 변동과 관계없이 늘 일정한 원가를 고정원가라고 한다.

제조원가가 주로 외부에 보고하는 목적의 원가(재무제표의 매출원가)라면, 아래에서 살펴볼 원가는 주로 내부 의사결정과 관련된 원가다.

매몰원가와 기회비용

매몰원가는 경영자가 통제할 수 없는, 과거의 의사결정으로부터 발생한 역사적 원가로 정의된다. 이미 발생했기에, 바꿀 수도 없다. 어차피 버린 비용이므로 의사결정에 고려할 필요가 없는 원가다. 기회비용은 하나를 선택함으로 인해 다른 기회를 포기하게 되는 경우, 그 포기하게 되는 기회로부터 얻을 수 있는 금액을 말한다. 실제로 현금 지출이 있는 것은 아니지만 의사결정 과정에서 반드시 고려해야 한다. 이익을 더 많이 얻을 수 있었음에도 포기하게 되는 불상사를 막기 위해서!

관련원가와 비관련원가

관련원가는 의사결정과 관련이 있는 원가로 여러 대안 사이에 차이가 있는 미래의 원가를 말한다. 비관련원가는 여러 대안 사이에 차이가 없는 원가로 의사결정에 영향을 미치지 않는다. 기회비용은 관련원가이고, 매몰원가는 비관련원가라고 보면 된다.

회계와 스타벅스 지수, 어딘가 닮았다

기왕에 스타벅스 이야기가 나왔으니 스타벅스 지수 이야기도 해보자. 해외든 국내든 여행을 하면서 낯선 음식에 지쳤을 때, 익숙한 맛을 찾아 스타벅스에서 카페라테 한 잔 시켜본 경험이 있지 않은가? (맥도날드에서 햄버거를 시켜 먹을 수도 있고.) 어딜 가서 시키더라도 그 맛은 한국에서 먹어본 바로 그 맛이다. 오죽 맛이 비슷하면 경제학에서 각 나라별 물가 수준과 통화가치를 비교하기 위해 빅맥 지수 또는 스타벅스 지수라는 것을 만들어냈겠는가.

빅맥 지수와 스타벅스 지수

빅맥 지수 : 영국의 경제주간지 《이코노미스트》가 1986년부터 발표하는 지수로 동일 제품의 가치는 세계 어디서나 같다는 일물일가의 법칙에 기반하여 각국의 빅맥 버거 가격을 미국 달러화로 환산하여 표시하는 지수다. 이를 통해 각국의 상대적 물가 수준과 통화가치를 비교할 수 있다(www.economist.com/content/big-mac-index 참조).

스타벅스 지수 : 스타벅스의 카페라테 톨(tall) 사이즈 가격을 이용해 실제 환율과 적정 환율과의 관계를 알아보기 위해 고안된 구매력 평가 환율 지수다. 카페라테 지수라고도 한다.

중국의 스타벅스에서는 황하의 물을 끓어다 커피를 내리고, 흑룡강성 농장에서 자란 젖소의 우유를 사용해서 카페라테를 만든다고 치자. 서울의 스타벅스에서는 남한강 물과 강원도 농장에서 짠 우유를 사용한다 치고. 이렇게 재료가 각각 다른 지역에서 난 것임에도 카페라테 맛은 비슷하다. 아마도 두 곳 모두 동일한 방법으로 로스팅된 똑같은 원두를 사용하고, 표준화된 방법으로 커피를 만들기 때문일 것이다.

동일한 맛과 방법이라는 공통분모가 있기에 각 나라의 카페라테 가격을 환산한 스타벅스 지수로 각 나라의 물가 수준을 대략이나마 비교해 볼 수 있다.

◆ 빅맥 지수

※ 출처 : 이코노미스트

◆ 스타벅스 지수

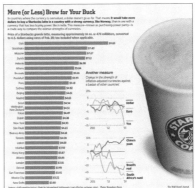

※ 출처 : 월스트리트저널

　물론 스타벅스 지수가 절대적인 지표는 아니다. 그러나 나라별로 경제 환경이 다르다 보니 서로 물가를 비교하기가 어려운 게 현실이다. 이런 상황에서 그나마 각국의 물가를 비교할 수 있는 지수가 있다는 것만으로도 의미가 있다.

　그런 측면에서 스타벅스 지수는 회계와도 일맥상통한다고 볼 수 있다. 회계는 너무나도 다른 비즈니스 환경에 있는 수많은 회사를 서로 비교할 수 있도록 해주는 도구이기 때문이다.

　삼성전자의 매출액은 휴대폰 판매금액으로 이루어지고, 대한항공의 매출액은 항공권을 팔아서 만들어진다. 두 회사는 업종도 규모도 너무 달라 서로 비교하기에는 여러모로 적당하지 않다. 하지만 두 회사 모두 일반적으로 인정된 회계기준(GAAP)에 따라 재무제표를 작성한다. 즉, GAAP에 따라 작성된 재무제표를 통해 두 회사의 재무 정보를 비교할 수 있는 것이다(GAAP은 뒤에서 자세히 설명한다). 게다가 업종이 같은 두 회사를 비교하는 경우라면 재무제표가 더욱 빛을 발한다.

07

회계사도 어렵다,
발생주의 & 복식부기

가계부의 이중생활 : 현금주의와 단식부기

가계부는 현금주의를 적용하는 대표적인 재무제표다. 재무제표라고 하니 거창해 보이지만, 재무제표는 문자 그대로 해석하면 '재무(財務)에 관한 모든(諸) 보고서(表)'라는 뜻이다. 이런 의미에서 한 가계의 수입과 지출을 표시하여 보여주는 보고서인 가계부 역시 재무제표라고 할 수 있다. 가계부는 현금이 들어오면 수익을 기록하고, 현금이 나갈 때 비용을 기록한다. 이렇게 가계부는 명백히 현금주의에 따라 거래를 기록하고, 내용도 참 쉽고, 많은 사람들이 적어도 한 번은 작성을 해봤을 테니 대중적이기까지 하다. 그러니 '현금주의 대표이사'라는 직함을 달아도 어색하지 않을 지경이다.

그런데 사실 가계부는 이중생활을 하고 있다. 가계부는 현금주의의 대표이기도 하지만, 동시에 단식부기의 대표 직함도 달고 있으니 말이다. 본의 아니게 투잡 알바를 하고 있는 셈이다.

가계부를 보완하기 위해 나온 복식부기

　단식부기가 무엇일까. 용어가 낯설다고 겁먹지는 말자. '가계부를 어떻게 작성하더라?' 하는 기억만 떠올리면 된다. 날짜별로 수입과 지출의 내용을 적고, 숫자를 기록하면 이것이 바로 단식부기다. 중세 이전으로 거슬러 올라가면 조상님들은 재무제표를 이렇게 만들었다. 즉, 가계부가 조상님들의 회계장부로 사용되었다는 뜻이다.

　컴퓨터는커녕 계산기도 없던 그 시절, 일일이 손으로 기록을 하다 보니 아무리 숙련된 사람이 장부를 만들더라도 잘못 기록한다든지, 계산을 잘못한다든지 하는 오류도 종종 발생했을 것이라 능히 짐작이 된다. 단식부기에 대해서는 차차 살펴보겠지만, 가장 큰 단점 중 하나가 기록 과정에서 발생하는 오류에 대한 최소한의 검증 능력마저 없다는 점이다. 즉, 단식부기에서는 모든 기록과 증빙을 일일이 대조하며 확인하지 않는 한, 틀린 곳이 있기는 한 것인지, 어디에서 문제가 생긴 것인지 확인하기가 어렵다.

　조상님들은 가계부의 단점을 보완하기 위해 현금주의 대신 발생주의를, 단식부기 대신 복식부기를 만들어냈다. 회계가 어려워지게 된 대표적인 원흉으로 손꼽히는 것이 바로 발생주의와 복식부기다. 그나마 다행인 것은 발생주의와 복식부기가 현대 회계의 전부라는 것이다. 어찌 보면 발생주의와 복식부기는 가계부 작성법의 단점을 보완하기 위해 추가된 몇 가지 약속에 불과(?)할 뿐이다. 그러니 발생주의와 복식부기만 알면 회계도 다 알게 되는 셈이다.

단식부기 vs 복식부기 : 거래를 기록하는 방법

'부기'는 한자 그대로 해석하면 장부(簿)에 기록(記)한다는 뜻이다. 복식부기와 단식부기는 거래를 어떻게 기록하는가에 따라 구분되는데, 여기서 '복식'과 '단식'은 탁구나 테니스 같은 운동경기에서 '단식경기', '복식경기'라고 할 때의 '단식', '복식'과 같은 뜻이다.

- **단식경기 : 1대 1로 하는 시합**
- **복식경기 : 두 사람씩 짝을 지어서 하는 시합**

부기라는 의미와 단식 및 복식의 의미를 합쳐 분석해 보면 다음과 같다.

- **단식부기 = 단식 + 부기 = 하나 + 장부에 기록**
- **복식부기 = 복식 + 부기 = 둘 + 장부에 기록**

즉, 단식부기는 재산의 증가와 감소를 '하나로 기록'하는 방법이고, 복식부기는 거래를 '둘씩 짝지어 기록'하는 방법이다. 사실 복식부기가 아닌 회계는 모두 단식부기라고 보면 된다.

자, 그렇다면 '하나로 기록한다'는 것은 무슨 말일까. 다음과 같은 가계부를 떠올려보면 된다.

◆ 가계부 사례

일자	항목	수입(+)	지출(-)	잔액
03-25	월급	3,000,000원		3,000,000원
03-26	점심식비		20,000원	2,980,000원
03-27	커피		5,000원	2,975,000원
계		3,000,000원	25,000원	2,975,000원

가계부에는 월급을 받았으면 현금이 얼마 증가했다고 표시하고, 식비를 지출했으면 감소된 현금액을 표시한다. 즉, 월급을 받든, 식비를 냈든, 교통비를 썼든 간에 현금의 증감 '하나만' 기록해 주면 된다. 그래서 단식부기라고 한다. 사실 복식부기가 아닌 부기는 모두 단식부기이므로 하나로 기록한다는 게 어떤 의미인지가 크게 중요하지는 않다. 게다가 단식부기는 복식부기를 알고 나면 무슨 뜻인지 금방 이해가 될 거다.

복식부기는 '둘씩 짝지어 기록'하는 방법이라고 했다. 현금이 들어오면 현금이 증가했다는 것을 적을 뿐만 아니라, 그 수입이 왜 들어왔는지, 금액은 얼마인지, 그 짝꿍을 함께 기록한다. 위의 가계부에서 월급 300만 원을 받는 거래는 단순하게 300만 원 수입으로 기록된다. 즉, 300만 원의 현금(현금 '하나만')이 증가했다는 의미다. 이와 달리 복식부기에서는 현금 300만 원의 짝꿍을 찾아야 한다. 여기서 현금의 짝꿍은 월급이다. 왜 월급이 짝꿍인지는 차차 알게 될 것이다. 어쨌든 짝꿍을 찾았으니, 월급 300만 원을 받는 거래는 다음과 같이 기록한다.

● **월급을 받는 거래 : 현금 300만 원 증가 & 월급 300만 원 증가**

회계사가 아니라면 이 정도만 알아도 된다

단식부기와 복식부기에 대해서는 뒤에서 좀 더 자세히 살펴볼 것이다. 여기서는 복식부기와 단식부기가 어떻게 다른지만 확인하도록 하자.

복식부기를 하려면 거래의 이중성도 알아야 하고, 차변과 대변도 알아야 한다. 복식부기 덕분에 이런저런 회계의 개념이 등장하면서 공부할 거리들이 생겨나기 시작했으니, 부득이 복식부기도 발생주의 못지않게 회계가 어려워지는 데 공헌을 했다. 그러나 복식부기에 대해 너무 부담 느낄 필요는 없다. 나중에 살펴보겠지만 왜 복식부기를 쓰게 되었는지 발생 원인을 이해하는 것만으로도 충분하다. 어려운 회계는 오회계사에게 맡겨두면 된다. 오회계사도 먹고살아야 하지 않겠는가.

08

자동차를 얻고 돈을 잃었다, 등가교환의 법칙

얻는 게 있으면 잃는 것도 있다

복식부기를 제대로 이해하기 위해서는 먼저 등가교환이라는 개념을 명확히 알고 넘어가야 한다.

'등가교환(等價交換)'은 '동일한 가치를 갖는 두 상품의 교환'이라는 의미로 경제학에서 주로 사용된다. 쉽게 말해 '얻는 게 있는 만큼 잃는 게 있다'는 뜻이다.

그런데 오회계사는 등가교환이라는 말을 들으면《강철의 연금술사》라는 만화가 먼저 떠오르곤 한다. 애호가들 사이에서 아래의 내레이션으로 유명한 연재 만화다.

사람은 무언가를 희생하지 않고서는 아무것도 얻을 수 없다.
무언가를 얻기 위해서는 그와 동등한 대가를 필요로 한다.

그것이 연금술에서의 등가교환의 법칙이다.

— 《강철의 연금술사》 중에서

오회계사는 이 구절을 읽고 등가교환의 법칙은 회계에도 존재한다며 무릎을 쳤었다. 그 뒤로 회계를 공부하는 분들이 조금이나마 재미를 느꼈으면 하는 바람에서 가끔씩 이 작품을 소개하기도 한다.

인생이 그러하듯 회계에도 공짜는 없다. 거래가 발생하여 무언가를 얻으면 반드시 그에 따른 대가를 지불해야 한다. 회계에서는 거래가 발생하면 얻은 것과 희생한 것(차변과 대변 또는 왼쪽과 오른쪽), 양쪽이 반드시 동일한 금액으로 변화한다고 본다. 이러한 성질을 '거래의 이중성'이라고 한다.

대가를 지불하지 않고서는 아무것도 얻을 수 없다.

거래가 발생하면 얻은 것과 희생한 것, 양쪽이 반드시 동일한 금액

으로 변화한다.

이것이 회계에서의 등가교환의 법칙이다.

— '거래의 이중성, 오회계사의 메모 중에서

하나의 거래가 발생했을 때, 얻은 것과 잃은 것이 각각 무엇인지를 파악하는 것이 회계의 시작이다. 예를 들어, 1,000만 원짜리 자동차를 현금으로 구입하는 거래를 생각해 보자. 이것은 1,000만 원 상당의 자동차를 얻는 대가로 현금 1,000만 원을 잃은 거래다.

❶ 1,000만 원 상당의 자동차를 구입했다(얻은 것 : 자동차)

❷ 현금 1,000만 원을 지급했다(잃은 것 : 현금)

거래의 이중성은 현대 회계에서 가장 기본이 되는 요소 중 하나다. 그러니 거래가 발생하면 무엇을 대가로 지불하고 무엇을 얻었는지, 두 가지를 반드시 확인해 보자. 신기하게도 모든 거래가 항상 두 가지로 일목요연하게 정리되는 것을 알 수 있을 것이다.

물론 처음엔 거래를 파악하기가 어려울 수도 있다. 그러나 회계를 자주 접하다 보면, 거래를 파악하는 일이 아침에 해가 뜨고 저녁에 해가 지는 것처럼 익숙해질 터이니 부담 가질 필요 전혀 없다.

복식부기로 기록하기

앞에서 이야기한 1,000만 원짜리 자동차 구입 거래를 그대로 기록해 보자. 복식부기에서는 하나의 거래를 둘로 짝지어 기록한다고 했다. 회계에서는 짝꿍을 알아보기 쉽고 관리하기 편하도록 자동차라는 칸을 하나 만들고, 현금이라 이름 붙인 짝꿍 칸을 하나 만들어서 각각의 칸에 관련 금액을 기록하도록 하고 있다(자동차 칸, 현금 칸에서 '칸'을 회계에서는 '계정', '계정과목'이라고 한다. 계정에 대해서는 뒤에서 자세히 살펴볼 것이다).

● **자동차 구입 거래 : 자동차 1,000만 원 증가 & 현금 1,000만 원 감소**

위와 같이 기록한 뒤, 각각의 칸에 얼마가 기록되었는지 그 금액을 확인해 보면, 자동차 칸에는 1,000만 원이 남아 있고, 현금 칸에는 한 푼도 남아 있지 않다. 차를 사려면 현금이 있어야 하니, 당초에 현금 1,000만 원을 보유하고 있었을 것이다. 현금 1,000만 원을 자동차 구입에 써버리고 나니, 현금 칸에는 남은 돈이 없게 되는 것이다. 통장 잔고를 생각하면 된다.

차변과 대변은 무엇인가?

복식부기에서 거래를 둘씩 짝지어서 기록할 때 하나를 왼쪽에 적으면 당연히 그 짝꿍은 오른쪽에 적게 될 것이다. 이때, 회계에서는 왼쪽과 오른쪽을 각각 '차변'과 '대변'이라고 한다. 예를 들어, 위의 자동차 구입 거래에서 왼쪽에 '자동차 1,000만 원 증가'라고 쓴 부분이 바로 차변이다. 오른쪽, 즉 대변에는 '현금 1,000만 원 감소'라고 적었다.

차변과 대변이라는 표현을 쓰는 데에 특별한 이유가 있는 것은 아니다. 그저 오랜 옛날부터 회계를 사용해 온 그 누군가들이 그렇게 써왔기 때문에 지금도 그냥 쓰는 것뿐이다. 그런데 이유나 원리가 없으니 잘 안 외워지는 것이 사실이다. 다만, 이 용어를 외울 때도 한 가지 팁은 있다. 오회계사가 대학에서 회계원리 수업을 듣던 시절, 첫 시간에 교수님이 말씀하셨다.

"건강한 사람이라면 아침마다 화장실에 가서 큰일을 보겠죠? 일을 마치고 뒤처리를 할 때, 어떤 손을 사용하는지 상상을 한번 해봅시다. 웬만하면 오른손이죠? 예, 그래서 대변이 오른쪽입니다."

조금 지저분하지만, 그리고 본인은 오른손잡이가 아니더라도 그렇게 믿자. 큰 의미가 있는 것은 아니지만 회계를 하다 보면 수시로 등장하는 용어이니, 화장실의 느낌이라도 기억해 두면 많은 도움이 될 것이다.

\ | /
여기서 잠깐!

분개

거래가 발생했을 때, 어떤 칸을 사용할지, 짝꿍 칸은 무엇으로 할지, 그 칸에 얼마를 기록할지 정하는 것을 회계에서는 '분개'라고 한다. 위의 자동차 구입 거래의 공식적인 분개는 다음과 같이 표시한다.

 차변 자동차 1,000만 원　　**대변** 현금 1,000만 원

분개는 회계에서 가장 기본이면서 중요한 과정이다. 분개를 통해 비로소 각각의 거래가 회계적인 방법으로 기록되기 시작하기 때문이다. 첫 단추를 잘 채워야 옷을 제대로 입을 수 있는 것처럼, 회계도 최초에 어떻게 기록하는가에 따라 많은 것이 좌우된다. 처음부터 분개가 잘못되어 버리면 그 잘못을 바로잡기가 상당히 어려워지는 것이다.

아래는 현금 칸과 자동차 칸 금액의 증감 내역을 정리해 본 것이다.

◆ 증감 내역(부분 재무상태표)

칸(계정과목)	❶ 기초	❷ 증가	❸ 감소	❹ 기말(❶ + ❷ - ❸)
현금	1,000만 원		1,000만 원	0원
자동차	0원	1,000만 원		1,000만 원

위 표에 표시된 기초와 기말의 잔액은 사실 재무상태표의 현금과 자동차의 재무상태표 잔액이다. 아직 재무상태표가 무엇인지 살펴보지 않았는데도, 순식간에 재무제표 하나를 뚝딱 만들어냈다. 놀랍지 않은가. 심지어 가계부보다 복잡하다는 복식부기에 따른 재무제표를!

거래의 이중성으로 재무제표 이해력이 +10 되었다!

재무제표에서 하나의 계정 금액이 변하면 거래의 이중성에 따라 반드시 다른 계정의 금액도 동등하게 변화된다는 점을 기억하자. 재무제표를 읽는 데 많은 도움이 될 것이다.

일례로, A회사의 재무제표를 보니 작년에 비해 현금잔고가 크게 늘어났다. 이 회사의 주주나 경영자는 역시 현금이 최고라며 샴페인을 터뜨려도 될까. 샴페인을 따기 전에 한 번쯤은 생각해 보아야 한다. 현금이 왜 증가했는지, 무엇에 대한 대가로 현금을 얻었는지를 말이다.

물론 답은 다양한 루트를 통해 찾아낼 수 있겠지만 주주나 경영자가 만약 회계를 아는 사람이라면 다음과 같은 간단한 과정을 통해서 의외로 쉽게 그 답을 찾을 수 있을지도 모른다.

❶ 현금이 증가했다.

❷ 거래의 이중성에 따르면 반드시 다른 계정 금액도 변동해야 한다.

❸ 다른 계정의 증감 내용을 확인하며 여러 가지 시나리오를 상상해 본다.

예컨대, 매출채권(외상판매대금) 계정 금액이 크게 감소했다면, 악성 외상대금이 드디어 회수된 것이 아닌지 고려해 봄직하다(매출채권을 줄이는 대가로 현금을 얻은 것이다). 못 받은 돈을 받아 회사에 유익해진 것이니, 그렇다면 이제 샴페인에 곁들일 안주를 무엇으로 할지 고민을 해봐도 될 것이다. 그 외의 시나리오는 간략하게 표로 정리해 보았다.

다른 계정 확인 사항	예측 가능한 시나리오	거래의 8요소	
		차변	대변
매출채권(자산) 감소	외상대금 회수	자산(현금) 증가	자산 감소
유형자산(자산) 감소	유형자산 매각		자산 감소
대여금(자산) 감소	대여금 회수		자산 감소
차입금(자산) 증가	은행 차입		부채 증가
매출(수익) 증가	상품 판매		수익 증가
법인세비용(비용) 감소	법인세 환급		비용 감소

현금이 증가한 이유가 외상대금을 회수했거나 상품 판매가 증가해서라면 좋은 신호이다. 그러나 회사의 중요 시설인 공장을 매각했거나, 운영 자금 부족으로 돈을 빌려서 현금이 증가했다면 이것은 좋지 않은 시그널이 될 수 있다.

아울러 위 표에는 참고 삼아 '거래의 8요소'를 기재해 두었다. '거래의 8요소'는 회계 조상님들이 정리해 놓은 규칙으로 구구단 같은 것이다. 구구단을 외워두면 곱셈을 빨리할 수 있고, 편해진다. 이와 마찬가지로 거래의 8요소를 외워두면 회계도 빨리할 수 있다.

그런데 굳이 거래의 8요소를 외우느라 고생할 필요는 없다. 당장 회계학 시험을 치를 것도 아니니, 지금은 직관적으로 거래의 이중성을 이해할 수 있으면 족하다. 하다 보면 자연스럽게 익숙해지니까. 구구단처럼!

여기서 잠깐!

거래의 8요소

거래는 각각 ❶ 자산 증가, ❷ 부채 감소, ❸ 자본 감소, ❹ 비용 발생, ❺ 자산 감소, ❻ 부채 증가, ❼ 자본 증가, ❽ 수익 발생의 8가지 요소로 구성된다. 거래의 요소는 다음 표와 같이 차변 항목과 대변 항목으로 구분되며, 차변 항목의 거래는 반드시 대변 항목 중 하나의 요소를 수반한다. 즉, ❶, ❷, ❸, ❹ 중 하나의 사건이 벌어지면 ❺, ❻, ❼, ❽ 중 하나의 사건이 반드시 발생한다.

차변(왼쪽)	대변(오른쪽)
❶ 자산 증가	❺ 자산 감소
❷ 부채 감소	❻ 부채 증가
❸ 자본 감소	❼ 자본 증가
❹ 비용 발생	❽ 수익 발생

09

직장인의 구세주 혹은 원수, 복식부기

단식부기의 한계를 넘어서기 위해 만들어진 복식부기

단식부기는 재산의 증가와 감소만을 기록하는 부기 방법이다. 월급을 받으면 가계부에 증가된 금액을 적고, 점심을 먹으면 감소된 금액을 적으면 끝이다. 간단해 보이지만 어쨌든 그것도 회계의 일종이라니 그러려니 하자. 앞에서 얘기한 것처럼 복식부기가 아닌 회계는 모두 단식부기라고 보면 된다.

단식부기는 이해하기 쉽다는 것이 강력한 장점이다. 덕분에 일반인들도 단식부기를 사용해 가계부를 작성할 수 있다. 그런데 가계부를 작성하다 보면 숫자에 0을 하나 더 붙인다든지, 0을 하나 빼먹는다든지, 또는 거래 자체를 누락한다든지 하는 다양한 실수가 생기게 마련이다.

문제는 월말이 되어 현금 잔액을 직접 확인해 보기 전까지는 실수를 했다는 사실 자체를 깨닫기가 쉽지 않다는 점이다. 더욱이 어디에서 잘못된 것인지도 확인하기 어렵다. 모든 거래 내역과 잔고를 일일이 확인하면서 어디서 실수가 발생했는지 찾아내야 한다. 그 번거로움을 어찌 감당할 수 있을까? 더구나 대기업이라면 하루 거래량만도 어마어마하게 많을 테니 회계팀 사람들은 아마도 차이가 난 내역을 밝힐 때까지 헤아릴 수 없이 많은 밤을 지새워야 할지도 모른다. 중세 시대에는 손으로 장부를 기록했으니, 현금 계정 금액이 실제 현금 보유액과 일치하지 않는 순간, 정말이지 비상사태를 맞았을 것이다.

게다가 가계부는 현금 잔액이 얼마인지만 보여줄 뿐, 무엇을 얼마나 팔았고, 어디에 얼마나 썼는지 등에 대한 항목별 내역을 구분해 보여주지는 않는다.

복식부기가 없던 시기에 단식부기의 이러한 단점은 정말 치명적이었을 것이다. 이러한 난관을 극복하고자 회계 조상님들이 복식부기를 만들어낸 것이다. 복식부기로 어떻게 이 난관을 돌파하는지는 뒤에서 살펴보자.

얻은 것과 잃은 것을 모두 기록하는 것이 복식부기다

모든 거래는 거래의 이중성에 따라 얻은 것과 잃은 것으로 구분할 수 있다고 했다. 원인이 있으면 결과가 있고, 뭔가를 얻으려면 대가를 지급해야 한다는 점을 꼭 기억해 두자. 얻은 것과 지급한 대가(잃은 것), 이 한 쌍의 거래를 차변과 대변에 동시에 기록하는 것이 복식부기다.

예컨대, 단식부기에서는 통신비 10만 원을 현금으로 지급하면 현금의 감소 10만 원만 표시해 주면 된다. 다음은 흔한 가계부의 예시다.

날짜	항목	수입(+)	지출(−)	잔액
3월 1일	통신비		(−)10만 원	(−)10만 원
3월 2일				

복식부기에서는 거래에 딸린 계정 한 쌍을 먼저 찾아내야 한다. 통신비 10만 원을 지급한 거래는 곧 통신서비스 10만 원어치를 사용한 대가로 현금 10만 원을 지출한 거래다.

❶ 통신비 10만 원이 발생했다.

❷ 통신비 10만 원이 증가했으니, 거래의 이중성에 따르면 반드시 다른 계정 금액도 변동해야 한다.

❸ 통신서비스 사용에 대한 대가로 현금 10만 원을 지불했다.

✪ **통신비 계정 10만 원 증가 & 현금 계정 10만 원 감소(하나의 거래를 이중으로 기록)**

	단식부기	복식부기
❶ 거래의 인식	통신비로 현금 10만 원 지출	통신비 10만 원 발생 & 현금 10만 원 지출
❷ 기록	지출 10만 원(통신비)	통신비 10만 원 증가 & 현금 10만 원 감소
재무제표	가계부	재무상태표, 손익계산서

복식부기는 스스로 오류를 검증한다

복식부기에서는 하나의 거래를 한 쌍으로 기록한다. 따라서 차변 금액과 대변 금액이 늘 같은 금액으로 변화한다. 즉, 수많은 거래가 발생했더라도 전체 차변 금액과 대변 금액의 합계액은 반드시 일치하게 되어 있다.

만약 차변 금액과 대변 금액이 일치하지 않는다면, 회계처리가 잘못된 것이니 그에 합당한 조치를 취하면 된다. 복식부기는 스스로 오류를 검증하는 자기검증 기능을 가지고 있는 셈이다. 일례로, 합계금액이 다르다면 각 거래들 중에 차변과 대변 금액이 다르게 기록된 것만 추려내서 확인해 보면 된다.

물론 차변 금액과 대변 금액이 일치함에도, 기록된 현금 잔액과 실제 현금 잔고가 차이가 날 수도 있다. 이 경우는 차변과 대변의 금액을 동일하게 잘못 기록했거나, 거래 자체를 누락했거나 혹은 가공으로 기록한 것일 수 있다.

이런 경우에도 복식부기에서는 문제를 해결하기가 한결 수월하다. 예를 들어, 현금 계정 잔액은 0원인데, 실제 현금 잔고는 1,000만 원이라고 가정해 보자. 전체 차변 금액과 대변 금액 합계액을 확인해 보니, 두 금액이 일치한다. 그렇다면 현금이 입금될 만한 상황이 있었는지 곰곰이 되짚어본다.

생각해 보니, 지난달 외상대금 1,000만 원을 모두 회수했다. 그렇다면 재무상태표의 외상대금(매출채권) 계정 금액이 0이어야 한다. 더 이상 회수할 외상대금이 없다는 뜻이다. 재무제표를 확인해 보니, 외상대금 계정 금액이 여전히 1,000만 원이다. 이런 경우, 외상대금 1,000만 원을 회수한 거래에 대한 기록이 누락된 것이니, 다음과 같이 추가로 기록을 해주면 된다.

> **현금 계정 1,000만 원 증가 & 매출채권 계정 1,000만 원 감소**
>
> 현금 1,000만 원   매출채권 1,000만 원

복식부기는 정리하기 편하다

　가계부는 기초와 기말 현금 금액이 얼마인지만 확인할 수 있을 뿐, 어디에서 얼마를 벌고 어디에 얼마를 썼는지 한눈에 일목요연하게 확인하기가 영 까다롭다. 월급이 얼마였는지, 이자수익이 얼마였는지, 돈을 도대체 어디에 쓴 것인지, 항목별 내역을 상세히 알려면 가계부에 적힌 기록을 뒤져서 항목별로 분류해 금액을 다시 계산해야 한다. 물론 해보면 된다. 그러나 기록을 발췌하다가 누락시킬 위험, 이중으로 기록할 위험, 계산 실수를 할 위험 등 너무나 다양한 오류의 위험이 도사리고 있다. 게다가 시간은 또 얼마나 많이 걸릴지, 상상하기도 싫다.

　그러나 복식부기에서는 모든 거래가 각 계정별로 집계된다. 괜히 불편하게 이중으로 기록하는 게 아니다. 거래가 일어났을 때, 현금 등의 증감을 기록하면서 그 현금을 변동시킨 짝꿍까지 별도로 기록해 두면 편리한 점이 많다. 현금이 왜 변동했는지, 즉 현금으로 어떤 자산을 얼마나 산 것인지, 월급으로 얼마를 받은 것인지, 식비는 얼마를 썼고, 교통비로 지출된 금액은 얼마인지 등이 궁금할 땐 각 짝꿍 칸 금액의 변동 상황을 확인해 보기만 하면 된다. 즉, 거래를 기록하면서 사용한 계정과목별로 그 증감 내역과 현황, 잔액을 일목요연하게 파악할 수 있다.

그래서 복식부기는 직장인의 구세주가 맞다

　복식부기 덕분에 회계가 어려워진 것은 맞다. 일상생활에서 접해 보지 않은 개념들을 새롭게 공부해야 하니 말이다. 회계를 공부하는 사람들 입장에선 대표적인 원흉이라 할 만하다. 그러나 복식부기의 검증 기능이 아니었다면 직장인들은 거래를 제대로 기록했는지 확인하느라 야근의 늪에서 헤어나지 못했을 것이다. 더불어 재무정보 이용자들은 재무제표를 통해 다양한 정보를 얻을 수 없었을 것이다.

　복식부기가 역사상 가장 위대한 발명 중 하나라는 말도 있다. 그런 만큼 복식부기는 회계인의 원수라기보다 직장생활을 하는 사람들의 구세주로 칭송받아야 마땅할 것이다.

10

우리끼리 이렇게 하기로
약속하는 회계기준(GAAP)

"회계에서 갭(GAAP)이 뭔가요? 의류 브랜드(GAP)인가요?"

회계 관련 뉴스에 심심찮게 등장하는 표현이 하나 있다. 'GAAP'이라고 쓰고, '갭'이라고 읽는 이 단어는 의류 브랜드도 아니고, 세대차이를 뜻하는 그 갭(gap)도 아니다. 회계에서의 갭은 회계에 사용되는 일정한 기준을 말하는데, 이를 알기 위해서는 먼저 가계부 작성법을 떠올려볼 필요가 있다.

가계부 작성 상황을 한번 상상해 보자. 월급을 받으면 월급을 '수입'으로 기록할 것이다. 혹은 (+)로 표시를 할 수도 있다. 점심을 먹고 현금으로 계산했다면, '지출' 또는 (-) 등으로 기록하게 된다. 이렇게 가계부는 수입은 더하고, 지출은 뺀다는 두 가지 원칙에 기초해 작성한다. 그렇게 해야만 벌어들인 돈과 사용한 돈이 얼마인지 확인할 수 있고, 궁극적으로 이달에 남은 돈이 얼마인지도 확인할 수 있기 때문이다.

회계도 마찬가지다. 회사들은 회사의 가계부인 '재무제표'를 작성할 때, 일정한 기준에 따라 회계처리를 한다. 재무제표를 중구난방으로 대충 작성한다면 누가 그 재무제표를 신뢰할 수 있겠는가. 그런 재무제표라면 작성자 외에는 해독이 불가능할 것이다. 이런 이유로 재무제표의 신뢰성을 향상시키고, 누구나 이해할 수 있는 재무제표를 작성하기 위해 어느 나라나 그 나라의 회계 환경을 반영한 고유의 회계원칙을 가지고 있다. 따라서 모든 회사는 나라에서 정한 회계원칙에 따라서 재무제표를 작성해야 한다.

이렇게 모든 회사가 재무제표를 작성할 때 따라야 하는 기준을 일컬어 영어로 'Generally Accepted Accounting Principles', 간단하게 줄여서 GAAP이라고 한다. 직역하면 '일반적으로 인정된 회계기준'이라는 뜻이다. 나라별로 산업적, 정치적, 경제적 환경 등이 다르므로 제각기 고유한 회계 환경을 가질 수밖에 없다. 이에 따라 모든 나라에는 각각의 GAAP이 별도로 존재한다.

우리나라는 상법에서 '회사가 재무제표를 작성할 때, 일반적으로 공정·타당한 회계 관행에 따라야 한다'고 규정하고 있다. 그리고 한국회계기준원에서 '주식회사 등의 외부감사에 관한 법률'에 의거해 제정한 한국채택국제회계기준과 일반기업회계기준 중 하나를 채택해 적용하도록 하고 있다. 이 두 기준이 우리나라 고유의 '일반적으로 인정된 회계기준(GAAP)'인 셈이다. 한편, 상법에서 규정하고 있는 중소기업회계기준도 있는데, 중소기업이 간편하게 적용할 수 있도록 간소화한 '특례' 회계기준이라고 이해하면 된다.

한국채택국제회계기준(K-IFRS)

한국채택국제회계기준은 국제회계기준(International Financial Reporting Standard, IFRS)을 우리나라 환경에 맞게 일부 수정한 것으로, 국제회계기준의 한국 버전이라고 보면 된다. 긴 한글이름 대신 IFRS 또는 K-IFRS라는 표현이 주로 쓰이니, 참고해 두자. 상장법인이나 금융회사 등은 의무적으로 한국채택국제회계기준을 사용해야 한다. 물론 의무적용 대상 기업이 아니더라도 회사가 선택하면 한국채택국제회계기준을 사용할 수 있다.

국제회계기준(IFRS)
국제적으로 통일된 회계기준을 제정하자는 움직임에 따라 국제회계기준위원회(IASB)에서 제정한 회계기준을 국제회계기준이라고 한다. 우리나라를 비롯한 세계 100여 개 국가에서 국제회계기준을 채택하고 있다. 그런데 우리나라가 국제회계기준을 채택했다고 해서 모든 회사가 한국채택국제회계기준을 사용해야 하는 것은 아니다. 의무적으로 한국채택국제회계기준을 사용해야 하는 일부 회사(상장법인, 금융회사 등)를 제외하고는 회사가 자율적으로 사용 여부를 선택할 수 있다.

일반기업회계기준

일반기업회계기준은 한국채택국제회계기준을 사용하지 않는 회사들이 적용하는 회계기준이다. 한국채택국제회계기준을 처음 도입해 사용하려면 비용이 많이 든다. 새롭게 회계기준을 공부해야 하고, 새 기준에 맞게 시스템도 바꿔야 한다. 그리고 기준을 유지하는 것 자체도 좀 번거롭다.

예를 들어, 외부 평가기관의 평가를 자주 받아야 한다. 즉, 돈이 많이 든다. 또한 이 회계기준은 기업의 자율성을 중요하게 생각하는 편인데, 그래서인지 기준이 명확하다기보다는 애매한 부분이 많다. 실제로 실무에서 새로운 거래가 발생했을 때 명확한 답이 없어서 논란이 많이 생기곤 한다.

그래서 상장기업 등에 비해 규모가 작은 회사들을 배려해 부담도 덜하고 번거로움도 덜한 회계기준을 사용할 수 있도록 한 것이 일반기업회계기준이라고 보면 된다.

중소기업회계기준

중소기업회계기준은 상법에 의거해 법무부장관이 중소벤처기업부장관 및 금융위원회와 협의하여 고시하는 회계기준이다. 일반기업회계기준보다 분량도 적고, 회계처리 방식이 단순해서 간편하게 적용할 수 있다. 회계가 어려울수록 회계를 위한 비용이 증가한다. 따라서 상대적으로 쉬운 중소기업회계기준은 중소기업을 위한 일종의 회계 특례라고 이해하면 된다. 다만, 외부감사를 의무적으로 받아야 하는 회사는 중소기업회계기준을 사용할 수 없다.

◆ 회계 기준의 종류

	회계기준	적용대상	관련법령
1	한국채택국제회계기준	주권상장법인 및 금융회사	주식회사 등의 외부 감사에 관한 법률
2	일반기업회계기준	1 이외의 외부감사 대상 주식회사	
3	중소기업회계기준	외부감사 대상 이외의 주식회사	상법

11

결산,
회계팀이 연말에 바쁜 이유

한국 회계연도의 끝은 12월 31일

연말연시가 되면 각종 송년 모임으로 전국이 떠들썩하다. 오랜만에 동창들도 만나고 지인들도 만나 한잔 술을 나누며 한 해의 회포를 풀기 때문이다. 그런데 회계팀에 근무하는 사람들에게는 연말연시가 마음 편하게 송년회를 하거나 지인들을 만날 수 있는 그런 시기가 아니다.

한국 회사들은 12월 31일로 끝나는 회계연도(회계의 편의를 위해 설정한 일정한 기간)를 사용하는 경우가 많다. 따라서 회계팀에게는 결산(Closing)을 준비해야 하는 시기가 바로 연말연시다. 이때는 야근은 물론이고 남들은 일출 보러 가는 1월 1일에도 당당히 출근해서 일을 해야 하는 경우도 많다. 그러니 회계팀에 근무하는 친구가 연말연시에 바쁘다며 조금 비싸게 굴더라도 너무 욕하지는 말자. 혹시라도 회계팀에서 결산에 필요하다고 자료 요청을 하더라도 너무 짜증을 내지는 말자. 그들의 일은 자료를 받은 뒤에야 시작되니 말이다.

이렇게 회계팀을 두둔하는 발언을 읽다 보면 한 가지 의문이 들 수도 있다. 회계처리는 ERP 시스템이 해주는 것 아닌가? 일은 ERP 시스템이 하는데 왜 사람이 바쁘지?

물론 ERP 시스템의 도움으로 회계가 쉬워진 것은 사실이다. 과거와 비교하면 정말 획기적으로 편해졌다.

하지만 세탁기가 생겼다고 해서 세탁기에 넣고 돌리기만 하면 빨래가 끝나는 것은 아니다. 단지 개울가에서 방망이를 두드려야 하는 수고로움이 사라졌을 뿐이다. 빨래를 제대로 하려면 애벌빨래도 해야 하고, 색깔옷 구분도 해야 하고, 세제도 구분해 써야 한다. 울샴푸를 사용해서 세탁해야 하는 옷도 있고, 단순히 세탁기에 넣고 돌리기만 하면 되는 것도 있다. 어디 그뿐이랴. 빨래가 끝나면 사람이 직접 널어주거나 건조기에 넣어 주어야 하고(요즘에는 세탁과 건조가 동시에 되는 제품도 있기는 하다), 빨래가 다 마르면 개키는 것도 누군가 해야 한다.

회계도 이와 같다. 몸이 힘든 단순 삽질의 과정은 ERP 시스템이 다 해결해 주지만 결정적인 순간에는 사람의 손길이 필요하다. 회계연도 중에 ERP 시스템에 회계자료가 입력이 되면, ERP 시스템은 자동으로 '재무제표와 비슷한 형식의 정보'를 도출해 낸다.

이후, 회계연도가 끝나고 연말연시가 되면 재무제표와 비슷한 형식의 정보를 토대로 '진짜' 재무제표를 만들어야 한다. 진짜 재무제표를 만들어 내는 과정이 바로 '결산'이다.

결산에서 주로 하는 일은 회사가 회계기간 중에 현금주의로 회계처리한 항목들을 발생주의로 전환하여 회계처리를 하는 것이다. 발생주의 회계처리는 어렵고 복잡하다. 그러니 일단 현금주의로 회계처리를 했다가, 막판에 발생주의로 한번에 바꾸는 것이다. 이때, 회사는 '수정 분개'를 통해 발생주의 회계를 구현하게 된다. 수정 분개는 말 그대로 '수정하는 분개'다.

여기서 잠깐!

ERP 시스템

ERP(Enterprise Resource Planning)는 '전사적 자원관리'라고 부르는 시스템이다. 기업 전체의 자원을 최적으로 관리하기 위한 수단으로서 통합적인 컴퓨터 데이터베이스를 구축해 회사의 자금, 회계, 구매, 생산, 판매 등을 자동 조절해 주는 전산시스템을 뜻한다. 회계시스템도 ERP 시스템의 일부라고 보면 된다.

우리는 오롯이 손으로 모든 것을 해내야 했던 중세 시대에 회계를 배우고 있는 것이 아니다. 요즘이 어떤 세상인가. 컴퓨터와 인터넷이 일상적으로 활용되는 시대다. 회계 업무 환경도 크게 달라졌다. 거래를 파악해서 시스템에 입력만 해주면, 회계의 모든 과정을 컴퓨터가 다 처리해 준다. 거래를 시스템에 입력하는 순간, 재무제표가 짠 하고 만들어진다. 그러니 계산이 틀릴까봐 초조할 일도 없고, 뭐 그렇게까지 꼼꼼할 필요도 없다. 틀린 게 있으면 시스템에서 자동으로 걸러내 얼른 해결하라고 알려주니 말이다. 심지어 그 방법까지 제시해 주기도 한다. 게다가 과거의 수많은 거래 중에 살펴보고 싶은 내용이 있으면 검색 기능으로 손쉽게 찾아낼 수도 있다. 더 이상 일일이 전표를 확인하며 시간을 보낼 필요가 없어진 것이다.

결산할 때 회계처리가 바뀐다?

결산 수정 분개가 어떻게 이루어지는지 예를 들어 살펴보자.

선급보험료

만약 7월 1일에 1년치 자동차 보험료 100만 원을 납부했다면, 다음과 같이 현금주의에 따라 회계처리를 할 수 있다.

7월 1일 분개

 보험료 100만 원   현금 100만 원

발생주의에서는 위의 1년치 보험료 100만 원 중 50만 원(100만 원 × 올해 7월 1일~ 12월 31일)은 올해분 보험료이고, 나머지 50만 원(100만 원 × 내년 1월 1일 ~ 6월 30일)은 내년치 보험료를 미리 낸 것(선급보험료)으로 본다. 그래서 12월 31일 날짜로 다음과 같이 수정 분개를 한다.

12월 31일 수정 분개

 선급보험료 50만 원   보험료 50만 원

수정 분개를 통해서 올해 보험료는 50만 원만 인식하게 되고, 대신 자산인 선급보험료가 50만 원 증가했다.

❶ 7월 1일 : 보험료 100만 원 증가, 현금 100만 원 감소
❷ 12월 31일 : 선급보험료 50만 원 증가, 보험료 50만 원 감소
❸ 결과(재무제표 표시) :
　- 손익계산서 : 보험료 50만 원 증가(100만 원 증가 + 50만 원 감소)
　- 재무상태표 : 현금 100만 원 감소, 선급보험료 50만 원 증가

대손충당금

결산을 할 때쯤 되면, 회사의 채권이 얼마나 회수 가능한지 따져보는 일을 한다. 이른바 대손 회계처리를 하는 것이다(대손 회계처리는 뒤에서 자세히 살펴볼 것이니, 아래의 내용과 회계용어들은 참고로만 봐두자). 어떤 채권이 얼마나 회수 가능한지는 ERP 시스템이 판단해 줄 수 없다. 각종 자료를 분석해 사람이 결정해 줘야 한다. 쉽게 말해 '왕서방은 신용이 좋지 못하고 올해 사업을 말아먹었다는 소리가 들리는 것으로 보아 아마 채권의 반은 회수하지 못할 것 같다'는 식으로 분석하는 것이다.

분석 끝에 채권 100만 원 중에 회수하지 못할 것 같은 금액이 10만 원이라 치자. 이는 대손충당금이 10만 원으로 예상된다는 것이며, 다르게 표현하면 회수 가능한 채권잔액은 90만 원이라는 의미다. 이 경우 결산 시 해야 할 일은 다음과 같이 수정 분개를 하는 것이다.

12월 31일 수정 분개

 대손상각비 10만 원   대손충당금 10만 원

수정 분개를 통해 대손상각비 10만 원이 증가하고, 대손충당금 10만 원이 증가했다.

❶ 12월 31일 : 대손상각비 10만 원 증가, 대손충당금 10만 원 증가
❷ 결과(재무제표 표시)
　- 손익계산서 : 대손상각비 10만 원 증가
　- 재무상태표 : 대손충당금 10만 원 증가(매출채권의 차감 항목으로 표시)

이외에도 결산 시 다양한 수정 분개를 하게 된다. 개인적인 판단이 필요한 경우도 있고, 전사적 차원에서 경영자의 의도와 목적이 반영되어야 하는 경우도 있다. 발생주의가 어려운 만큼 그에 따른 수정 분개도 어렵고 복잡하다고 생각하면 된다.

여기서 잠깐!

매출채권의 차감 항목

대손충당금은 재무상태표에서 매출채권의 차감 항목으로 표시한다. 이 말은 다음과 같이 매출채권 총금액을 표시해 주고, 대손충당금으로 뺀 금액이 얼마인지 보여줌으로써 결과적으로 매출채권 순액이 얼마인지를 표시한다는 의미이다.

매출채권	100만 원
대손충당금	(-)10만 원
계	90만 원

매출채권 총금액, 향후 받지 못할 금액, 결과적으로 받을 수 있는 금액 모두 중요한 정보다. 이 세 가지 중요한 정보를 재무상태표에서 한눈에 파악할 수 있다는 것을 알아두자. 단, 매출채권 총액을 보여주지 않고, 대손충당금을 뺀 순액을 매출채권 금액으로 표시하는 재무상태표도 종종 있으니 참고해 두자.

회계 결산의 꽃, 재무제표

연말이면 방송사마다 한 해를 결산하는 시상식을 한다. 시상식의 하이라이트는 연기대상이나 연예대상의 수상자가 결정되는 순간일 것이다.

회계 결산이 바로 한 해의 프로그램을 정리하는 방송국 시상식이라고 보면 된다. 회계 결산을 통해 한 회계연도에 발생했던 다양한 회계 사건들을 정리하고, 시상식의 꽃인 회계 대상 '재무제표'를 완성할 수 있다.

인공지능의 발달로 사라질 직업 가운데 상위권을 차지하는 것 중 하나가 회계 담당자라고 한다. 벌써 ERP 시스템이 회계의 많은 부분을 대체하고 있고, 결산도 과거에 비하면 한층 수월하게 할 수 있게 되었다.

그러나 여전히 판단은 사람의 몫이다. 대손금은 얼마나 설정해야 하는지, 감가상각 내용연수는 몇 년이 적정한지, 충당부채의 설정은 어떻게 하는 것이 적정한지 등 의사결정은 사람이 해야 한다. 그렇기에 더욱더 회계를 알아야 한다. 회계가 어떻게 돌아가는지 그 원리를 알고 있어야 ERP 시스템이나 인공지능에 잠식당하지 않는다.

PART 3

재무제표를 읽는 힘

12

재무제표는
투자자를 위해 탄생했다

재무제표, 넌 누구냐

대출을 받기 위해 은행 문턱을 넘어본 사람은 알 테지만, 대출 한번 받으려면 이런저런 다양한 서류를 은행에 제출해야 한다. 은행 입장에서는 돈을 빌려주어도 떼일 일 없는 사람을 골라야 하기 때문이다.

회사에 투자하는 투자자도 마찬가지다. 회사가 영업은 잘하고 있는지, 곧 망할 회사는 아닌지, 현금은 얼마나 보유하고 있는지 등 다양한 재무 상황을 알아야 성공적인 투자의사 결정을 할 수 있다(최소한 실패 확률은 줄일 수 있을 것이다). 이때 투자자들이 회사의 재무 상황을 분석하기 위해 사용하는 것이 바로 회사의 '재무제표'다.

우리나라 회계의 기본 개념을 정리하고 있는 '재무보고를 위한 개념체계'에서는 재무제표의 궁극적인 목적이 '투자자와 채권자의 의사결정에 유용한 정보를 제공하는 것'이라고 정리하고 있다. 그 외의 다른 효과는 모두 이런 목적에서 파생된 것이라고 한다. 도대체 재무제표가 무엇이기에 의사결정에 유용한 정보를 준다는 것일까.

재무제표는 모두 5종!

재무제표는 한자로 '財務諸表'라고 쓴다. 문자 그대로 해석하면 '재무(財務)에 관한 모든(諸) 서류(表)'라는 뜻이다. 영어로는 'Financial Statements'다. 줄여서 'FS'로 사용하는 경우가 많으니 참고해 두자. FS는 '재무에 관한 설명서' 정도로 해석하면 된다.

재무제표가 재무에 관한 '모든' 서류라고 했으니, 한 가지만 있는 것은 아닐 터. 그 종류가 여러 가지일 것임은 미루어 짐작할 수 있다. 결론부터 말하자면 재무제표는 공식적으로 총 5가지다.

재무상태표, 손익계산서, 현금흐름표, 자본변동표, 주석이 바로 그것이다(이 다섯 가지 이외에도 다양한 회계 관련 서류가 존재한다. 그러나 회계를 전문으로 할 게 아니라면 이 다섯 가지만 알아두어도 충분하다). 각각의 재무제표에서 가장 중요한 것은 재무제표의 '이름'이다.

손익계산서
한국채택국제회계기준에서는 손익계산서 대신 포괄손익계산서를 재무제표로 정하고 있다. 포괄손익계산서와 손익계산서가 큰 차이가 있는 것은 아니니, 복잡하게 생각할 것 없다. 우선 지금은 손익계산서만 기억해 두자.

그 이름만 봐도 어떤 내용을 설명하는 문서인지 바로 알 수 있기 때문이다.

❶ 재무상태표(Statement of Financial Position)
일정 시점의 기업 재무상태를 알려주는 보고서다. 일정 시점의 예금 잔액을 알려주는 통장잔고증명을 생각하면 쉽다. 종종 재무상태표를 대차대조표(Balance Sheet, BS)라고도 부르니 기억해 두자.

❷ 손익계산서(Income Statement)

일정 기간 동안 기업의 경영성과에 대한 정보를 제공해 주는 보고서다. 기업의 경영성과는 회사가 얻은 이익(또는 손실)이다. 즉 손익계산서는 회사의 경영성과인 '손익'을 계산한 보고서다. 직장인이라면 1년 동안 받은 급여가 얼마인지 보여주는 원천징수영수증을 떠올려 보자.

❸ 현금흐름표(Statement of Cash Flow)

일정 기간 동안 기업의 현금흐름을 나타내 주는 보고서다. 초보자들이 이해하기에는 어려울 수도 있으니, 현금의 증가 내역과 감소 내역을 보여주는 일정 기간 동안의 통장 거래내역 정도로 기억해 두자.

❹ 자본변동표(Statement of Changes in Equity)

일정 기간 동안 기업의 자본변동에 대한 정보를 제공하는 보고서다. 이름 그대로다. 자본이 일정 기간 얼마나 어떻게 증가하고 감소했는지를 보여준다. 초보자들은 이런 게 있다는 정도만 알아두어도 무방하다.

❺ 주석(Note)

각 재무제표와 관련한 중요 정보를 제공해 주는 보고서다. 다른 재무제표들이 숫자로만 회사의 상태를 알려준다면 주석은 다양한 정보를 글로 써서 보여준다. 책이나 보고서 등에서 참고문헌이나 참고할 내용을 각주로 추가하는 경우가 종종 있다. 해당 쪽 하단에 달면 각주, 문서 말미에

적으면 미주라고 하는데, 이 각주나 미주를 주석이라고 한다. 재무제표에서 사용하는 주석도 그것과 동일한 성격이라고 보면 된다. 의외로 중요한 정보가 가득한 보물창고이니, 재무제표를 볼 때는 주석을 꼭 챙기자.

◆ 5가지 재무제표의 종류와 특징

재무제표	특징	내용
❶ 재무상태표	일정 시점	재무상태
❷ 손익계산서	일정 기간	경영성과(손익계산)
❸ 현금흐름표	일정 기간	현금흐름
❹ 자본변동표	일정 기간	자본변동
❺ 주석	일정 시점 또는 기간	기타 중요한 정보

재무제표는 정보이용자에게 유용한 정보를 제공하기 위해 일정 시점의 정보와 일정 기간의 정보를 제공한다. 일정 시점의 자료가 현재 상태를 보여준다면, 일정 기간의 자료는 해당 기간 동안 어떤 성과를 냈는지 보여준다. 두 자료는 상호보완적인 역할을 하므로 두 정보를 모두 고려하면, 오류를 줄일 수 있어 유용하다.

여기서 잠깐!

연결재무제표와 별도재무제표

앞으로 재무제표를 볼 때, 연결재무제표라는 표현을 많이 접하게 될 것이다.

연결재무제표 : 지배기업과 종속기업을 하나의 경제적 실체로 표시하는 재무제표

별도재무제표 : 연결재무제표를 작성하는 지배기업 자신의 개별재무제표

'연결 회계'는 회계에서도 어려운 분야다. 그러나 이것은 작성하는 사람에게 어렵다는 뜻이다. 재무제표를 읽는 사람에게는 연결재무제표든 별도재무제표든 그냥 재무제표일 뿐이다. 삼성전자만의 재무제표가 보고 싶으면 (별도)재무제표, 삼성전자와 그 종속기업의 재무상태와 경영성과를 하나로 표시한 재무제표를 보고 싶으면 연결재무제표를 찾으면 된다.

13

재무제표의 두 가지 성격

오회계사의 동기 중 한 명은 기러기 아빠다. 아이 둘과 아이 엄마를 미국에 보내놓고 혼자서 지낸다. 오회계사는 자신도 나중에 필요할까 싶은 마음에 유학 절차에 대해 궁금한 것들을 물어보기 시작했다. 그런데 동기가 다음 같은 말을 하는 것이다.

"유학이나 취업을 위해서 미국에 가려면 비자를 받아야 해. 근데 재미있는 게 있어. 유학 비자 발급을 위해 미국 대사관에 제출해야 하는 서류들이 회계 관점에서 볼 때 참 흥미로워."

대충 이야기는 이렇다. 미국 유학 비자를 받으려면 비자 신청자(또는 후원자)가 유학 기간 동안 학비와 생활비를 감당할 경제력이 있는지, 유학을 마치고 돌아갈 자국 내의 경제기반은 튼실한지 등에 대하여 해당 사실을 입증할 수 있는 재정보증서류를 대사관에 제출한다. 구체적으로 소득금액증명, 원천징수영수증, 통장 원본 또는 통장잔고증명서 등이다.

　비자 신청자가 미국에서 유학을 마치면 본국으로 돌아가야 하는데, 혹시라도 경제적인 문제로 귀국하지 않고 미국에 눌러앉지는 않을지, 유학 자금도 없이 미국에 왔다가 불법체류자가 되는 것은 아닐지 등을 미리 검증하겠다는 것이다. 서류가 부실할 경우에는 비자 신청이 거부될 수도 있다. 어렵게 입학 허가를 받은 사람이 단지 비자를 받지 못해 유학을 포기해야 한다면 정말 황당하고도 억울할 것이다.

재무제표의 개념, 비자 신청 절차에서 찾다?

　유학 비자 이야기의 핵심은 재무제표에서 회사의 소득과 지출, 재정 상태를 설명해 주는 지표들이 유학갈 때 재산을 확인하는 서류들과 닮아 있다는 것이다.

　기왕 비자 이야기를 시작했으니, 재무제표 이해를 위해 조금 더 해보자.

　오회계사의 동기가 아이들의 비자를 신청할 때 재정 보증 서류로 제출한 것은 원천징수영수증, 은행계좌 잔고증명서다.

첫째, 원천징수영수증

　직장인이라면 누구나 1년에 한 번씩, 연말정산이 끝나면 받아보는 바로 그 서류다. 원천징수영수증은 일정 기간 동안 개인이 벌어들인 소득과 원천징수된 세금이 얼마인지를 증명해 주는 서류인데,

원천징수영수증

소득을 지급하는 자가 지급한 소득과 원천징수한 세금을 기재하여 소득을 지급받는 자에게 발급하는 서류다. 소득의 종류에 따라 각각 다른 형식으로 발급된다. 회사에서 근로자들에게 '근로소득원천징수영수증', 은행에서 이자소득자에게 '이자소득원천징수영수증', 기타소득에 대해서는 지급자가 소득자에게 '기타소득원천징수영수증'을 발행하는 식이다.

근로소득의 경우 연말정산이 끝나면 회사에서 근로소득원천징수영수증을 발급해 준다.

◆ 근로소득원천징수영수증 서식

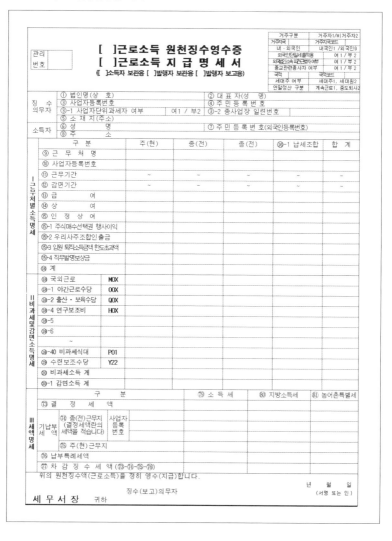

둘째, 통장잔고증명

통장잔고증명은 일정 시점에 통장 잔고가 얼마나 되는지 보여주는 서류다. 계좌가 있는 은행에서 발급해 준다.

원천징수영수증은 1년 동안 회사로부터 받은 급여, 보너스 등의 근로소득과 1년간 납부한 세금이 얼마인지를 보여주는 것과 달리 통장잔고증명은 증명서 발행일 현재 통장 잔액이 얼마인지를 알려준다.

여기에서 중요한 개념을 알 수 있다. 재정보증서류는 ❶ 일정 기간의 소득을 알려주는 것과 ❷ 일정 시점 현재 부의 금액이 얼마인지 알려주는 것, 이 두 가지로 구분된다는 것이다.

미국 대사관은 왜 두 가지 종류의 서류를 모두 제출하라고 요구하는 것일까?

먼저, 통장잔고증명은 증명서 발행일 시점에 가지고 있는 돈이 얼마인지를 보여준다. 잔고가 많다면 유학 자금을 충분히 감당할 수 있는 사람임을 어필할 수 있을 것이다. 그러나 통장잔고증명만 가지고는 그 사람의 재무 상황과 경제력을 명확하게 확인할 수 없다. 막말로 어제 사채를 얻어서 현금을 통장에 입금한 뒤, 잔고증명서만 발급받고, 바로 돈을 출금하더라도 확인할 도리가 없는 것이다.

즉, 미래에도 꾸준히 경제력을 유지할 수 있는 사람인지를 한 번 더 확인하고 싶은 것이다. 그래서 요구하는 것이 일정 기간 동안의 소득 자료, 즉 원천징수영수증이다. 이를 통해 1년 동안 개인이 돈을 얼마나 벌었는지 확인하고, 또한 미래에도 꾸준한 소득이 있을 것임을 예상할 수 있기 때문이다.

반대로 원천징수영수증만 받는 경우도 문제가 될 수 있다. 지난 1년간의 연봉이 매우 높은 사람이라도 연봉을 초과하여 지출을 했다면 쓸 돈이 적을 수밖에 없다. 즉, 학비를 대지 못해 미국에서 불법체류자가 될 가능성이 높아질 수 있다는 이야기다. 그러니 지금 현재 적정 수준의 현금을 가지고 있는 사람인지 판단할 수 있는 통장잔고증명이 요구되는 것이다.

결과적으로 현재와 미래에 경제적으로 안정성을 가지고 있는지를 판단하기 위한 나름의 치밀한 계산이 깔려 있음을 알 수 있다.

자, 비자 이야기에서 우리가 기억해야 할 포인트는 크게 두 가지다.

첫째, 비자 심사에서는 한 사람의 경제력을 평가하기 위해 재정보증서류를 검토한다.

둘째, 재정보증서류는 일정 시점 및 일정 기간 동안의 경제력을 평가할 수 있는 자료여야 한다.

믿기 어렵겠지만, 우리는 지금 막 재무제표에 대해 거의 다 배웠다. 위의 두 가지 포인트만 기억하고 있어도 재무제표의 목적과 재무제표의 일반적인 성격에 대해서 쉽게 파악할 수 있기 때문이다.

대사관에선 재정보증서류를 확인하고 투자자는 재무제표를 확인한다

회사의 투자자와 채권자는 재무제표를 통해 회사를 평가한다. 재무제표를 작성하는 근본적인 목적이 바로 투자자와 채권자에게 유용한 정보를 제공하기 위함이니 말 다했다. 미국 대사관에서 재정보증서류로 비자 신청자의 경제력을 평가하는 것과 마찬가지다.

재무제표는 회사의 일정 시점의 재무상태와 일정 기간의 경영성과, 현금흐름, 자본변동을 알려주는 보고서들이다. 이 역시 비자 심사를 할 때 요구하는 재정보증서류와 그 성격이 같다. 자세한 이야기는 차차 이어서 하도록 하겠다. 우선은 위의 두 가지 포인트만 기억하자.

여기서 잠깐!

정말 쉬운 재무제표 찾기

만약 재무제표를 찾기가 어렵다면 투자자나 채권자에게 유용한 정보를 제공하겠다는 회계의 목적이 무색할 것이다. 그래서 법으로 이해관계자가 많은 상장회사, 규모가 큰 회사 등의 재무제표는 누구라도 쉽게 찾아볼 수 있도록 공개하라고 규정해 놓았다. 재무제표가 궁금하면 일단 컴퓨터를 켜면 된다. 그리고 투자 대상 회사의 홈페이지에 방문해 보자. 홈페이지 내의 기업정보, IR(Investor Relation) 등을 클릭

◆ 현대자동차 홈페이지의 재무정보

해 보면 회사의 재무제표는 물론 다양한 재무정보를 확인할 수 있다.

홈페이지 이외에 가장 쉽게 재무제표를 접할 수 있는 방법은, 금융감독원의 전자공시시스템(dart.fss.or.kr)에 방문하는 것이다. 일정 수준 이상의 자산 규모를 가진 회사 등은 법에 따라 의무적으로 회계감사를 받아야 하고, 감사받은 재무제표를 모든 사람에게 공개해야 한다(전자공시시스템에서 검색되지 않는 회사들도 물론 존재한다. 외부감사를 받지 않는 회사는 재무제표를 공시하지 않으니 알아두자). 전자공시시스템에서 궁금한 회사를 검색해 보면 감사보고서, 재무제표, 사업보고서 등 다양한 재무정보를 확인할 수 있다.

◆ 전자공시시스템 검색 화면

14

너의 이름은 계정

계정과 계정과목 : 회계에서도 통장을 쪼갠다

오회계사는 재테크를 위해 '통장 쪼개기'를 하고 있다. 통장 쪼개기는 매달 쓰는 돈의 용도에 따라 통장을 나누어 관리하는 것이다. 월급 통장, 생활비 통장, 비상금 통장, 취미 통장 등으로 통장의 이름을 정해 놓고, 용도에 따라 해당 통장에서 돈이 지출되도록 해놓으면 된다. 이 경우, 현금흐름이 한눈에 보여서 재테크에 유용하다.

회계 조상님들도 통장 쪼개기라는 재테크 논리를 잘 알고 있었던 것 같다. 회사의 다양한 거래를 비슷한 성격으로 분류하고 정리하기 위해 회계에서 '계정'이라는 통장을 사용하도록 했으니 말이다.

회계에 관심을 갖다 보면 '계정(Account)' 또는 '계정과목(Title of Account)'이라는 표현을 심심찮게 접하게 된다. 계정은 재테크할 때 이용하는 통장과 비슷하다. 통장 쪼개기를 할 때는 각각의 통장에 저축의 목적과 성격에 따라 '생활비' 통장, '저축' 통장이라는 이름을 붙이는데, 계정도 그렇다.

여기서 잠깐!

계정과 은행 계좌

계정을 영어로 Account라고 한다. 계정과목은 Title of Account다. 그런데 흥미로운 점이 하나 있다. 은행에 통장을 만들면 계좌가 하나 개설되는데, 이때 은행 계좌를 영어로 Bank Account라고 한다.

즉, 회계에서의 '계정'과 은행에서 쓰는 '계좌'를 미국 사람들은 같은 단어인 Account로 쓴다는 말이다. 혹시 회계 조상님들이 정말로 통장을 생각하며 계정이라는 개념을 만들어낸 것은 아닐까.

계정은 거래를 기록하기 위해 준비된 가상의 공간이다. 이름을 붙여주기 전까지 계정은 다만 하나의 빈 통장에 지나지 않는다. 통장처럼 거래를 구분하기 위해 '건물 계정', '차입금 계정', '매출 계정', '인건비 계정' 식으로 계정에 이름을 붙인다. 이때 '건물', '차입금', '매출', '인건비' 등과 같이 계정에 붙여진 이름을 '계정 이름'이라고 부르는 대신 '계정과목'이라고 한다. 다음 재무제표 상단에 보면 '과목'이라고 적혀 있고, 그 밑으로 다양한 계정이 등장하는 것을 볼 수 있다. 이 과목들이 바로 계정과목이다.

◆ 삼성전자 2023년 연결재무상태표 일부

연 결 재 무 상 태 표

제 55 기 : 2023년 12월 31일 현재

제 54 기 : 2022년 12월 31일 현재

삼성전자주식회사와 그 종속기업 (단위 : 백만 원)

과 목	제 55 (당) 기		제 54 (전) 기	
자 산				
I. 유 동 자 산		195,936,557		218,470,581
1. 현금 및 현금성자산	69,080,893		49,680,710	
2. 단기금융상품	22,690,924		65,102,886	
3. 단기상각후원가금융자산	608,281		414,610	
4. 단기당기손익-공정가치금융자산	27,112		29,080	
5. 매출채권	36,647,393		35,721,563	

계정별원장과 총계정원장이란?

자, 이제 계정에 이름이 붙여졌으니, 그 이름에 해당하는 모든 거래는 그 계정으로 헤쳐 모이라고 해보자. 이렇게 한 계정의 거래내역(거래 내용, 거래 날짜, 금액 등)을 모아놓은 것, 즉 한 계정의 세부내역을 '계정별원장'이라고 한다. 그리고 계정별원장을 모두 모아놓은 것이 '총계정원장(General Ledger, GL)'이다. 회계팀이나 세무팀이 아니면 거의 볼 일은 없으니 참고로만 알아두자.

아래 예는 혹시라도 계정별원장과 총계정원장이 궁금한 사람들을 위한 간단한 예시다. 별로 어려운 내용이 아니니, 바쁘지 않을 때 가벼운 마음으로 봐두자.

A회사는 1월 1일 현재 1억 원의 현금을 가지고 있었다. 그리고 3월 31일,

분개와 전기

회계에서는 분개를 통해 거래가 최초로 기록된다. 이 최초의 기록을 계정이라는 통장으로 쪼개어 옮겨 적게 되는데, 이렇게 옮겨 적는 과정이 '전기(Posting)'다. 요즘에는 회계 프로그램이 워낙에 잘 발달되어 있어 분개를 하자마자 전기가 완료되니, 분개든 전기든 크게 신경쓸 필요 없다.

건물을 현금 1억 원을 주고 구입했다. 이것은 현금 1억 원이 감소하는 대신 건물 1억 원이 증가한 거래다.

위의 거래를 기록하기 위해 '현금'이라는 계정에는 1억 원이 감소했다고 쓰고, 건물이라는 계정에는 1억 원이 증가했다고 쓴다. 믿기지 않겠지만, 이것으로 재무제표 작성이 끝났다. 재무제표는 각 계정의 금액을 모아 놓은 것이기 때문이다. 그냥 그렇게 믿자. 지금은 재무제표를 작성하는 것보다 작성된 재무제표에 익숙해지는 게 더 중요한 때다.

3월 31일 분개

 건물 1억 원   현금 1억 원

이런 식으로 1년 동안의 거래가 모이면 현금 계정에는 1년 동안의 현금 거래 내역이 고스란히 담기게 된다. 마찬가지로 건물 계정에는 건물의 증감 내역이 모두 기록된다. 통장과 다를 게 하나도 없다.

실제로도 계정별원장이나 총계정원장은 통장과 비슷하게 생겼다. 위의 거래를 나타낸 총계정원장을 참고 삼아 다음과 같이 작성해 보았다. 통장에서는 입금이나 출금이라고 쓰는 표현이 증가와 감소로 적혀 있을 뿐 통장과 별반 다를 게 없다. 현재 건물 통장 잔액은 1억 원이고, 현금 통장 잔액은 0원이다.

◆ 총계정원장

계정과목 : 건물

날짜	적요	증가	감소	잔액
1월 1일	기초			0원
3월 31일	현금 지급	1억 원		1억 원

계정과목 : 현금

날짜	적요	증가	감소	잔액
1월 1일	기초			1억 원
3월 31일	건물 구입		1억 원	0원

15

빛 좋은 개살구, 분식회계

'숫자로 장난해?' 맞다, 그것이 분식회계

오회계사는 회계감사를 하면서 수차례 분식회계를 목격했다. 그중 하나의 사례를 소개한다.

A사는 자금 업무와 회계 업무를 회계담당 임원이 전담하여 처리하고 있었다. 누가 봐도 워커홀릭이고 회사를 위해 애쓰는 듯 보였던 회계담당 임원은 출납 직원이 번거로울 수 있다며 은행 업무도 손수 처리하였고, 회사의 공인인증서는 보안상의 이유를 들어 본인이 직접 관리했다. 당시 윗사람으로부터 솔선수범한다고 칭송이 자자했다고 한다.

어느 날 A사는 법에서 정한 회계감사를 받게 되었고, 오회계사가 팀원들과 함께 그 회사에 방문했다. 그런데 오회계사는 감사기간 내내 회계담당 임원의 그림자도 볼 수가 없었다. 몸이 아파 병가를 낸 상태로, 감사기간 내내 연락조차 안 되었기 때문이다. 무언가 이상하다고 느낀 오회계사는 결국, 다음과 같은 분식회계와 횡령 사실을 밝혀냈다.

❶ 회계담당 임원이 대표로 되어 있는 유령회사 C에서 서비스를 제공받았다고 허위 사실을 기록하고, 용역대가로 C에 자금 지급. 해당 금액은 임원이 사적으로 유용함(비용 과다 계상)

❷ 회사의 현금을 마음대로 인출해서 사용하고, 기말 결산 때는 C에서 현금을 인출해 와 회사 금고에 잠시 보관하는 방법으로 현금실사에 대응. 결산 직후 C에 현금 상환(자산 과다 계상)

횡령 건으로 해당 임원은 구속이 되었는데, 검찰 조사에 따르면 그는 회사의 자금을 주식 투자에 사용했고, 결국 모든 재산을 날렸다고 한다. 결과적으로 회사는 그 임원으로부터 한 푼도 회수할 수 없었다. 다행히 회사가 직원의 불법행위로 인한 피해를 보상받는 신원보증보험에 가입해 있었기에 손실금액은 최소화할 수 있었지만, 여러모로 타격이 상당했다.

분식회계는 회계를 모르는 사람이라도 한 번쯤은 들어봤을 법한 유명한 단어다. 뉴스에 회계 관련 기사가 나왔다 하면 대부분 어떤 회사가 분식회계를 했다는 내용이니, 정확히 무슨 뜻인지는 몰라도 적어도 분식회계가 나쁜 것임은 안다.

'분식(粉飾)'이라는 단어의 한자를 풀어보면 '분을 발라서(粉) 장식하고 꾸민다(飾)'는 뜻이다. 사전적으로는 '내용 없이 거죽만을 좋게 꾸밈' 또는 '실제보다 좋게 보이려고 사실을 숨기고 거짓으로 꾸밈'이라는 의미를 가지고 있다. 이런 의미는 회계에서도 그대로 적용된다. 분식회계는 회사의 재무제표를 거짓으로 보기 좋게 꾸미며 왜곡시키는 회계를 의미한다.

분식회계는 자산이나 이익을 과다하게 인식하여 투자자나 은행관계자 등 재무제표 외부 이용자를 속이거나, 반대로 실제보다 이익을 적게 인식하여 탈세를 꾀할 목적으로 이루어지기도 한다. 분식회계가 비자금이나 횡령 사건과 연결되는 일도 비일비재하다.

분식회계, 수법도 다양하다

아래는 분식회계의 다양한 수법들이다.

- 현금을 결산 때만 잠깐 빌려와서 금고에 채워놓고, 마치 회사의 자산인 것처럼 부풀리기
- 있지도 않은 재고자산을 있다고 속이거나 재고자산의 가치를 부풀리기
- 매출이 일어나지도 않았는데 세금계산서를 발행하여 매출액과 매출채권 부풀리기(혹은 같은 방법으로 매입을 과다하게 계상하고 현금을 빼돌리거나, 매입채무를 과다하게 부풀리기)
- 직원을 고용한 것처럼 꾸며서 유령 직원에게 급여나 퇴직급여를 지급하고, 그 돈을 빼돌리기
- 대손충당금, 퇴직급여충당금 등 추정이 필요한 항목을 고의적으로 적게 계상하여 비용과 부채 누락하기(혹은 과다하게 계상하여 비용 부풀리기)
- 차입금 인식하지 않기
- 폐기되어 사용할 수 없는 자산에 대한 손실을 인식하지 않음으로써 자산을 과다하게 인식하고, 비용을 과소하게 인식하기

실제로 1990년대에 우리나라의 회계 역사에 한 획을 그은 대우그룹 분식회계 사건에서는 15조 원의 부채를 장부에서 누락함으로써 부채 금액을 축소시켜 인식하는 한편, 4조 원의 부실채권을 대손상각하지 않고 (받을 수 없는 채권이어서 손실로 인식해야 함에도 멀쩡한 채권으로 인식하고 있다는 뜻이다), 3조 원의 가짜 재고자산을 자산으로 인식하는 등 다양한 분식회계 방법을 사용했다.

한때 로봇청소기 제조업체로 유명했던 모뉴엘은 매출액과 외상매출금을 과다하게 인식하는 분식회계를 저질렀다. 없는 매출을 거짓으로 기록하다 보니, 회사의 실적은 좋아졌고, 받을 외상 대금은 없는데, 허위 서류로 대출을 받아 돈을 쓰기만 했으니 결국 탈이 났고 결국 법원은 2014년 이 회사에 파산선고를 내렸다.

분식회계를 하는 경우, 주주와 채권자들에게 손해를 끼치는 것은 물론이고 비자금 조성, 탈세, 횡령 등 사회적으로도 큰 문제를 야기할 수 있다. 따라서 회사는 분식회계를 막기 위해 다양한 노력을 기울여야 한다. 그런데 분식회계를 막는 것은 생각보다 어렵지 않다. 앞서 오회계사가 감사를 했던 C 회사는 업무분장만 잘 되어 있었어도 분식회계와 횡령이 발생하지 않았을 것이다. 거래처는 구매 부서에서 선정하고, 거래는 회계 부서에서 기록하며, 자금은 자금 부서에서 인출하되, 그 과정을 잘 통제할 수 있으면 된다. 이것이 바로 내부통제제도를 잘 구축하는 것이다. 외부감사인의 도움을 받는 것도 분식회계를 막는 데 많은 도움이 될 수 있다.

16

회계감사는
크로스체킹이다

회계감사는 누가 받을까

수년 전 오회계사는 지인으로부터 뜬금없는 연락을 받았다. 내용인즉
슨, 친구가 이상한 회사에 취업을 한 것 같은데, 어떤 회사인지 알아봐 줄
수 있겠느냐는 거였다. 오회계사는 '회계사는 회사라는 조직에 대해 뭐든
지 다 알고 있을 것'이라고 오해하는 사람이 많은 것 같아 한숨을 내쉬었
다. 그나마 회사가 외부감사를 받는 회사라면 좀 낫다. 외부감사를 받아
재무제표를 공시했을 테니, 재무제표라도 확인할 수 있을 것이기 때문이
다. 그러나 안타깝게도 모든 회사가 외부감사를 받거나 재무제표를 공시
하는 것은 아니다. 따라서 외부감사를 받지 않은 경우, 그 회사에 대한 정
보를 얻는 것이 쉽지는 않다.

주식회사 등의 외부감사에 관한 법률(이하 '외감법')에 따르면 직전 사업
연도 말의 자산총액, 부채 규모 또는 종업원수 등이 법에서 정하는 기준

에 해당하는 회사인 경우, 재무제표를 작성하여 독립된 외부의 감사인에 의한 회계감사를 받고, 재무제표를 외부에 공시해야 한다. 외감법에 따라 받는 회계감사는 외부의 기관으로부터 받는 감사라서 '외부감사'라고 하거나, 법에 따라 받는 감사이니 '법정감사'라고도 한다. 우리가 금융감독원의 전자공시시스템(dart.fss.or.kr)에서 쉽게 찾아볼 수 있는 감사보고서와 재무제표는 법정감사를 받는 회사들의 것이라고 이해하면 된다.

법정감사 대상이 아닌 회사라면 외부감사를 받을 필요도 없고, 재무제표를 공시할 의무도 없다. 이 경우, 회사의 재무제표를 일반인들이 접하기란 쉽지가 않다. 물론 법정감사 대상이 아닌 회사도 회사가 원하면 외부감사를 받을 수 있다. 다만, 외부에 공시할 필요는 없다. 이러한 경우 법정감사와 비교하여 '임의감사'라고 한다.

법정감사를 받아야 하는 회사의 기준과 범위는 외감법이 개정될 때마다 조금씩 변하나, 일반적으로 자산이나 부채 규모 등이 일정 수준 이상으로 큰 경우에 해당한다고 이해하면 된다. 자산이나 부채 규모가 크고, 임직원이 많은 회사일수록 회사와 관계되는 이해관계자가 많을 수밖에 없다. 이런 회사들은 많은 이해관계자들에게 신뢰성 있는 재무정보를 제공함으로써 왜곡된 정보로 인한 피해를 최소화할 의무가 있다. 그래서 외부감사를 법으로 강제하고 있는 것이다. 같은 취지에서 주권상장법인이나 상장을 하려는 법인의 경우에도 주식시장에서 그 회사의 주식이 거래될 것이므로 다수의 이해관계자가 존재하기에 외부감사를 받아야 한다. 법정감사 대상 회사의 재무제표와 감사보고서는 금융감독원의 전자공시시스템을 통해서 누구나 열람할 수 있다.

다음은 현재(2024년 5월 기준) 법정감사 대상 회사의 기준이니 참고해 두자.

❶ 주권상장법인

❷ 해당 사업연도 또는 다음 사업연도 중에 주권상장법인이 되려는 회사

❸ 그 밖에 직전 사업연도 말의 자산, 부채, 종업원수 또는 매출액 등이 일정 기준에 해당하는 회사(직전 사업연도 말의 자산총액이 500억 원 이상인 회사, 직전 사업연도의 매출액이 500억 원 이상인 회사 등). 단, 유한회사는 위 요건 외에 사원 수, 유한회사로 조직변경한 후 경과한 기간 등을 고려한 일정 기준에 해당하는 유한회사에 한함

\ | /
여기서 잠깐!

외감법 개정

2018년 11월부터 새로운 외감법이 시행되었다. 가장 눈에 띄는 건 법률명이 '주식회사의 외부감사에 관한 법률'에서 '주식회사 등의 외부감사에 관한 법률'로 바뀐 것이다. 법률 개정 전 외부감사는 주식회사만 받았다. 애플코리아, 마이크로소프트코리아, 샤넬코리아 등은 아무리 한국에서 잘나가도 외부감사를 받을 필요가 없었다. 이 회사들은 '주식회사'가 아니라 '유한회사'이기 때문이다. 그런데 개정법률이 시행되면서 주식회사 외에 '등'에 해당하는 유한회사도 외감법의 적용을 받게 되었다. 유한회사에 대한 외부감사는 개정법률 시행일(2018년 11월 1일)로부터 1년이 경과된 날 이후 시작되는 사업연도부터 적용한다(12월 말 사업연도의 경우 2020년 1월 1일 사업연도부터 외부감사 대상임). 외감법 개정으로 회계 감독의 사각지대에 있던 대규모 유한회사들의 투명한 재무제표 작성을 기대해 볼 수 있게 된 것이다.

유한회사인 샤넬코리아는 2020년부터 감사보고서를 공시하기 시작했다. 흥미롭게도 재무제표를 공시한 이후로 기부금이 점차 증가(2020년 6억 원, 2021년 7억 원, 2022년 10억 원, 2023년 13억 원)하는 추세. 처음 재무제표가 공시되었을 때, 국내에서 어마어마한 매출을 기록했음에도 기부금 수준이 낮다는 언론의 비판이 있었다. 매년 조금이나마 기부액이 증가하는 것을 보면, 외감법의 개정으로 대외적인 비판을 아주 무시할 수는 없게 된 것이 아닐까.

외국에서는 외부감사를 받을 의무가 없는 회사들이 외부감사를 받거나, 재무제표를 공시하는 경우도 많다. 이는 회사에 대한 신뢰성을 높이려는 자발적인 노력의 일환이라 할 수 있다.

회계감사, 생각보다 빡빡하지(?) 않다

회계감사는 회사와 독립된 외부 공인회계사가 회사의 재무제표를 감사하는 것이다. 회사 내부에서 작성한 재무제표를 사내 공인회계사가 감사한다면 제대로 된 감사가 되지 않을 것이다. 그래서 회계감사를 내부감사와 비교하여 '외부감사'라고 하는 것이다.

회계감사를 위해 공인회계사들은 매년 회사에 방문하여 회사가 회계기준에 따라 적정하게 회계처리를 하고 있는지 감사한다(회사의 규모에 따라 분기별, 반기별로 더 자주 이루어지기도 한다). 회계감사를 할 때 공인회계사가 들여다보는 자료는 다양하다. 회사의 재무제표와 회계장부, 은행 자료, 채권채무 자료 등 종류도 다양하고 그 양도 많다. 그래서 회사의 회계담당자들은 회계감사를 받을 때 좀 고단하다. 준비해야 할 자료가 많아 번거롭기도 하고, 야근도 자주 해야 한다.

그런데 사실 회계감사 시 공인회계사가 모든 숫자를 꼼꼼히 다 챙겨볼 수는 없다. 현실적으로 수많은 자료를 짧은 시간 내에 모두 검토하는 건 불가능하기 때문이다. 따라서 회사의 재무제표와 회계기준의 차이가 일정한 범위 이내로 작다면, 그 차이에 대해서는 크게 신경 쓰지 않는다.

회계감사를 받으면 공인회계사들은 친절하게도 재무제표의 어떤 부분이 회계기준과 일치하지 않는지 일목요연하게 알려준다. 잘못된 점을 고치라는 의도다. 단칼에 감사의견을 내는 게 아니라, 회사가 재무제표를 적정하게 작성할 수 있도록 수정할 기회를 충분히 주는 것이다. 이때, 재무제표를 수정하는 것에 대한 의사결정은 회사의 경영자가 한다. 경영자가 판단하여 고칠 수 있는 것은 고치면 된다. 물론 이런저런 이유를 들어 재무제표를 고치지 못하겠다고 버티는 경영자들도 있기는 하다.

여기서 잠깐!

회계감사와 관련한 스산한 뉴스들

뉴스 1
어느 날, 회계법인 앞에 조직폭력배가 출몰하여 행패를 부렸다. 해당 회계법인은 코스닥 상장 법인에 대해 의견거절을 표명했다고 한다.

뉴스 2
어느 회계사가 실종된 뒤, 변사체로 발견되었다. 고인은 이해관계가 복잡하게 얽힌 모 단체의 회계감사를 하다가 해당 단체와 여러모로 의견충돌을 빚었다고 한다.

뉴스 3
앞날이 창창한 어느 공인회계사가 자택에서 자살을 했다. 회계감사 업무를 하면서 분식회계를 눈감아 달라는 회사 담당자의 회유와 협박을 이겨내는 것이 정신적으로 많이 힘들었다는 유서를 남겼다고 한다.

4가지 감사의견이 있다

공인회계사는 감사 절차를 마친 후, 해당 재무제표에 대한 '감사의견'을 낸다.

감사의견은 모두 4종류로 '적정의견', '한정의견', '부적정의견', '의견거절'로 나뉜다(자세한 내용은 추후 살펴보기로 한다).

적정의견을 받았다는 것은 재무제표가 기본적으로 회계기준에 따라 작성되었다는 것이다. 이 경우, 그 회사의 재무제표에 대한 대외적인 신뢰성이 향상된다고 보면 된다.

사실, 적정의견 이외의 다른 감사의견을 받는 회사는 거의 찾아보기 어렵다. 그러다 보니 적정의견을 받는 것이 대수롭지 않아 보일 수 있으나 적정의견을 받지 못했다는 것은 정말 심각한 문제다. 이해관계자가 많은 상장회사인 경우, 적정의견을 받지 못하면 관리종목으로 지정되거나 또는 상장폐지 대상이 되기도 한다.

대부분의 회사가 적정의견을 받는 것에 대해 회계법인이 회계감사 업무를 대충 하는 게 아니냐는 따가운 시선도 있기는 하다. 그러나 적정의견을 받지 못하면 회사가 망한다고 봐야 하니, 만에 하나 적정의견을 받지 못할 것 같으면 공인회계사의 의견을 적극 반영하여 재무제표를 바로잡기 위해 모든 노력을 기울인 결과일 것이다. 이외에 회유나 협박, 애원, 접대 등 다양한 노력이 비공식적으로 이루어질 수도 있다는 것은 상상에 맡기겠다.

감사와 검토

회계감사는 보통 1년에 1번 받는다. 그런데 규모가 큰 회사는 매 분기 또는 매 반기
별로 재무제표에 대한 감사를 받아야 한다. 이 감사는 '감사'에 비해서 단순하고 간
단한 과정을 통해 이루어지며, '감사' 대신 '검토'라는 용어를 사용한다. 즉, 감사보고
서는 검토보고서, 검토 결과에 따른 감사인의 의견은 '감사의견'이 아니라 '검토의견'
이라고 한다.

17

회계감사 의견의 진실

투자 전 감사의견을 참고하려 한다면

"주식 투자를 고려 중인 회사가 있는데, 감사보고서를 찾아보았더니 감사의견이 적정의견입니다. 투자해도 별문제 없겠지요?"

오회계사는 적정의견을 받은 회사가 투자하기 좋은 회사냐고 묻는 질문을 받을 때마다 가슴을 쓸어내리곤 한다. 의외로 많은 사람들이 회계감사와 회계감사 의견에 대해 오해를 하고 있기 때문이다.

이런 오해를 불식시키기 위해 먼저 감사의견의 종류부터 살펴보자. 감사의견은 '적정의견', '한정의견', '부적정의견' 그리고 '의견거절'의 4가지로 구분된다.

다음은 감사의견의 일반적인 정의이다. 용어가 조금 낯설 수 있으나

> **감사의견 보려면 전자공시시스템**
> 감사의견이라는 게 어떻게 생겨먹은 것인지, 관심 있는 회사가 어떤 감사의견을 받았는지 등이 궁금하면 금융감독원의 전자공시시스템(dart.fss.or.kr)에서 해당 회사의 감사보고서를 찾아보면 된다. 감사보고서 첫 페이지(표지 제외)는 '독립된 감사인의 감사보고서'인데, 바로 여기에 '감사의견'이 적혀 있다.

그러려니 하고 감안해서 보면 된다.

---

❶ **적정의견** : 재무제표가 회계기준에 따라 중요성의 관점에서 적정하게 표시된
경우

❷ **한정의견**

• 충분하고 적합한 감사증거를 입수한 결과, 왜곡표시로 인한 영향이 중요하나,
전반적이지는 않은 경우

• 충분하고 적합한 감사증거를 입수할 수 없어 발견하지 못한 왜곡표시의 영향이
중요할 수는 있으나 전반적이지는 않은 경우

❸ **부적정의견** : 충분하고 적합한 감사증거를 입수한 결과, 왜곡표시로 인한 영향
이 중요하고, 전반적인 경우

❹ **의견거절** : 충분하고 적합한 감사증거를 입수할 수 없어 발견하지 못한 왜곡표
시의 영향이 중요하고, 전반적인 경우

회계감사를 하는 감사인은 '회계법인' 또는 3인 이상의 공인회계사로
구성된 '감사반'을 말한다.

감사인은 회계감사를 하고, 재무제표에 대하여 의견을 표명한다. 여
기서 '의견을 표명한다는 것'은 감사보고서에 다음 중 어느 하나의 문구를
기재함으로써, 감사인의 의견을 외부에 알린다는 의미다.

'공정하게 표시하고 있다'(적정의견)

'제외하고는 공정하게 표시하고 있다'(한정의견)

'공정하게 표시하고 있지 않다'(부적정의견)

'재무제표에 대한 의견을 표명하지 아니한다'(의견거절)

감사의견에 대해서 조금 더 구체적으로 살펴보자.

적정의견(=그냥 적정하다. 적절하다는 것은 아니다)

○ '공정하게 표시하고 있다'

적정의견은 그냥 적정한 의견이라고 보면 된다. 재무제표가 회계기준에 따라 작성되었다는 뜻이다. 단, 완벽하게 적정하다는 것이 아니라, '중요성의 관점'에서만 그렇다. 요컨대 정보이용자들의 의사결정에 영향을 미칠 수 있는 '중요한 부분은 적정'하다는 말이다. 중요성의 관점에서 적정하다는 것은, 바꿔 말하면 중요하지 않은 부분은 적정하지 않을 수도 있다는 의미다. 이 점을 명심하자.

회계에서 '중요하다'는 표현은 특별한 의미를 지닌다. 재무제표에 어떤 정보가 누락되거나 왜곡되어 있을 때, 만약 그 정보가 재무제표 이용자들의 의사결정에 영향을 줄 수 있다면 그것은 중요한 정보라고 볼 수 있다. 한마디로 정보이용자의 의사결정에 영향을 미칠 수 있다면, 그 정보는 '중요성의 관점'에서 중요하다는 것이다.

그리고 적정의견은 회사의 수익성이 좋다거나 투자하기에 적합하다는 의미가 절대 아니다. 즉, 회계 기록을 '적정'하게 했다는 것이지, 회사의 수익이 적절하거나 투자하기에 적합하다는 뜻은 절대 아니라는 것이다. 손실이 났어도 재무제표에 잘 기록했으면 적정의견을 받을 수 있다.

한정의견(=한정적이다) ○ '일정 부분을 제외하고는 공정하게 표시하고 있다'

한정의견은 말 그대로 뭔가 '한정'되고 '제한'된 의견이라고 보면 된다. '적정'이 아니니 문제가 있기는 한데, 일정 부분을 제외하고는 적정하다는 의미다. 그 문제가 심각해지면 부적정의견이나 의견거절이 나온다.

부적정의견(=적정하지 않다) ⊕ '공정하게 표시하고 있지 않다'

부적정의견은 회사 자료를 봤더니 재무제표가 심각하게 왜곡되어 있다는 뜻이다.

의견거절(=의견을 낼 수 없다) ⊕ '의견을 표명하지 아니한다'

의견거절은 감사인이 회사의 자료를 제대로 볼 수 없었고, 그 때문에 발견하지 못한 재무제표의 왜곡이 심할 것 같다는 뜻이다. 감사를 제대로 못했으니 감사의견을 낼 수 없다고 거절하는 것이다.

'적정의견 = 좋은 회사'라는 뜻은 아니다

딱 봐도 부적정의견이나 의견거절은 분위기가 심각하다. 한정의견도 뭔가 왜곡이 있다니 왠지 기분이 나쁘다. 그러니 이런 의견을 받은 회사에는 투자를 하면 안 되겠다는 생각이 자연스럽게 들 것이다. 실제로 이런 회사는 조만간 부도가 나거나 상장폐지가 되곤 한다. 문제는 적정의견을 받은 회사다.

금융감독원이 2022년 상장법인의 감사보고서를 분석한 자료에 따르면, 상장법인 2,511개 중, 2,458개 회사의 감사의견이 적정의견(97.9%)이었고, 단 53개 회사만 비적정의견(한정의견 7개사, 의견거절 46개사)을 받았다. 죄다 적정의견이었다고 보면 된다. 감사의견이 부적정이거나 의견거절인 상장회사는 상장폐지 대상이 된다. 그러니 시장에는 적정의견을 받은 회사의 주식만 거래되는 것이다.

◆ **적정의견 및 비적정의견 현황**

(단위 : 사)

구 분		2018년	2019년	2020년	2021년	2022년
적정		2,187	2,236	2,293	2,360	2,458
비적정		43	65	71	68	53
	한정	8	7	6	10	7
	의견거절	35	58	65	58	46
합 계		2,230	2,301	2,364	2,428	2,511

※ 출처 : 금융감독원 보도자료, 〈2022 회계연도 상장법인 감사보고서 분석 및 시사점〉, (2023.9.8.)

\ | /
여기서 잠깐!

언제 상제폐지가 될까? 상장폐지 요건과 사전징후

내가 투자한 회사가 상장폐지가 된다면 참 난감하다. 주식이 순식간에 휴지조각이 되어버리니 말이다. 회사는 언제 상장폐지가 되는 것일까? 그리고 그것을 미리 알 수는 없을까?

❶ **단독 상장폐지** : 사유 발생 시 즉시 상장폐지
비적정 감사의견, 자본잠식(전액), 부도·파산(확정), 해산(피합병소멸 등), 이전상장 등
❷ **관리종목 지정 후 상장폐지** : 지정 사유가 해소되지 않을 시 상장폐지
비적정 검토의견, 정기보고서 미제출, 자본미달 등 사유 발생 시 관리종목 지정
❸ **실질 심사 후 상장폐지** : 사유 발생 시 심사를 거쳐 상장폐지
횡령·배임 혐의, 회계처리 위반, 내부회계관리제도 부실, 주된 영업의 정지 등

상장폐지된 회사들을 분석해 보니, 일정한 특징을 보였다고 한다. 즉, 상장폐지의 사전징후가 포착된 것이다. 투자 대상 회사가 다음과 같은 모습을 보인다면 특히 유의해야 한다.

❶ 자기자본 대비 대규모 당기순손실이 점차 확대, 자본잠식(부분잠식 포함) 상태 직면
❷ 주식관련사채(전환사채, 신주인수권부사채 등)와 주식(유상증자)을 대규모로 빈번하게 발행, 일반사채 발행은 미미한 경향

❸ 증권신고서 제출 의무가 없는 사모 또는 소액 공모 방식으로 자금조달
❹ 최대주주 변경 공시, 불성실공시법인 지정 빈번 등

※ 출처 : 금융감독원 보도자료, 〈최근 상장폐지기업의 사전징후에 따른 시사점〉, (2022.11.3.)

자, 이제 처음의 질문으로 다시 돌아가 보자. 적정의견을 받은 회사들이 모두 투자하기 좋은 회사일까? 이 말은 '상장된 회사 주식이라면 아무 곳에나 투자를 해도 다 대박'이라고 해석하는 것과 같은 것이다. 절대 그럴 리가 없지 않은가.

물론 기본적인 판단 기준은 될 수 있다!

적정의견을 받는 것은 상장을 위한 너무나도 당연한 조건이다. 감사보고서 외에도 재무제표, 회사의 미래 사업계획, 자금 흐름, 투자 현황 등 투자 대상 회사를 판단하기 위해 검토해야 할 것은 아주 많다. 그런데, 감사보고서가 적어도 투자하지 말아야 할 대상에 대한 힌트를 주는 경우도 있다.

재무제표는 회사가 미래에도 사업을 계속적으로 영위할 것이라는 가정 아래 작성된다. 이것을 회계에서는 '계속기업의 가정'이라고 한다. 회사는 이윤 추구라는 목적을 가지고 태어난다. 그러므로 어떤 회사도 망하기 위해 운영되지는 않는다. 그런데 간혹 회사의 내부 또는 외부의 상황이 어려워지면, 이러한 계속기업의 가정이 위태해질 수도 있다. 계속기업의 가정이 위태해진다는 것은 회사가 사업을 계속할 수 없을지도 모

른다는 뜻이다. 즉, 조만간 망할지도 모른다는 것이다.

회사가 계속기업으로 존속할 것이라는 전제 아래 작성된 재무제표에 대한 감사의견이 적정의견인 경우에도 계속기업으로서의 존속능력에 의문이 있는 경우라면, 감사보고서에는 강조사항으로 '계속기업의 불확실성'이 언급될 수 있다. 이 경우, 다음 해에 비적정의견을 받거나, 상장폐지로 이어지는 경우가 일반적인 회사에 비해 많으니 특히 주의해야 한다. 실제로 금융감독원의 보도자료에 따르면 2021년에 적정의견을 받았으나, 계속기업 불확실성을 기재한 상장법인(92개) 중, 12%가 2022년에 상장폐지되거나 비적정의견을 받았다(금융감독원 보도자료, 2023.9.8.).

2013년의 동양그룹 사태를 기억하는가. 당시 동양의 재무제표에 대한 감사의견은 적정의견이었다. 다만, 다음과 같은 사항이 감사보고서에 기재되어 있어, 투자자들의 주의를 요하고 있음을 알 수 있다.

동양그룹 사태
2013년 2월부터 9월까지 동양그룹이 동양증권을 통해 개인투자자 4만여 명에게 부실 계열사와 회사채와 기업어음(CP)을 불완전 판매했다. 이후, 2013년 9월~10월 5개 동양그룹 계열사가 법정관리를 신청하면서 개인투자자들에게 경제적 손해를 입힌 사건이다.

본 감사인의 의견으로는 상기 재무제표는 주식회사 동양의 2012년 12월 31일과 2011년 12월 31일 현재의 재무상태와 동일로 종료되는 양 회계연도의 재무성과 및 현금흐름의 내용을 한국채택국제회계기준에 따라 중요성의 관점에서 적정하게 표시하고 있습니다.

중략

이러한 상황은 회사의 계속기업으로서의 존속능력에 중대한 의문을 제기하고 있습니다. 따라서 회사의 계속기업으로서의 존속 여부는 동 주석에서 설명하고 있는 회사의 부채상환과 기타 자금수요를 위해 필요한 차기 자금조달계획과 안정적인 영업이익 달성을 위한 재무 및 경영개선계획의 성패에 따라 결정되므로 중요한 불확실성이 존재하고 있습니다.

18

회계감사에도
한계는 있다

회계감사, 유쾌하진 않지만 불쾌한 일도 아니다

누군가에게 조사를 받거나 감사당하는 것은 결코 유쾌한 일이 아니다. 특히 사내 감사팀에서 진행하는 내부 감사, 국세청에서 나오는 세무조사, 가끔 뉴스에서 보는 검찰청, 금융감독원, 공정거래위원회 조사 등이 그렇다. 그래서 그런지 '회계감사'를 받는다고 하면 뭔가 조사당한다는 부정적인 뉘앙스 때문에 막연히 걱정을 하는 경우들을 종종 볼 수 있다.

결론부터 말하자면, 회계감사는 흔히 말하는 그런 '조사'들과는 조금 다른 장르의 조사다. 본인의 회사가 회계감사를 받는다고 하더라도 잠깐의 번거로움만 감수하면 될 뿐(특히나 그 번거로움은 주로 회계팀에서 감당할 것이다) 전혀 걱정할 일이 아니다. 회계감사는 회사나 직원이 잘못한 점을 찾아내어 벌주려고 하는 게 결코 아니기 때문이다.

'감사'라는 말의 사전적 의미는 '감독하고 검사함'이다. 그렇다면 회계감사란 회계를 감독하고 검사한다는 뜻일 것이므로 회계감사의 공식적인 의미는 다음과 같다.

- 회사가 작성한 재무제표가 '일반적으로 인정된 회계처리기준'에 따라 작성되었는지, 그 일치 정도를 확인하는 것

회사의 재무제표는 마음대로 아무렇게나 작성하는 것이 아니라 일정한 규칙(일반적으로 인정된 회계처리기준)에 따라 작성해야 한다. 회계감사는 재무제표가 정해진 규칙에 따라 작성되었는지를 확인하는 작업이다. 이를 통해 재무제표 이용자의 신뢰수준을 높이는 것이 감사의 목적이다.

회계감사가 기업의 좋고 나쁨을 알려주지는 않는다

회계감사는 재무제표가 회계기준에 따라 작성되었는지를 검토하는 일일 뿐이다. 물론 감사 과정에서 회사의 부정을 적발할 수도 있고, 회사의 비효율적인 측면을 발견해 낼 수도 있다. 그러나 이는 회계감사의 부수적인 효과일 뿐, 그 자체가 회계감사의 목적은 아니다.

감사인의 재무제표에 대한 의견은 기업의 향후 존속가능성이나 장래전망을 보장하지 않는다. 그리고 회사의 재무상태나 경영성과의 양호 여부, 또는 경영진이 업무를 효과적이고 효율적으로 수행하였는지의 여부를 인증하는 것도 아니다. 그렇기 때문에 적정의견을 받은 기업도 부도가 날 수 있다는 사실을 꼭 기억해 두자.

감사의견을 지나치게 신봉하지는 마라

조금 다른 이야기를 해보려고 한다. 적정의견을 받은 재무제표가 회계기준에 따라 작성되지 않은 경우다. 이 경우에는 재무제표에 기반해서 투자의사 결정을 한 사람에게는 정말 분통 터지는 일이 될 것이다.

물론 감사인은 주어진 환경에서 최선을 다해 회계감사를 수행한다. 감사인들은 회계감사 경험도 많고, 분식회계를 적발하는 시스템도 잘 갖추고 있다. 그러니 감사인이 제대로 회계감사를 하고 적정의견을 낸 재무제표라면 신뢰해도 된다. 대부분 그렇다.

그런데 아무리 열심히 감사를 해도 감사인이 회사의 모든 자료를 다 뜯어볼 수는 없다. 일부 표본만 뽑아 조사를 해야 하는 경우도 있고, 시간 제약도 많으며, 회사 경영진이 대놓고 정보를 은폐하고 조작하는 경우도 있다. 그래서 회계감사기준 전문에서는 감사의 고유 한계를 다음과 같이 명시하고 있다.

> 감사의견은 합리적인 확신에 기초하고 있으므로 해당 감사기준에 따라 감사가 적절하게 계획되고 수행되었다 하더라도 감사의 고유한계로 인해 재무제표의 중요한 왜곡표시가 발견되지 않을 불가피한 위험이 존재한다. 따라서 부정이나 오류로 인한 재무제표의 중요한 왜곡표시가 차후에 발견되었다는 사실만으로 감사인이 해당 감사기준에 따라 감사를 수행하지 못하였다고 의미하는 것은 아니다.

즉, 회계감사의 한계라는 것이 있으니 그 점은 알고 있어야 한다는 것이다. 가끔씩 뉴스에 오르내리는 분식회계 사건들을 보면, 회사와 감사인이 공모했거나, 감사인이 업무상 과실로 발견하지 못해 발생하는 경우도 있다. 이런 경우, 감사인은 벌금 또는 징역형의 처벌을 받을 수 있고, 손해배상 책임도 부담할 수 있다. 그런데 애초에 회사 경영자가 너무 꽁꽁 숨긴 나머지, 적절하게 감사를 했음에도 불구하고 왜곡을 발견하지 못하는 수도 있다. 이 경우에는 감사인이 분식회계를 발견하지 못했다 하더라도 책임을 물을 수 없다.

19

회계에 대한 오해

회계는 법령이다? 아니다, 오해다!

회계기준을 법령으로 오해하는 사람들이 많다. 회계기준에 '이런 경우에는 반드시 이렇게 해야 한다.'라고 정해져 있는 것처럼 생각하는 것이다. 그런데 앞에서 강조했듯 회계기준은 중세 시대부터 상인들이 실무에서 숫자를 기록할 때 사용했던 관행을 편의에 따라 정리해 놓은 것이다. 모두가 일률적으로 적용해야 하는 법이나 규칙 같은 것이 아니다. 따라서 각 회사마다 타당하다고 생각하는 방법을 적용하여 회계를 기록할 수 있다. 물론 큰 틀에서는 회계기준을 따라야 하지만 세부적인 구성 내용이나 표시 형식 등은 회사마다 모두 다를 수 있는 것이다. 이 회사와 저 회사가 기록한 방법이 다르다고 해서 한 회사가 틀렸다거나, 다른 회사가 옳은 것은 아니다.

❶ 업종에 따른 차이

회사의 업종에 따라 회계가 다를 수 있다. 같은 성격의 수익(비용)이지만, 회사의 업종에 따라 손익계산서에 다르게 기록되기도 한다.

- **이자수익** : 은행이 고객에게 대출을 해주고 받는 돈. 이자수익은 은행이 주요 영업 활동을 해서 번 돈이므로 영업수익이고, 일반회사가 은행에 자금을 일시적으로 예치하고 받는 이자는 금융수익(영업외수익)이다.

❷ 비용 분류 방법에 따른 차이

회사는 기능이나 성격에 따라 비용을 손익계산서에 다르게 표시할 수 있다.

- **기능에 따른 분류** : 판매된 제품과 관련된 비용은 매출원가로 기록하고, 그 외의 영업비용은 '판매비와관리비'로 기록한다. 예컨대, 제조 라인에서 근무하는 임직원의 인건비는 매출원가로, 본사 지원부서(재무팀, 인사팀 등) 임직원의 인건비는 판매비와관리비로 기록한다.
- **성격에 따른 분류** : 인건비, 감가상각비, 복리후생비 등 비용의 성격에 따라 그대로 손익계산서에 기록한다.

❸ 보유 목적에 따른 차이

보유 목적에 따라 같은 자산이나 부채가 재무상태표에 다르게 표시되기도 한다. 같은 부동산이라도 투자 목적이면 투자부동산, 사용 목적이면 유형자산, 판매 목적이면 재고자산으로 표시한다.

회사 실적이 좋아지면 주가도 무조건 상승한다?
아니다, 오해다!

회사의 영업이익이 역대 최고치를 달성했다면 그 회사의 가치(주가)가 반드시 상승할까? 꼭 그렇지는 않다. 영업이익이 증가한다고 해서 반드시 주가가 상승하는 것은 아니다.

주가는 실적뿐만 아니라 국내 정치 상황, 세계 유가 변동 등 다양한 요인들에 의해 영향을 많이 받는다. 회계로 작성한 최종 보고서인 '재무제표'는 회사의 실적(매출액, 영업이익, 순이익 등) 정보를 주지만 다른 요인들에 대한 정보는 주지 않는다. 그렇다 보니 실적과 주가가 따로 움직이기도 하는 것이다.

◆ 주가에 영향을 주는 정보

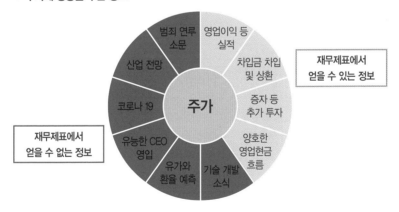

재무제표는 객관적이다? 아니다, 오해다!

재무제표는 숫자로 구성되어 있어서 객관적으로 작성된다고 생각할 수 있다. 그러나 재무제표에는 주관적인 추정과 판단이 생각보다 많이 개입되어 있다. 예를 들어, 회사는 임직원이 모두 퇴사한다면 지급해야 할 예상 퇴직금을 추정해서 재무상태표에 부채로 표시한다. 아무도 퇴사하지 않았더라도 말이다. 어떤 회사는 노트북을 5년 동안 사용한다고, 어떤 회사는 1년만 사용한다고 기록하기도 한다(여기서 5년, 1년을 '감가상각 내용연수'라고 한다. 감가상각에 대해서는 뒤에서 자세히 살펴볼 것이다). 어떤 회사는 회사의 채권을 전부 다 상환받을 수 있다고 장담하는 반면, 어떤 회사는 경험상 95%만 회수할 수 있으니 못 받을 돈을 비용(대손상각비)으로 기록하기도 한다. 재무제표에 적용된 추정과 판단이 사실과 다를 경우, 분식회계가 아님에도 다른 정보가 담길 수 있다.

◆ **주관적인 요소의 예시**

퇴직금 추계액 추정	대손상각비 추정	감가상각 내용연수의 가정
인위적인 감가상각방법의 선택	자산 손상에 대한 판단	할인율, 이자율 등의 가정
수익 인식 가정	유의적인 영향력 판단	지배력 판단

→ 주관적인 재무제표

재무제표는 완벽하다? 아니다, 오해다!

앞에서 본 것처럼 재무제표는 회사마다, 상황에 따라 다른 정보를 만들어 낼 수 있다. 사람의 추정과 가정이 많이 개입되다 보니, 오류도 생길 수 있다. 즉, 태생적으로 완벽하지 않다. 그러니 재무제표가 주는 정보만 가지고 회사를 평가하는 경우, 낭패를 볼 수 있다. 따라서 재무제표를 볼 때는 재무제표 외의 추가 정보를 반드시 함께 보아야 한다.

재무제표에 부족한 정보가 무엇인지, 재무제표가 어떤 한계를 안고 있는지를 이해하면, 어떤 정보를 더 찾아보아야 할지 윤곽을 잡을 수 있을 것이다. 이를테면 회사에 관한 소문이나 기사, 해당 산업의 동향, 정부 정책, 세계 정세 등 다양한 정보가 도움이 될 수 있다.

PART 4

얼마나
가지고 있니?
재무상태표

20

시작은 재무상태표다

재무상태표는 진짜 재무상태를 보여주는 표다

대체 누가 이름을 지었는지, '재무상태표'라는 이름을 만든 사람은 대단한 작명 센스를 가진 듯하다. 그 이름만 봐도 어떤 보고서인지 바로 알 수 있으니 말이다.

첫째, 재무상태표(Statement of Financial Position)는 이름 그대로 '재무상태'를 보여주는 보고서다. 재무상태표가 중요한 이유는 회사가 현재 자산을 얼마나 가지고 있는지, 또 빚은 얼마나 되는지를 적나라하게 보여주는 보고서이기 때문이다.

둘째, 재무상태표는 '시점'에 관한 보고서다. '상태'라는 단어 자체에 '특정 시점의 현재 상황'이라는 의미가 내재되어 있다. 즉, 재무상태표는 일정 시점의 재무상태를 보여주는 보고서다.

이제 관건은 과연 재무상태가 무엇이냐는 것이다. 재무상태는 회사의 재산인 '자산'의 상태와 자산 구입 자금을 어떻게 조달했는지를 보여주는 '부채'와 '자본'의 상태를 말한다. 여기서 회사의 자산, 부채, 자본을 뭉뚱그려 '재무'라고 쓴다.

정리하면 재무상태표는 일정 시점 현재 회사의 자산, 부채, 자본이 얼마나 되는지를 한눈에 보여주는 문서다. 재무상태에 대해서는 차차 살펴보기로 하자.

아래는 공식적인 재무상태표의 정의다. 참고 삼아 알아두자.

- **일정 시점 현재 기업이 보유하고 있는 경제적 자원인 자산과 경제적 의무인 부채, 그리고 자본에 대한 정보를 제공하는 재무보고서**

다음은 삼성전자의 2023년 연결재무상태표다(연결재무상태표는 종속기업의 재무상태를 포함한 재무상태표인데, 여기서는 연결재무상태표나 재무상태표를 같은 것으로 이해해 두자. 참고로 종속기업의 재무상태표를 포함하지 않은 것은 별도재무상태표라고 한다). 항목도 무척 많고, 금액도 커서 부담스러울 수 있겠으나, 재무상태표가 어떻게 생긴 것인지 감만 잡으면 되니 너무 걱정하지는 말자.

2023년 현재 삼성전자의 자산 총액과 부채 총액이 얼마인지 숨은그림찾기를 한번 해보자.

숨은그림찾기의 해답을 찾았는가? 정답은 '2023년 현재 삼성전자의 자산 총액은 455조 9,059억 8,000만 원, 부채 총액은 92조 2,281억 1,500만 원'이다. 하, 크긴 큰 회사다.

◆ 삼성전자 2023년 연결재무상태표

연 결 재 무 상 태 표

제 55 기 : 2023년 12월 31일 현재

제 54 기 : 2022년 12월 31일 현재

삼성전자주식회사와 그 종속기업 (단위 : 백만 원)

과 목	제 55 (당) 기		제 54 (전) 기	
자 산				
Ⅰ. 유 동 자 산		195,936,557		218,470,581
1. 현금 및 현금성자산	69,080,893		49,680,710	
2. 단기금융상품	22,690,924		65,102,886	
3. 단기상각후원가금융자산	608,281		414,610	
4. 단기당기손익–공정가치금융자산	27,112		29,080	
5. 매출채권	36,647,393		35,721,563	
6. 미수금	6,633,248		6,149,209	
7. 선급비용	3,366,130		2,867,823	
8. 재고자산	51,625,874		52,187,866	
9. 기타유동자산	5,038,838		6,316,834	
10. 매각예정분류자산	217,864		—	
Ⅱ. 비 유 동 자 산		259,969,423		229,953,926
1. 기타포괄손익–공정가치금융자산	7,481,297		11,397,012	
2. 당기손익–공정가치금융자산	1,431,394		1,405,468	
3. 관계기업 및 공동기업 투자	11,767,444		10,893,869	
4. 유형자산	187,256,262		168,045,388	
5. 무형자산	22,741,862		20,217,754	
6. 순확정급여자산	4,905,219		5,851,972	
7. 이연법인세자산	10,211,797		5,101,318	
8. 기타비유동자산	14,174,148		7,041,145	
자 산 총 계		455,905,980		448,424,507
부 채				
Ⅰ. 유 동 부 채		75,719,452		78,344,852
6. 장기충당부채	2,878,450		1,928,518	
7. 기타비유동부채	2,802,356		1,171,761	
부 채 총 계		92,228,115		93,674,903
자 본				
지배기업 소유주지분		353,233,775		345,186,142
Ⅰ. 자본금		897,514		897,514
1. 우선주자본금	119,467		119,467	
2. 보통주자본금	778,047		778,047	
Ⅱ. 주식발행초과금		4,403,893		4,403,893
Ⅲ. 이익잉여금		346,652,238		337,946,407
Ⅳ. 기타자본항목		1,280,130		1,938,328
비지배지분		10,444,090		9,563,462
자 본 총 계		363,677,865		354,749,604
부 채 와 자 본 총 계		455,905,980		448,424,507

자산, 부채, 그리고 자본의 동거

재무상태표는 일정 시점의 재무상태를 보여주는 보고서라고 했다. 재무는 자산과 부채, 자본이니, 결국 재무상태표에는 회사의 일정 시점 현재 자산, 부채, 자본에 관한 내용만 등장한다. 재무상태표를 집이라고 치면, 한 집에 자산, 부채, 그리고 자본이 동거를 하고 있는 셈이다. 이들 사이에는 얽히고설킨 기묘한 상관관계가 존재한다.

부채, 자본, 자산
아래는 자산, 부채, 자본의 공식적인 정의다. 한번 보고 이해가 되지 않으면 못 본 셈 쳐도 된다.
부채 : 과거 사건에 의하여 발생하였으며 경제적 효익을 갖는 자원이 기업으로부터 유출됨으로써 이행될 것으로 기대되는 현재의무
자본 : 기업의 자산에서 모든 부채를 차감한 후의 잔여지분
자산 : 과거 사건의 결과로 기업이 통제하고 있고 미래경제적 효익이 기업에 유입될 것으로 기대되는 자원

회계 역사상 가장 중요하고도 유명한 스캔들 중 하나인 이들의 관계는 다음 장에서 살펴볼 '재무상태표 등식'으로 불리기도 한다.

자, 이 유명한 스캔들을 논하기에 앞서 자산, 부채, 자본이 무엇인지 먼저 살펴보자.

이제부터 ❶ 부채, ❷ 자본, ❸ 자산의 순서로 그 의미를 살펴볼 것이다. 이 순서가 재무상태표를 이해하는 데 도움이 되니 기억해 두자.

퇴직 후, 창업을 하려면 돈이 필요하다. 사업자금은 대출을 통해 마련할 수도 있고, 퇴직금이나 예금 등과 같이 본인이 가지고 있던 돈일 수도 있다. 회계에서는 사업자금의 출처에 따라, 빌려서 마련한 자금을 '부채', 내가 모은 자금을 '자본'이라고 한다.

❶ 부채(타인자본)

은행에서 대출을 받거나 주변에서 돈을 빌린 경우, 그 빚을 '부채'로 표

시한다. 지금은 부채를 단순히 '빚'이라고 이해해도 된다. 돈을 빌려준 은행이나 사채업자가 회사의 채권자다.

❷ 자본(자기자본)

본인의 자금으로 창업하는 경우, 본인의 자금이 바로 자본이다. 예를 들어, 직장을 퇴사하면서 받은 금쪽같은 퇴직금으로 사업을 시작하는 경우, 이 퇴직금이 회계에서 말하는 '자본'이 된다. 회사로 치면, 회사가 설립할 때 주주가 투자한 창업자금이 바로 회사의 '자본'이다. 여기에 더하여 회사가 벌어들인 이익은 주주의 몫으로 자본에 쌓인다. 즉 자본은 주주가 투자한 창업자금(납입자본)과 주주 몫으로 쌓아 놓은 이익(잉여금)으로 구성된다.

부채는 내가 마련한 자금이 아니라 다른 곳에서 조달한 사업자금이라는 의미에서 '타인자본'이라고도 부른다. 이와 구분하기 위해 주주가 직접 조달한 자금인 자본을 '자기자본'이라고 한다. 타인자본(부채)은 채권자 몫이고, 자기자본(자본)은 주주 몫이다.

❸ 자산(재산)

자, 이제 부채와 자본을 통해 사업자금을 마련했으니, 본격적으로 사업에 나서야 한다. 사업을 하려면 사무실도 있어야 하고, 전화기와 복사기도 필요하다. 기계장치나 설비도 갖춰야 하고 인테리어도 해야 한다. 한마디로 돈을 써야 한다. 돈을 쓴 대신, 비품이나 기계와 같은 '재산'이 생긴다. 앞서 살펴본 등가교환의 법칙, 즉 거래의 이중성을 떠올리면 된다.

회계에서는 회사가 구입한 토지, 건물, 기계, 원재료, 소모품 등의 재산을 일컬어 '자산'이라고 한다. 물론 사업을 하면서 늘어나는 매출채권, 현금, 재고자산 등도 자산이다.

입맛 따라 쓰이는 재무상태표

재무상태표는 가장 먼저 배우는 재무제표다. 일반인들도 쉽게 이해할 수 있는 손익계산서를 제치고 재무상태표가 첫 번째로 등장하는 이유는 무엇일까? 재무상태표가 그만큼 중요하기 때문이 아닐까. 재무상태표는 생각보다 많은 정보를 담고 있기에 다양한 이해관계자들이 회사를 파악할 수 있게 해준다.

투자의사 결정에 중요한 정보 제공

회사에 투자를 하려는 투자자는 이 회사가 앞으로 얼마나 이익을 남길 것인지, 돈 벌 준비는 충분히 된 회사인지를 따져봐야 한다. 그래서 현재 벌고 있는 수익도 중요하지만 돈 벌 원동력, 즉 회사의 자산이 얼마나 되는지를 파악할 필요가 있다.

회사가 현금은 얼마나 가지고 있는지, 제품을 생산할 기계(기계장치 등)는 충분히 갖추고 있는지, 공장을 지을 땅이나 부동산을 소유하고 있는지(토지, 건물 등) 혹은 건물을 임차해서 사용하고 있는지(보증금, 사용권자산 등), 받지 못한 외상대금은 얼마나 남아 있는지(매출채권 등) 등의 내용을 모두 재무상태표를 통해 확인할 수 있다.

또한 투자자는 회사에 빚이 너무 많지는 않은지도 살펴봐야 한다. 빚이 많으면 부도가 날 수도 있고, 이자비용에 허덕이다가 배당금을 못 줄 수도 있으니, 투자를 재고해야 할 수도 있다. 차입금에 대한 정보도 모두 재무상태표에서 확인할 수 있다. 그래서 재무상태표가 중요하다.

대출의사 결정에 중요한 정보 제공

은행은 대출을 신청한 회사에 돈을 빌려줘도 되는지, 이자율은 얼마나 적용해야 하는지 등을 결정하기 위해 재무상태표를 참고한다. 재무상태표를 통해 회사의 현금동원능력이 얼마나 되는지, 담보로 잡을 자산은 충분히 있는지, 이미 너무 과도한 부채를 떠안고 있지는 않은지를 파악할 수 있기 때문이다.

공급자 선정 기준에 대한 정보 제공

대형 건설 공사와 같이 규모가 큰 프로젝트의 공급자를 선정할 때, 재무상태표의 자산 규모가 일정 금액 이상인 회사만 입찰에 참여할 수 있는 경우도 있다. 큰 규모의 프로젝트인 경우, 회사의 자산이 일정 수준 이상으로 충분히 커야 업무 수행 능력이 보장된다고 보기 때문이다.

외부감사 대상 회사 판단 기준 제공

외감법에 따라 재무상태표상 직전 사업연도 말의 자산총액이 500억 원 이상인 회사는 외부의 감사인에 의한 회계감사를 받아야 한다. 또한, 직전 사업연도 말의 자산총액이 120억 원 이상이고, 부채총액이 70억 원 이상인 회사도 외부감사를 받아야 한다. 자산이나 부채 규모가 클수록 이해관계자도 많을 것이므로 외부감사를 통해 신뢰성 있는 재무정보를 제공해야 한다는 의미다.

중소기업 판단 기준 제공

회사가 중소기업인 경우, 각종 조세지원 혜택을 받을 수 있다. 다만, 중소기업에 해당하기 위해서는 매출액이나 업종 등 필요한 요건을 만족해야 한다. 그런데 모든 요건을 충족하더라도 재무상태표상 자산총액이 5,000억 원 이상인 회사는 중소기업으로 보지 않는다.

＼｜／
여기서 잠깐!

재무상태표와 주택담보대출 비율

은행에서 주택담보대출을 받는 경우를 생각해 보자. 은행에서 집을 담보로 돈을 빌려줄 때는 담보가치(주택가격) 대비 대출비율(Loan To Value Ratio, LTV) 등을 고려하여 대출금액을 결정한다. LTV는 은행들이 주택을 담보로 대출을 해줄 때 적용하는 담보가치 대비 최대 대출가능 한도인데, 집을 담보로 은행에서 돈을 빌릴 때 집의 자산가치를 얼마로 보는가의 비율이다. 만약 LTV가 60%이고, 주택의 시가가 2억 원이라면, 2억 원의 60%인 1억 2,000만 원이 담보대출을 받을 수 있는 최대한도다. 은행이 주택담보대출을 해줄 때, 담보주택의 자산가치가 매우 중요한 역할을 하고 있음을 알 수 있다.

회사도 마찬가지다. 회사에 대한 투자나 대출 결정을 하는 경우, 사전에 회사가 보유한 자산이나 부채가 적정한지에 대한 분석을 해야만 실패가 없다. 이렇게 투자 시에 고려해야 하는 자산, 부채에 대한 각종 정보가 재무상태표에 담겨 있다.

21

희대의 스캔들,
재무상태표 등식

    회계 역사에서 가장 중요하고 유명한 스캔들이 있다. 한 집에 세 명이나 되는 동거인이 살게 되면서 생긴 이야기인데, 이 스캔들의 무대가 되는 곳이 바로 재무상태표다. 재무상태표에는 부채, 자본 그리고 자산이 있다.

    회사의 창립일 현재 상황으로 부채, 자본, 자산의 관계를 살펴보자.

(D+0일)

은행에서 현금 100을 차입했다. 그리고 주주가 현금 200을 투자하여 총 현금 300의 자금이 모였다. 회사는 이 자금으로 사업을 시작할 것이다.

    현금은 자산이다. 거래의 이중성에 비추어 생각하면, 은행에서 차입한 것은 차입금 100이 발생하면서 현금이라는 자산 100이 증가한 것이고, 주주가 투자한 것은 자본 200이 입금되면서 현금 200이 증가한 것이다. 이

내용을 정리하면 어떻게 될지 생각해 보자. 사칙연산이니 간단하다.

부채 100 증가   = 현금 100 증가

(+) 자본 200 증가   = 현금 200 증가

(=) 부채 100 + 자본 200 = 현금 300

(D+1일)

사업을 시작하려면 기계장치도 사야 하고, 재고도 좀 사야 한다. 기계장치와 재고는 모두 자산이다. 즉, 자산을 구입하려면 현금을 써야 한다. 기계장치를 구입하는 데 현금 200, 재고를 사는 데 현금 50을 쓰고, 현금 50이 남았다(자산을 구입하거나 저축하는 것, 보유하는 것은 조달한 자금을 운용하는 활동이라고 보면 된다).

이 경우 투자된 자금을 사용한 것일 뿐, 채권자나 주주에게 투자금을 반환한 것은 아니니 부채와 자본은 그대로임을 기억해 두자.

자, 이제 기계장치와 재고를 구입한 거래를 위에서 정리한 것처럼 해 보자.

부채 100 + 자본 200 = 현금 300(D+0일 잔액)

= 기계장치 200 증가, 현금 200 감소

(+)   = 재고자산 50 증가, 현금 50 감소

(=) 부채 100 + 자본 200 = 현금 50 + 기계장치 200 + 재고 50

(D+2일)

50에 구입한 재고를 가공해서 70에 팔았다. 그러면 20만큼의 이익이 남은 셈이다.

회사의 이익은 주인인 주주의 몫이다. 그러니 20만큼 자본이 증가한 것이다.

부채 100 + 자본 200	= 현금 50 + 기계장치 200 + 재고 50(D+1일 잔액)
(+) 이익 20 증가	= 현금 70 증가, 재고 50 감소
(=) 부채 100 + 자본 220	= 현금 120 + 기계장치 200

위와 같은 일련의 상황을 연결해서 살펴보면 묘한 관계가 드러나기 시작한다. 부채와 자본의 합계 금액이 자산의 총금액과 같다는 것을 눈치 챘는가? 결론부터 말하자면, 아무리 많은 거래가 발생한다 해도 이런 관계는 변함이 없다. 왜 그럴까.

사실 그 답은 매우 간단하다. 직관적으로 생각해 보자. 내가 가진 돈(자본)은 정해져 있다. 가진 돈만큼만 사용할 수 있다는 것은 당연한 이치다. 더 많이 쓰고 싶다면 빌려와야 한다(부채).

자산은 부채 + 자본이다

회사는 부채와 자본을 통해 조달된 자금을 운용하여 자산을 산다. 회사는 조달된 자금만큼만 사용할 수 있다. 그렇다 보니 조달된 자금인 '부채와 자본의 합계 금액'이 자금의 운용 결과인 '자산'의 총액과 같을 수밖에 없다. 이런 상황을 그림으로 표현해 보았다.

위와 같이 재무상태표의 세 동거인 부채, 자본, 자산의 관계를 표현한 공식이 이른바 '재무상태표 등식'이다. 사실 공식이라고 할 것도 없지만, 그 개념을 잘 기억해 두면 여러모로 유용할 날이 있을 것이다.

재무상태표는 원래 길쭉하다

앞의 재무상태표 등식 그림에 편의를 위해 왼쪽과 오른쪽이라는 표시를 추가해 보았다(회계에서는 왼쪽과 오른쪽을 각각 차변과 대변이라고 한다).

앞의 그림과 비교할 때, 큰 변화는 없다. 그런데도 아주 중요한 그림이 되었다. 이것이 바로 재무상태표의 기본 뼈대이기 때문이다. 실제 재무상태표는 이 그림보다 조금 더 세밀하고 자세할 뿐, 더 어려울 것은 없다. 대부분의 회계 교과서에서도 이해하기 쉽도록 재무상태표를 위와 같이 표시하고 있다.

다만, 앞서 숨은그림찾기를 할 때 보았던 삼성전자의 재무상태표와는 전혀 다르게 생겼다. 그러니 '어디서 사기를 쳐' 하고 의문을 제기할 수는 있겠다. 그러나 모양이 조금 다르게 보이기는 하지만, 그것이나 이것이나 사실은 같은 그림이다.

실무에서 사용하는 재무상태표는 편의상, 재무상태표 뼈대 그림의 오른쪽(대변)에 있는 부채와 자본을 자산 아래로 옮겨서 길쭉하게 표시하는 것뿐이다. 재무제표가 대부분 A4용지에 인쇄되는데, A4 용지의 폭이 좁다 보니 부득이 오른쪽(대변)에 표시될 정보를 자산 아래로 옮겨 적은 결과이다. 다음처럼 말이다.

재무상태표가 위와 같이 못생겨졌더라도, 여전히 '자산 = 부채 + 자본'
이다. 의심스러우면 굴러다니는 아무 재무상태표나 골라서 확인해 보면
된다.

그런 의미에서, 삼성전자의 2023년 연결재무상태표를 다시 열어보
자. 삼성전자의 자산 총액은 455조 9,059억 8,000만 원이고 부채 총액은
92조 2,281억 1,500만 원임을 확인할 수 있다. 이것을 재무상태표 등식
에 대입해 보자.

자산 455조 9,059억 8,000만 원 = 부채 92조 2,281억 1,500만 원 + 63조 6,778억
6,500만 원

그런데 숨은그림찾기에 조금 더 능한 사람이라면 재무상태표 하단에
서 '부채와자본총계'라는 항목을 즉시 확인할 수 있을 것이다.

'부채와자본총계' 금액이 '자산총계' 금액과 똑같지 않은가? 이것이야말
로 재무상태표가 단지 재무상태표 등식이 길쭉하게 표현된 것일뿐더러
재무상태표 등식을 구체화시킨 것에 불과한 것임을 입증하는 증거다.

22

닮은 곳 없는 이란성쌍둥이, 자본과 부채

재무상태표는 일정 시점 현재 재무상태를 알려주는 재무제표다. 재무상태표를 통해 일정 시점 현재 회사가 자금을 어떻게 운용했는지 그 결과(자산)와 자금의 조달 상태(부채와 자본)는 어떠한지를 일목요연하게 알아볼 수 있다.

예를 들어, 2023년 삼성전자 연결재무상태표의 자산총계를 찾아보면, 자산총계 위로 줄줄이 적혀 있는 계정들과 그 금액이 삼성전자의 2023년 12월 31일 현재 자산 상태를 의미한다. 현금과 매출채권, 유형자산 같은 자산의 구성내역과 금액이 자세히 기록되어 있다.

자금의 조달 상태는 회사가 자금을 어디에서 끌어왔는지를 보여주는 것으로 '부채와 자본의 상태'를 의미한다. 따라서 '부채와자본총계' 위로 줄줄이 적혀 있는 내용을 보면 된다. 계정과목 이름이 어려운 게 많아 슬슬 짜증이 날 수도 있겠다. 싸악 무시하고, 단순히 '차입금도 있고, ××부채라는 계정과목도 있는 것을 보니 이래저래 돈을 빌려쓰기도 하는가 보구나' 하는 정도로만 이해하고 지나가면 된다. 아울러, 자본 항목을 통해 주주로부터 투자된 금액과 그동안 회사가 직접 벌어서 장차 주주에게 귀속될 이익(이익잉여금)으로도 꽤 많은 자금을 조달하고 있음을 확인할 수 있다.

다시 말하지만, 어떤 재무상태표를 보더라도 부채와 자본의 합계 금액은 자산총계와 같다. 부채와 자본으로 자금을 조달했고, 그 조달된 돈으로 자산을 샀는데(혹은 돈을 쓰지 않고 현금으로 보관하고 있거나), 조달한 돈(부채와 자본)과 사들인 자산(및 남은 현금의 합계액)의 금액이 다를 리 없지 않은가.

앞에서 살펴본 재무상태표 등식을 기억하면 된다. 부채와 자본의 합계가 자산의 합계와 다르다면 회계처리에 실수가 있었거나 자금 횡령 등 어딘가에서 사고가 난 거다. 지극히 상식적으로 접근하면 된다.

갚아야 하는 돈 : 부채
갚을 필요 없는 돈 : 자본

자, 이제 한번 생각해 보자. 도대체 부채, 자본, 자산은 왜 구분하는 것일까. 자산에 대한 정보도 중요하지만 회사의 자본 조달 방법에 따라 조달된 자금(부채와 자본)의 성격이 다르기 때문이다. 즉, 정보이용자들이 재무제표의 숫자를 해석할 때 부채, 자본, 자산의 성격에 기초한 합리적인 판단을 할 수 있도록 유용한 정보를 제공하고자 하는 것이 부채, 자본, 자산을 구분하는 이유다.

이렇게 설명을 해도 여전히 '그래서 도대체 왜' 구분을 한다는 것인지 감이 잡히지 않을 것이다. 그러니 조금 더 구체적으로 살펴보자.

부채를 통해 자금을 조달한 경우, 회사는 미래에 해당 차입금을 반드시 상환해야 한다. 돈을 빌렸으면 채권자에게 원금뿐만 아니라 이자까지 지급해야 하는 것이 당연한 이치다. 그러니 부채 금액이 얼마인지 표시를 해두면, 조만간 혹은 먼 미래에 회사가 갚아야 할 빚이 얼마인지 가늠할 수 있다. 미리 알고 준비를 할 수 있다는 이야기다.

반면 (감자 등을 하지 않는 한) 회사가 주주에게 자본을 상환할 이유는 없다. 또한, 회사가 벌어들인 이익은 주주에게 귀속되는 자본에 속하면서 향후 배당금으로 분배가 되거나 혹은 사용되지 않고 회사에 유보(남아 있음)될 수도 있다.

이와 같이 부채와 자본은 그 조달 원천도 다르고, 자금의 상환 또는 분배 등에 있어서도 그 성격이 판이하게 다르다. 더구나 자산은 조달된 자금을 운용한 결과이므로 부채 및 자본과 그 성격이 다를 것임은 더 말할 나위 없다. 그러니 그 성격에 따라 각각 구분해서 표시를 해두면 다양한 이해관계자가 각자의 목적에 맞게 정보를 이용하기 편해진다.

◆ 부채, 자본, 자산의 차이점과 특징

	자금 조달처	원금 상환 의무	분배
부채(타인자본)	채권자	있음	이자 지급
자본(자기자본)	주주	없음	배당금 지급
자산	조달된 자금의 운용		

따로 기록하니 보기도 편하다

부채와 자본을 따로 기록해 두면 앞으로 상환해야 할 빚이 얼마인지, 단기간에 부채 상환을 위해 필요한 자금이 얼마나 되는지 등을 재무상태표만 보아도 금방 파악할 수 있다. 회사가 다양한 자금계획을 세울 때, 이렇게 구분된 정보는 상당히 유용하게 사용된다.

투자자나 채권자의 의사결정에 있어서도 이러한 재무상태표는 유용하다. 예컨대, 회사가 단기간에 상환해야 할 부채(단기차입금)가 너무 많다면, 자칫 부도가 날 수도 있다. 재무상태표만 봐도 투자 대상 회사의 부도 가능성을 어느 정도 파악할 수 있으니 부채, 자본, 자산에 대한 정보를 개별적으로 확인하는 것은 매우 중요하고도 유용한 일이다.

부채와 자본을 구분하는 이유는 기왕 어렵게 시작한 회계인데, 살짝 더 번거롭되(부채, 자본, 자산을 구분하는 번거로움), 그 효과는 배 이상으로 누리겠다는 회계 조상님들의 깊으신 전략이 아닐까 생각해 본다.

\ | /
여기서 잠깐!

재무상태표는 무엇이고, 대차대조표는 또 무엇인가?

앞으로 재무상태표처럼 생긴 보고서를 보고 대차대조표라고 부르는 경우를 종종 보게 될 것이다. 도대체 둘 중에 뭐가 맞는 것일까?

결론을 내리자면, 재무상태표와 대차대조표는 같은 보고서다. 본래 대차대조표로 불리던 것이 국제회계기준이 도입되면서 수년 전, 단순히 그 이름만 재무상태표로 바뀐 것뿐이다. 대차대조표는 영어로 Balance Sheet라고 하고, 약자는 BS라고 쓴다. 재무상태표는 Statement of Financial Position인데, 약자는 SFP, FP 정도로 쓴다. 영어 약자로는 SFP나 FP 대신 여전히 BS가 대세다. 그러니 재무상태표라고 하고, BS라고 쓰더라도 너무 곤혹스러워하지는 말자.

23

서로 바꿔 입을 수 있는 옷,
유동과 비유동

재무상태표의 구성내역

재무상태표는 자산, 부채, 자본의 상태를 나타내는 재무제표다. 여기에서 자산은 재산이요, 부채는 빚이며, 자본은 내가 투자한 돈이라고 했다. 자, 이제 아주 조금만 더 자세히 재무상태표의 구성내역을 살펴보도록 하자. 먼저 아래의 단순한 재무상태표를 다시 떠올려보자.

차변(왼쪽)	대변(오른쪽)
자산	부채(타인자본)
	자본(자기자본)

지금부터 자산, 부채, 자본을 각각 세분화하여 쪼개볼 것이다. 그러나 아무리 잘게 쪼개더라도 그 본질은 변함이 없으니 너무 걱정할 필요 없다.

유동과 비유동

일반적으로 자산은 유동자산과 비유동자산으로 구분한다. 마찬가지로 부채도 유동부채와 비유동부채로 구분하여 표시한다. 일단 아래처럼 적어보자.

차변(왼쪽)	대변(오른쪽)
자산 = 유동자산 + 비유동자산	부채 = 유동부채 + 비유동부채
	자본(자기자본)

유동자산에서 '유동'이라는 표현은 '보고기간 후 12개월 이내에 실현될 것으로 예상하거나, 정상영업주기 내에 판매하거나 소비할 의도가 있는'으로 풀어쓸 수 있다. 마찬가지로 유동부채에서 '유동'은 '보고기간 후 12개월 이내, 또는 정상영업주기 내에 결제될 것으로 예상되는'이라는 의미다. 풀어써도 무슨 말인지 잘 와닿지 않을 것이다. 그렇다면 그냥 다음과 같이 기억해도 무방하다.

- **유동자산 : 1년 내에 현금화시킬 수 있는 자산**
- **유동부채 : 1년 내에 결제해야 하는 부채**

유동자산이나 유동부채가 아닌 자산과 부채는 모두 비유동자산과 비유동부채다.

여기서 기억해야 할 것은 같은 종류의 자산이라도 언제 현금화가 가능하냐에 따라 각각 유동자산 또는 비유동자산으로 분류될 수 있다는 점이다. 부채도 마찬가지다. 같은 은행에서 빌린 차입금이어도 유동부채가 될 수도 있고, 비유동부채가 될 수도 있다. 예컨대, 내년(즉, 1년 내)에 만기가 도래하여 갚아야 하는 차입금은 유동부채다. 하지만 내년이 아니라 후년 이후에 만기가 도래하는 장기차입금은 비유동부채다.

유동과 비유동을 구분하는 이유

왜 똑같은 부채인데 굳이 번거롭게 유동부채인지 비유동부채인지 구분하는 것일까. 회계가 복잡해지는 원인은 무조건 재무제표를 이용하는 사람들에게 보다 유용한 정보를 제공하기 위해서이다. 복잡해질수록 더 어려워지게 마련이라 무슨 궤변인가 싶겠지만, 목적 자체는 정말 그렇다.

유동과 비유동을 구분하는 것도 회사가 단기에 현금화할 수 있는 자산이 얼마나 되는지, 단기에 갚아야 하는 빚이 얼마인지를 별도로 표시해 줌으로써 정보이용자가 회사의 상태를 보다 정확하게 파악할 수 있도록 하기 위함이다. 회계 조상님들의 작은 배려라고 생각하면 된다.

회사가 자산이 많아서 크게 위험하지 않다는 판단을 했다고 치자. 그런데 막상 어음결제일이 돌아와 빚을 갚으려고 하니, 모든 자산이 단기간에 현금화가 안 되는 자산으로만 구성되어 있다면 어떻게 될까. 아무리 자산이 많아도 바로 현금화를 못하면 회사는 빚을 갚을 수 없을 것이고, 결국 부도가 날 수밖에 없다.

마찬가지로 부채 규모가 커서 위험한 회사라고 판단했는데, 알고 보니 그 부채가 모두 만기 20년이 넘는 장기차입금이라면 어떨까. 적어도 '부채 때문에 단기간에 망할 수도 있는 위험한 회사라고 쉽게 단정지을 수는 없을 것이다.

유동과 비유동은 바꿔 입을 수 있는 옷이다 : 유동성대체

현금은 그 자체로 언제든지 사용할 수 있기 때문에 태생적으로 유동자산이다. 그런데 현금과는 달리 구분하기 애매한 자산이나 부채들도 있다. 예컨대 차입금이 그렇다. 1년짜리 차입금은 만기가 내년에 도래하니 유동부채다. 그렇다면 3년 만기로 빌린 차입금은 어떨까? 차입한 당시에는 비유동부채. 그런데 시간이 지나 만기가 내년이라면 어떻게 처리해야 할까. 단순하게 생각하자. 유동과 비유동은 계절이 바뀌면 갈아입는 옷과 같은 개념이다. 만기가 1년 내로 도래했으니, 비유동에서 유동으로 갈아타면 그뿐이다. 고민 말고, 유동부채로 바꿔서 표시하면 된다.

이것을 유동성대체라고 한다. 이 경우, 새롭게 대체된 자산(부채)은 원래부터 유동자산(부채)이었던 자산(부채)과 구별하기 위해 유동성채권, 유동성장기부채 같은 계정과목을 사용하여 유동자산(유동부채) 항목에 표시한다. 이처럼 동일한 자산이나 부채인데도 만기가 얼마나 남았는지에 따라서 어떤 해에는 유동자산(유동부채)으로, 어떤 해에는 비유동자산(비유동부채)으로 구분되기도 하니 참고하자.

24

재무상태표 쪼개기,
자산

재무상태표의 자산들

회계기준에서는 재무상태표에 표시해야 하는 자산 계정과목으로 다음과 같은 예를 들고 있다.

차변(왼쪽)		
자산	유동자산 + 비유동자산	❶ 유형자산 ❷ 투자부동산 ❸ 무형자산 ❹ 금융자산 ❺ 지분법에 따라 회계처리하는 투자자산 ❻ 생물자산 ❼ 재고자산 ❽ 매출채권 및 기타 채권 ❾ 현금 및 현금성자산 ❿ 매각예정자산 ⓫ 당기법인세자산 ⓬ 이연법인세자산

최소한 이 정도의 계정과목은 사용해 줬으면 한다는 의미이니 알아두면 두루두루 유용하다. 다만, 계정과목이 조금 많기는 하다. 게다가 자세히 들어가면 한없이 어려워지는 계정과목도 언뜻 보인다. 사실 이 모든 계정과목을 두루 잘 안다면 상당히 뛰어난 실력자다. 회계사가 아닌 이상, 계정과목이 낯이 익다는 느낌이 들 정도로만 보아두어도 대성공이니 너무 부담 갖지는 말자.

회계에서는 이름이 중요하다. 재무제표 5종의 이름이 그런 것처럼, 자산과 부채들도 이름이 다 했다. 이름을 보면 무슨 자산인지, 무슨 부채인지 다 확인할 수 있으니 말이다. 다양한 이름을 가진 자산들을 살펴보자.

❶ 유형자산

유형자산은 한자 풀이 그대로 형체가 있는 자산으로, 특히 회사에서 사업을 위해 사용하는 자산들을 말한다. 공식적으로는 '재화나 용역의 생산이나 제공, 타인에 대한 임대 또는 관리 활동에 사용할 목적으로 보유하는 물리적 형체가 있는 자산'이다. 부동산, 기계, 사무용가구, 자동차 등 눈에 보이는 웬만한 재산들은 일단 유형자산에 속한다고 보면 된다.

❷ 투자부동산

말 그대로 투자 목적으로 보유하는 부동산이다. 본사 건물, 공장 부지 등과 같이 회사가 직접 사용하려고 보유하는 부동산은 유형자산으로 분류하는 반면 임대수익이나 시세차익 등 투자 목적으로 가지고 있는 자산은 유형자산과 구분하기 위해 투자부동산이라는 별도의 계정과목으로 둔다.

❸ 무형자산

무형자산은 '형체가 없는(無形) 자산'이다. 형체가 없어서 눈에 보이지는 않지만, 실제로는 사용하고 있는 특허권, 라이선스 등이 대표적인 무형자산이다. '재화나 용역의 생산이나 제공, 타인에 대한 임대 또는 자체적으로 사용할 목적으로 보유하는 물리적 형체가 없는 자산'이 공식적인 정의다.

❹ 금융자산

현금, 다른 기업의 지분상품, 금융자산을 수취할 권리, 유리한 조건으로 금융자산이나 금융부채를 교환하기로 한 계약상 권리, 지분상품으로 결제되거나 결제될 수 있는 일정 계약으로 정의된다. 복잡해 보이는데, 재무상태표에서 금융자산은 재테크할 때 이용하는 각종 금융상품(주식, 채권, 파생상품 등)이라고 단순하게 이해하면 된다.

❺ 지분법에 따라 회계처리하는 투자자산

당연히 회사도 다른 회사의 주식에 투자할 수 있다. 회사가 시세차익이나 장기투자 등 순수하게 투자를 목적으로 주식을 사면, 그 주식은 금융자산으로 분류한다. 그런데 회사의 중요한 의사결정에 참여할 목적으로 주식을 사기도 한다. 이런 경우에는 금융자산과 별도로 지분법이라는 어려운 회계를 적용하게 된다. 지분법에 따라 회계처리하는 투자자산은 상황에 따라 관계기업투자, 공동기업투자 등의 계정과목으로 표시한다(일반기업회계기준을 적용하는 회사는 '지분법적용투자주식'이라는 계정과목을 사용한다).

❻ 생물자산

말 그대로 살아 있는 동물이나 식물을 대상으로 하는 자산이다. 다만, 동식물이라고 다 생물자산이 되는 것은 아니고, 농림어업활동과 관련되는 동물이나 식물의 경우에만 생물자산으로 표시한다. 예컨대 동물원의 닭은 관람이라는 사업 목적으로 키우는 것이므로 유형자산이지만, 하림 ㈜에서 키우는 닭은 농축산물의 판매라는 농림어업활동 목적으로 키우는 것이므로 생물자산이다.

❼ 재고자산

재고자산은 '창고에 있는(在庫) 자산'이다. 회사에서 사용하거나 판매하기 위해 창고에 쌓아 놓은 자산이라는 뜻이다. 백화점에서 '재고정리' 특가로 물건을 싸게 파는 경우를 종종 볼 수 있는데, 그때의 재고를 생각해도 좋다. 공식적으로는 '회사가 영업과정에서 판매를 위해 보유하거나, 판매를 위해 생산 중인 자산 또는 생산이나 용역 제공에 사용할 목적으로 보유하고 있는 원재료나 소모품'을 말한다. 상품, 소모품, 원재료, 재공품 및 제품 등으로 세분화하여 표시하기도 한다.

같은 자산이라도 유형자산은 판매가 아니라 사용을 목적으로 하는 자산이고, 투자자산은 팔기는 할 것이지만 시세차익 등 투자 목적으로 보유하는 자산이며, 재고자산은 회사의 영업활동인 판매를 위한 것임을 기억해 두면 이해가 쉬울 것이다.

◆ 용도에 따른 자산의 분류

종류	용도
유형자산, 무형자산	사용
투자자산	투자(시세차익, 임대수익, 지배 등)
재고자산	판매(회사의 영업활동)

❽ 매출채권 및 기타 채권

채권은 받을 돈이다. 매출채권은 재화를 판매하거나 서비스를 제공한 대가로 받을 돈, 기타 채권은 미수금이나 선급금과 같이 기타 원인으로 발생한 받을 돈(또는 미래에 재화나 서비스를 제공받을 효익 등)이다. 채권은 일반 상거래 채권, 특수관계자 채권, 선급금과 기타 금액으로 세분화된다.

매출채권 및 기타 채권도 금융자산의 정의를 충족하기는 한다. 다만, 재무상태표에서는 재화 등을 판매해서 발생한 매출채권과 각종 금융상품을 별도로 구분하여 표시한다.

❾ 현금 및 현금성자산

현금과 현금성자산을 포괄하는 계정과목이다. 현금은 말 그대로 현금이고, 현금성자산은 유동성이 매우 높은 단기투자자산으로 '확정된 금액의 현금으로 전환이 용이하고 가치변동 위험이 경미한 자산'을 말한다. 현금 및 현금성자산은 지폐, 동전, 외화, 당좌수표, 자기앞수표, 송금환, 우편환, 당좌예금, 보통예금, 당좌개설보증금, 상업어음(CP), 양도성예금증서(CD), MMF, CMA, 환매채(RP) 등으로 구성된다.

⑩ 매각예정자산

사용 목적으로 보유하던 자산을 처분하고자 할 때, 보유 목적이 변경된 자산(또는 자산집단)을 매각예정자산(또는 처분자산집단)으로 분류한다.

⑪ 당기법인세자산

회사가 납부한 법인세 금액이 실제 납부해야 할 금액을 초과한 경우, 그 초과금액을 당기법인세자산으로 인식한다. 즉, 회사가 나라에서 환급받아야 할 세금이라고 보면 된다. 반대로 회사가 더 납부해야 하는 법인세 금액은 당기법인세부채다.

⑫ 이연법인세자산

회계에서도 어렵기로 손꼽히는 분야 중에 '이연법인세 회계'가 있다. 회계도 알아야 하지만, 법인세법도 알아야 해서 이해하기가 더 어렵다. 다행히 일반인들은 몰라도 큰 지장이 없다.

이연법인세자산은 이연법인세 회계를 적용하다 보니 딸려 나온 자산 계정과목이다. 이번에 발생한 어떤 거래가 미래에 내야 하는 법인세를 줄일 것으로 예상되는 경우가 있다(이월결손금 등). 미래에 낼 세금이 줄어든다면 그것은 미래에는 긍정적인 사건이다. 미래에 생길 긍정적인 법인세 효과는 현재 시점에서 미리 자산으로 쟁여두어야 한다는 게 회계의 입장이다. 이연법인세자산은 이러한 긍정적인 효과를 기록할 때 사용한다. 공식적으로는 '차감할 일시적 차이로 인해 미래 회계기간에 회수가능한 법인세 금액' 정도로 정의되는데, 이름만 알아두자.

25

재무상태표 쪼개기, 부채

재무상태표의 부채들

부채는 빚이라고 했다. 회계식으로 표현하면, '빚'은 '기업이 부담하는 현재 의무'를 말하는데, 이때 의무는 현금을 지급해야 하는 의무(외상대금, 차입금 등), 다른 자산을 제공하거나 용역을 제공해야 하는 의무(선수금 등) 등이라고 보면 된다.

재무상태표에 표시해야 하는 부채 계정과목은 다음과 같이 자산보다는 그 수가 적다. 재무상태표의 부채 항목에는 흔히 생각하는 은행에서 빌린 차입금 외에도 다양한 종류의 부채가 있을 수 있다는 것을 기억해 두자.

대변(오른쪽)		
부채	유동부채 + 비유동부채	❶ 매입채무 및 기타 채무 ❷ 충당부채 ❸ 금융부채 ❹ 당기법인세부채 ❺ 이연법인세부채 ❻ 매각예정부채

❶ 매입채무 및 기타 채무

매입채무는 외상으로 상품이나 서비스를 공급받은 경우에 갚아야 할 빚이다. 기타 채무는 말 그대로 미지급금, 선수금, 미지급비용 등과 같이 매입채무를 제외한 기타 빚이라고 생각해 두자.

❷ 충당부채

충당부채는 지출의 시기나 금액이 불확실한 부채다. 은행 차입금과 다르게 만기나 금액이 정해져 있지 않은 부채인데, 발생주의 때문에 부득불 탄생하게 되었다. 예컨대, 회사가 올해 판매한 제품에 대해서 미래 일정 기간 동안 품질보증 의무를 부담해야 한다면, 비록 언제 보증비용이 발생할지, 그 비용이 얼마나 될지 정확하게 알 수는 없더라도, 그 비용을 추정하여 현재 시점의 빚(판매보증충당부채)으로 기록해야 한다. 이외에도 복구충당부채, 소송충당부채, 환경관련충당부채 등이 있는데, 회사의 상황과 판단에 따라서 다양한 충당부채가 존재할 수 있다.

❸ 금융부채

거래 상대방에게 현금 등 금융자산을 인도하기로 한 계약상 의무, 잠재적으로 불리한 조건으로 거래 상대방과 금융자산이나 금융부채를 교환하기로 한 계약상 의무, 자기지분상품으로 결제되거나 결제될 수 있는 일정 계약 등이 금융부채다. 정의만 보아서는 무슨 말인지 어려울 수 있는데, 은행 차입금, 사채 등과 같이 우리가 흔히 아는 어디에선가 빌려온 그 '빚'이라고 생각하면 된다.

원래 매입채무나 미지급금 등도 거래 상대방에게 현금을 지급해야 하는 의무이니 금융부채에 속하기는 한다. 다만, 재무상태표에서는 정보이용자들에게 유용한 정보를 제공하기 위해 회사의 영업활동과정에서 발생한 빚인 매입채무와 어딘가에서 빌려온 빚인 차입금을 각각 구분해서 표시한다.

사채

여기에서 사채는 회사채(會社債)를 의미한다. 사채는 주식회사가 확정채무임을 표시하는 증권을 발행하여 다수인으로부터 장기간 거액의 자금을 차입함으로써 발생하는 부채다. 개인에게 사사로이 빌리는, 잘못 쓰면 망한다는 사채(私債)와는 다르다.

❹ 당기법인세부채

회사가 부담해야 하는 당기법인세 중에서 아직 납부하지 않은 금액을 말한다. 납부해야 할 금액을 초과해서 납부한 금액은 당기법인세자산으로 인식한다. 회사가 법인세 추정치를 정확하게 계산했다면 재무상태표의 당기법인세부채 금액과 회사가 실제로 납부하는 법인세액이 동일할 것이다. 그러나 이는 이론상 논리일 뿐이고, 일반적으로 한 회계연도의 재무제표 작성은 다음 연도 1월에 하고, 법인세 신고와 납부는 다음 연도 3월에 이루어지다 보니, 실무적으로는 당기법인세부채 금액이 실제 납부액과 차이가 나는 경우가 종종 있다.

❺ 이연법인세부채

이연법인세자산과 마찬가지로 이연법인세 회계에서 태어난 부채다. 회계는 이번에 생긴 사건이 미래에 낼 법인세를 증가시킬 것으로 예상될 때, 미래의 참담한 이 사건을 미리 현재 시점의 빚으로 달아두라고 한다. 이때 사용하는 계정과목이 이연법인세부채다. 회계 교과서에서는 '가산할 일시적 차이로 인해 미래 회계기간에 납부할 법인세 금액'으로 설명한다.

❻ 매각예정부채

매각예정으로 분류된 처분자산집단에 포함된 부채는 매각예정자산과 별도로 매각예정부채로 표시한다.

26

재무상태표 쪼개기,
자본

재무상태표의 자본들

자본은 주주가 투자한 창업자금, 즉 납입자본과 회사가 벌어들인 주주 몫의 이익이라고 했다. 재무상태표에 표시되는 자본 계정과목은 일반적으로 다음과 같다. 세부적인 사항은 '자본변동표' 편에서 자세히 다룰 것이니, 여기에서는 이름 정도만 확인해 두자.

대변(오른쪽)		
자본(자기자본)	❶ 납입자본 ❷ 주주 몫의 이익(잉여금) ❸ 기타	❶ 자본금, 자본잉여금 ❷ 이익잉여금(또는 결손금) ❸ 기타자본(또는 자본조정), 　기타포괄손익누계액

❶ 납입자본 : 자본금 + 자본잉여금

납입자본은 주주가 회사에 투자한 창업자금이다. 납입자본 중 자본금은 법정자본금(상법에 따른 주식액면가액)이고, 자본잉여금은 주주와의 거래에서 자본을 증가시키는 잉여금이다.

❷ 주주 몫의 이익 : 이익잉여금

회사가 벌어들인 이익에서 배당으로 지급한 금액 등을 차감하고 남은, 오롯이 주주 몫의 이익이다. 추후 살펴보겠지만 손익계산서의 '당기순이익'이 재무상태표의 이익잉여금 계정에 차곡차곡 쌓인다. 즉, 이익잉여금 계정이 재무상태표와 손익계산서를 연결해 주는 중매쟁이 역할을 한다.

❸ 기타 : 기타자본(자본조정) + 기타포괄손익누계액 등

기타자본(자본조정)은 항목의 성격으로 보아서는 자본거래에 해당하나 최종 납입된 자본으로 볼 수 없거나, 자본의 가감 성격으로 인해 자본금이나 자본잉여금으로 분류할 수 없는 항목들이다. 기타포괄손익누계액은 회계상 당기손익으로 인식하지 않은 수익과 비용 항목인 기타포괄손익의 누계액이다. 지금은 이름 정도만 알아두어도 충분하다.

\ | /
여기서 잠깐!

삼성전자 재무상태표의 계정과목 분류

지금까지 재무상태표의 자산, 부채, 자본을 구성하는 계정과목들을 살펴보았다. 그런데 실제 재무상태표를 놓고 비교를 해본 분이라면 의구심이 들 수도 있을 것이다. 앞서 살펴본 계정과목과 실제 재무상태표의 계정과목이 일치하지 않는 경우도 종종 있을 것이기 때문이다.

회계는 상당히 실용적인 분야다. 회계기준이라는 것은 회계를 어떤 식으로 하면 좋겠다고 조상님들께서, 그리고 현대의 연구가들이 제시해 놓은 하나의 기준일 뿐 정답이 없다. 그렇기 때문에 회사는 회계기준을 참고하되, 자기 회사에 적합한 계정과목이 있다면 새롭게 만들거나, 삭제하거나 또는 수정할 수 있다.

참고 삼아 삼성전자의 재무상태표는 회계기준에서 제시한 예시를 얼마나 따르고 있는지 한번 정리를 해보았다.

대분류	회계기준	삼성전자 재무제표
자산	유형자산	유형자산
	투자부동산	-
	무형자산	무형자산
	금융자산	금융상품, 상각후원가금융자산, 당기손익-공정가치금융자산, 기타포괄손익-공정가치금융자산
	지분법에 따라 회계처리하는 투자자산	관계기업 및 공동기업 투자
	생물자산	-
	재고자산	재고자산
	매출채권 및 기타 채권	매출채권, 미수금, 선급비용, 순확정급여자산
	현금 및 현금성자산	현금 및 현금성자산
	매각예정자산	매각예정분류자산
	당기법인세자산	-
	이연법인세자산	이연법인세자산
부채	매입채무 및 기타 채무	매입채무, 미지급금, 선수금, 예수금, 미지급비용
	충당부채	충당부채, 순확정급여부채
	금융부채	단기차입금, 유동성장기부채, 사채, 장기차입금
	당기법인세부채	당기법인세부채
부채	이연법인세부채	이연법인세부채
	매각예정부채	매각예정분류부채
자본	자본금, 자본잉여금	우선주자본금, 보통주자본금, 주식발행초과금
	이익잉여금(또는 결손금)	이익잉여금
	기타자본(또는 자본조정), 기타포괄손익누계액	기타자본항목

27

유형자산은
아무나 되는 게 아니다

아프리카 사자와 시베리아 호랑이

에버랜드에 가면 사파리 월드라는 곳이 있다. 일정한 공간에 동물들을 풀어놓고 자동차를 타고 다니며 자유롭게 활보하는 동물들을 차 안에서 구경할 수 있게 한 곳이다. 오회계사는 아이들을 데리고 사파리 월드에 갔다가 인간의 위대함을 다시금 깨닫고 왔다. 자연 생태계에서는 절대로 있을 수 없는 광경을 그곳에서 목격했기 때문이다. 인간의 힘이 아니었다면 초원에서 살아가는 사자와 시베리아에서 서식하는 호랑이가 같은 공간에서 자웅을 겨루는 모습을 상상이나 할 수 있었으랴.

그런데 회계에서도 호랑이와 사자는 한 공간에 산다. 유형자산이라는 계정과목 안에 말이다. 회계에서는 유형자산을 다음과 같이 정의한다.

> **유형자산** : 재화나 용역의 생산이나 제공, 타인에 대한 임대 또는 관리활동에 사용할 목적으로 보유하는 물리적 형체가 있는 자산으로, 한 회계기간을 초과하여 사용할 것이 예상되는 자산

정의만 보면 무슨 말인지 와닿지 않는다. 그러나 앞서 이야기한 것처럼, 유형자산은 이름 그대로 '형체가 있는[有形] 자산'이다. 이것을 염두에 두고 유형자산의 정의를 쉽게 풀어보자면, 유형자산은 다음의 세 가지 조건을 충족하는 자산이다.

유형자산의 조건 1 : 물리적 형태

눈에 보이는 형태가 있어야 한다. 지금 당장 주위를 둘러보자. 땅, 건물, 도로, 다리, 자동차, 소파, 책상, 노트북, 공사 중인 건물, 심지어 길거리에서 어슬렁거리는 강아지 등 많은 것들이 보일 것이다. 이렇게 형체가 눈에 보이는 모든 것들은 유형자산이 될 자격이 있다.

유형자산의 조건 2 : 사업용으로 사용

유형자산은 회사가 사용을 목적으로 가지고 있는 자산이다. 제품의 생산이나 서비스 제공, 또는 남에게 빌려주거나 관리활동을 하는 등의 사업을 목적으로 사용하는 자산을 의미한다. 토지, 건물, 기계장치, 자동차, 비품 등이 대표적이다.

똑같이 형태가 있더라도, 팔기 위해 보유하는 '재고자산' 및 투자 목적으로 보유하는 '투자자산'과 구별된다.

유형자산의 조건 3 : 한 회계기간(1년) 초과 사용

자산을 구입하는 경우, 회계에서는 현금을 지불한 때 비용으로 기록하지 않고 일단 자산으로 처리한 뒤 사용하는 전 기간 동안 나눠서 비용으로 기록한다. 현금주의가 아니라 발생주의를 적용하다 보니 그렇게하는 것이다. 이것이 이른바 '감가상각'이다. 감가상각에 대해서는 뒤에서 살펴볼 기회가 있을 것이다.

사다가 1년 내에 다 쓰고 버릴 것이라면 구입 시점에 비용으로 기록하든 사용 시점에 비용으로 기록하든 어차피 한 회계기간 내에 비용이 되는 것은 마찬가지이다. 굳이 어려운 발생주의를 끌어와서 자산으로 처리할 필요가 없다. 그래서 1년을 초과하여 사용할 예정인 자산만 유형자산으로 본다.

유형자산 계정과목

자, 이제 다시 사파리 월드로 돌아가 보자. 호랑이와 사자는 다음과 같이 유형자산의 정의를 모두 충족한다.

---

❶ **물리적 형태** : 호랑이와 사자는 눈에 보이는 형태가 있다.

❷ **사업용으로 사용** : 관람객들에게 보여주기 위해(전시 서비스 제공) 키운다.

❸ **한 회계기간(1년) 초과 사용** : 갑작스럽게 병들어 죽지 않는 이상 10년은 사파리에서 사육할 것이다.

그래서 에버랜드는 호랑이와 사자를 모두 유형자산으로 기록한다. 밀림의 왕과 시베리아의 절대자가 공히 '동물'이라는 유형자산으로 기록되는 것이다.

실제로 그런지는 재무제표를 통해 확인할 수 있다. 에버랜드를 합병한 삼성물산의 2023년 연결재무제표 중 유형자산 주석을 살펴보자. 동식물이라는 항목이 존재한다. 주석에 따르면 2023년 기초에는 876억 9,800만 원이었던 동식물 원가가 기말에는 941억 8,100만 원이 되었다.

◆ 삼성물산(구 에버랜드) 2023년 유형자산 주석(연결) 발췌

(단위: 백만 원)	동식물		
	원가	감가상각누계액	장부금액 합계
기초 유형자산	87,698	(18,865)	68,833
취득			6,756
처분 등			(623)
감가상각비			(3,337)
대체			
손상 및 환입			
기타 증감			14
기말 유형자산	94,181	(22,538)	71,643

그래도 살아 있는 생물인데 자산이라니 조금 마음이 불편할 수도 있다. 위의 주석을 보면 심지어 사자, 호랑이에 대해서 감가상각까지 하고 있지 않은가. 그러나 어쩔 수 없다. 회계는 원래 비정하다.

그런데 비정한 회계가 동물을 차별하기까지 한다는 사실을 알고 있는가? 판다 월드에 사는 러바오와 아이바오 등 판다 가족은 특별대우를 받는다. 사파리 월드에 사는 사자나 호랑이는 유형자산으로 분류하는데 판다 가족은 다르게 기록하니 말이다. 판다 가족이 어떤 대우를 받는지는 뒤에서 살펴보자.

특정한 유형자산 계정과목을 반드시 사용해야 하는 것은 아니다. 각 회사별로 고유한 특성을 반영하여 계정과목을 신설하거나 통합하여 재량껏 사용할 수 있다. 그럼에도 특이한 몇몇 항목을 제외하고는 사용하는 계정과목이 대개 비슷하다. 다음은 일반적으로 사용하는 유형자산 계정과목의 예시다.

❶ **토지** : 회사가 영업활동 목적으로 취득한 땅이다. 본사 부지, 공장 부지 등 우리가 흔히 아는 바로 그 토지다(이렇게 계정과목은 실생활에서 쓰는 단어가 그대로 사용되는 경우가 많다). 시세차익 목적이나 재판매 목적으로 취득한 토지는 유형자산이 아니라 투자부동산 또는 재고자산으로 분류한다.

❷ **건물** : 회사가 영업활동 목적으로 취득한 건물을 말한다. 본사 건물, 창고 건물, 공장 건물 등이 여기에 해당된다. 임대, 시세차익, 판매 목적으로 소유하는 건물은 투자부동산, 재고자산 등으로 분류한다.

❸ **구축물** : 토지 위에 정착 또는 건설한 건물 이외의 토목설비, 공작물 및 부속설비를 의미한다. 회사 소유의 토지 위에 설치된 교량, 설비, 상하수도, 도로, 제방, 터널, 신호장치 등의 다양한 시설이 포함된다.

❹ **기계장치** : 영업용으로 사용하는 기계 및 그 부속설비를 말한다. 말 그대로 회사가 제조 등을 위해 보유하고 있는 기계를 생각하면 된다.

❺ **건설중인자산** : 말 그대로 '현재 건설중인자산'이다. 건설중인자산은 유형자산을 건설하기 위해 지급한 재료비, 노무비, 경비, 도급금액 등을 비롯해 유형자산을 취득하기 위해 지출한 계약금이나 중도금 등을 임시적으로 모아두는 계정과목이다. 유형자산을 취득하기까지 시간이 오래 걸리기 때문에 잠깐 맡아서 보관해 두는 계정이라고 생각하면 된다. 해당 유형자산의 취득이 끝나면 건설중인자산 계정에 모아두었던 금액을 건물이면 건물, 기계장치면 기계장치 등 그에

맞는 계정과목으로 옮겨 기록한다(건설중인자산은 임시 계정이기 때문에 감가
상각 대상도 아니다).

❻ **선박/항공기** : 영업 목적으로 보유하고 있는 배/비행기다.

❼ **차량운반구** : 회사 차량, 트럭 등이다.

❽ **집기, 사무용비품, 집기비품, 공구, 기구 등** : 책상, 의자 등의 가구, 잡다한 집기
나 비품, 기계공작을 하는 과정에서 사용되는 공구 등이 여기에 해당된다.

❾ **임차시설물** : 임차건물의 내부 인테리어와 시설을 위해 지출한 경우, 인테리어
도 유형자산에 해당한다.

중요한 유형자산은 별도로 표시하지만, 그렇지 않은 경우에는 '기타
의 유형자산'으로 묶어서 표시할 수 있다.

28

세입자지만, 건물의 주인이다? 이상한 리스 회계

빌렸는데 산 것으로 봐주는 나의 사용권자산

이상한 회계 Top 10을 꼽으라고 할 때, 오회계사가 주저하지 않고 선택하는 것이 리스 회계다. 여기서 '리스(Lease)'는 '자동차 리스'라고 할 때의 그 리스가 맞다. 리스는 부동산, 자동차, 설비 등과 같은 자산을 구매하는 대신 이용료(리스료)를 내고 일정 기간 빌려 쓰는 것이다.

이용료를 냈으면 낸 만큼만 비용으로 처리하면 되지, 뭐가 이상하다는 것일까? 사실, 여기에 문제가 조금 있다. 리스 회계는 다른 시선으로 세상을 본다는 점이다.

회사가 신규로 사무실을 오픈하려고 마땅한 건물을 찾고 있다. 이때 두 가지의 선택지가 있다. 첫 번째는 건물을 매입하는 것, 두 번째는 임차하는 것이다. 돈이 많다면야 건물을 사겠지만, 자금이 부족

한국채택국제회계기준에서는 리스이용자(자산을 빌리는 자, 세입자)의 모든 리스 계약(일부 예외)에 대해 리스 회계를 적용한다. 이것은 리스이용자는 모든 리스 계약을 금융리스로 보아 회계처리 한다는 뜻이다. 이와 달리, 일반기업회계기준에서는 리스이용자도 금융리스와 운용리스를 구분한다.

하다면 임차를 고려해야 하는데, 다음의 경우를 제외하고 이 계약은 리스 회계의 대상이 된다.

❶ 사용권자산

리스 회계는 세입자가 건물을 취득한 것으로 본다. 계약기간 동안 건물을 사용할 수 있는 권리를 갖게 되니, 그동안에는 내가 건물주나 다름없다는 뜻이다. 이때 사용하는 계정과목이 '사용할 권리라는 자산'이라는 의미에서 '사용권자산'이다.

❷ 리스부채

회계에서는 얻는 게 있으면 잃는 것이 있다(거래의 이중성). 사용권자산을 얻었으니, 그에 대한 대가가 필요하다. 돈이 없어서 건물을 빌렸는데, 무슨 대가를 더 내라는 것인지. 물론 다 방법이 있다. 향후 납부해야 하는 임차료 총액을 대출받아 자산을 구입한 것처럼 처리하면 된다. 이 빚을 기록하는 계정과목이 '리스부채'다.

사용권자산과 리스부채 금액은 조금 복잡한 과정(리스료의 현재가치, 복구비용 등 고려)을 거쳐야 계산되니, 리스료 총액을 근거로 계산한다는 점만 기억해 두자. 참고로 향후 5년간 건물을 빌리는 계약에 대한 사용권자산과 리스부채의 금액이 각각 5억 원일 때, 이 계약 개시일의 최초 회계 처리는 다음과 같다.

사용권자산 5억 원 인식 & 리스부채 5억 원 증가

 사용권자산 5억 원　　 리스부채 5억 원

리스료는 어떻게 비용으로 반영할까?

현금주의에서는 리스료 납부액이 곧바로 비용이지만, 리스 회계에서는 다음의 두 가지 과정을 거쳐서 비용으로 반영한다(회계처리는 참고로만 봐두고, 기본 개념을 숙지하자).

❶ 사용권자산 : 유형자산처럼 감가상각한다 ◑ 감가상각비

위의 예에서 사용권자산 5억 원을 자산으로 인식했으니, 5년 동안 비용으로 기록한다(감가상각한다). 첫해에 인식할 비용은 감가상각비(또는 사용권자산상각비) 1억 원(5억 원 ÷ 5년)이다.

사용권자산 감가상각 분개

 감가상각비 1억 원　　 사용권자산 1억 원

첫해에 사용권자산 잔액은 비용을 인식하고 남은 4억 원(5억 원 - 1억 원)이다.

❷ 리스부채 : 리스료를 낼 때(리스부채를 갚을 때) 이자를 부담한다 ○ 이자비용

계약기간 동안 미래에 납부해야 할 리스료 총액은 현재 시점에서 보면 다 빚(리스부채)이다. 리스부채도 빚이니만큼 리스료를 낼 때마다, 부채원금을 일부 상환하고, 이자를 부담해야 한다.

위의 건물에 대한 연간 리스료는 1억 5,000만 원이고, 첫해 갚을 리스부채는 1억 3,000만 원이라고 할 때, 이자비용은 2,000만 원(임차료 1억 5,000만 원 - 리스부채 1억 3,000만 원)이다.

리스부채 상환 분개

차변 리스부채 1억 3,000만 원   **대변** 현금 1억 5,000만 원

차변 이자비용 2,000만 원

첫해에 상환하고 남은 리스부채는 3억 7,000만 원이다(5억 원 - 1억 3,000만 원).

번거롭게 이상한 세계관을 만들어 낸 이유

왜 이렇게 어려운 길을 돌아서 가야 하는 것일까. 회계가 어려워질 때마다 대는 핑계가 여기에서도 어김없이 등장한다. 바로 정보 이용자들에게 유용한 정보를 제공하기 위해서다.

항공사나 유통기업, 엔터테인먼트사처럼 자산을 대규모로 빌려서 사

용하는 회사들이 리스 회계가 이상해지는 데 크게 공헌했다.

예전에는 리스 계약을 금융리스 또는 운용리스로 구분했다. 금융리스는 앞에서 살펴본 리스 회계처리를 한다. 즉, 금융리스는 리스이용자가 돈을 빌려서(리스부채) 자산을 구입한 것으로 기록하기 때문에 회사의 부채가 증가하는 효과가 있다. 반면 운용리스는 리스료를 낼 때 비용으로 기록하면 될 뿐, 금융리스처럼 따로 부채를 인식할 필요가 없다. 그러자 리스 거래를 임의로 설계해 금융리스가 아닌 운용리스로 회계처리를 하는 회사들이 나타나기 시작했다. 부채가 적은 것처럼 보이고 싶어서다.

금융리스와 운용리스

금융리스 : 리스자산의 소유에 따른 대부분의 위험과 보상이 리스이용자에게 이전되는 리스. 리스기간이 끝난 후 소유권이 리스이용자에게 이전되거나 리스기간이 자산 내용연수의 상당 부분을 차지하는 등 실질적으로는 리스이용자가 해당 자산을 소유한 것과 같을 때 금융리스로 분류한다.

운용리스 : 금융리스 외의 모든 리스. 리스료를 수수할 때, 해당 금액을 수익(리스제공자, 건물주)과 비용(리스이용자, 세입자)으로 인식하므로 회계처리가 쉽고 간편하다.

대출을 받아서 항공기를 구입한 항공사(A)와 운용리스로 항공기를 임차한 항공사(B)를 상상해 보자. A는 대출 원금과 이자비용을 은행에 납부할 것이고, B는 리스료를 리스회사에 낸다는 것만 다를 뿐, 상황은 똑같다. 그런데 두 회사의 재무상태표를 보면 A는 항공기를 받은 대출금이 부채로 기록되어 있고, B는 부채가 없다. 상대적으로 B가 A에 비해 재무건전성이 높은 회사로 보일 여지가 있다.

이런 왜곡을 없애기 위해 현행 리스 회계가 두 팔을 걷어붙이고 나섰다. 한국채택국제회계기준을 적용하는 모든 회사는 2019년 1월 1일부터 리스 계약이 어떻게 구성되든 상관없이 모든 계약을 다 금융리스로 기록하게 된 것이다. 그래서 우리는 이렇게 이상한 리스 회계를 공부하게 되었다.

2019년, 그 회사들의 부채가 갑자기 증가했다?

2019년은 유난히 전년도에 비해 부채가 증가한 회사들이 많은 한 해였다. 해당 회사들의 재무건전성이 급격히 악화한 것이라기보다는 남다른 속사정이 있다. 바로 회계기준이 바뀐 것!

한국채택국제회계기준을 적용하는 회사는 2019년 1월 1일부터 신(新)리스 회계기준을 적용하게 되었다. 회사들은 회계기준이 바뀜에 따라 과거에는 운용리스로 처리하던 리스 계약을 전부 금융리스로 변경하여 회계처리를 수정했다. 이에 따라 전년 대비 부채가 급격히 증가한 회사들이 많아진 것이다.

다음은 새로운 회계기준을 적용하게 되면서 증가한 각 회사의 리스부채 금액이다.

◆ 신(新)리스 회계 적용으로 증가한 리스부채(2019년)

대한항공	CJ CGV	롯데쇼핑
1조 6,300억 원	1조 8,670억 원	6조 8,500억 원

위에서 보는 것과 같이 고가의 항공기와 엔진 등을 리스하여 사업을 했던 항공사, 전국 각지에서 공간을 임차해 상영관을 운영하던 엔터테인먼트사, 점포나 물류창고 등의 임차 계약이 많은 유통기업 등의 부채가 차입도 하지 않았는데, 갑자기 1조 원 이상 증가했다.

판다는 사자와 다르다? 동물 차별하는 리스 회계

이제 특별대우를 받는 판다 가족에 대해서 알아볼 때다. 에버랜드에서 가장 인기가 있는 동물을 꼽으라면 누구나 판다를 첫 순위로 꼽을 것이다. 그래서인지 2024년 4월, 한국에서 태어난 최초의 판다 푸바오가 중국

~~~~~~~~~~~~~~~~~~~~
에버랜드는 삼성물산의 리조트 사업부문에 속해 있다.

으로 반환될 때, 많은 국민이 슬퍼했다.

푸바오의 반환을 계기로 판다에 대한 소유권이 중국에 있으며, 삼성물산에서 중국 야생동물 보호협회에 판다 가족에 대한 임차료(보호 기금)로 매년 큰 금액을 지급한다는 것이 널리 알려졌다. 임차 조건을 살펴보면, 2016년 3월에 한국에 온 러바오와 아이바오의 임대 기간은 15년, 임차료는 연간 100만 달러다. 여기에 삼성

◆ 판다

물산은 2020년 푸바오가 태어났을 때와 2023년 쌍둥바오가 태어났을 때, 각각 50만 달러와 30만 달러를 일회성 기금으로 중국에 지급했다.

푸바오가 중국으로 돌아갔다는 뉴스를 보면서 오회계사는 슬픔을 느끼기보다는 판다 가족을 보며 직업병이 발동해 버린 본인에게 환멸을 느꼈다. 처음 떠올린 생각이 슬픔이 아니라 리스 회계였기 때문이다.

- 소유권이 중국에 있다.
- 판다는 한국 판다 월드에서 생활한다.
- 15년간 매년 사용료를 중국에 낸다.

어디에서 많이 들어본 이야기 아닌가? 바로 사용권자산 이야기다. 비록 판다 가족에 대한 소유권은 중국에 있어서 사자나 호랑이처럼 유형자산으로 기록할 수는 없겠지만, 최소한 이 가족이 국내에서 생활하는 기간(임대 기간)만큼은 삼성물산의 사용권자산으로 남아있을 수 있다.

(단위 : 백만 원)	2019년	2020년	2021년	2022년	2023년
❶ 기초	13,230	12,095	10,961	10,319	9,043
❷ 증가			563		378
❸ 감소(감가상각비 등)	1,135	1,134	1,205	1,276	1,285
❹ 기말(❶ + ❷ − ❸)	12,095	10,961	10,319	9,043	8,136

삼성물산 사업보고서(연결) 참고

위의 표를 보면 사용권자산(동식물)이 푸바오가 태어난 다음 해인 2021
년에 5억 6,300만 원, 쌍둥바오가 태어난 2023년에 3억 7,800만 원 증가
한 것을 확인할 수 있다.

건물주는 내 자산을 어떻게 표시할까

지금까지 리스이용자(세입자)의 회계를 살펴보았다. 그렇다면 리스제
공자(건물주)는 리스 회계를 어떻게 적용할까? 리스제공자는 예전과 달라
진 것이 없다. 원래 하던 대로 금융리스와 운용리스를 구분하여 회계처
리를 해야 한다.

❶ 금융리스

건물의 법률적 소유권은 건물주가 가지고 있지만, 회계에서는 세입자
가 소유한다. 건물주는 세입자에게 돈을 빌려준 것뿐이다. 그래서 이름
도 '금융' 리스다. 건물주는 앞으로 받을 원금과 이자를 자산으로 기록한
다(금융리스채권). 돈을 빌려줬으니, 임대료 수익이 아니라 이자수익을 얻

는다. 회계상 감가상각할 자산은 세입자의 소유이니, 당연히 건물주의 감가상각비는 없다.

❷ 운용리스

금융리스가 아닌 모든 리스는 운용리스다. 이때 빌려주는 자산은 건물주의 유형자산, 투자부동산 등으로 기록한다. 운용리스를 통해 건물주는 임대료를 얻고, 대신 감가상각비를 비용으로 잡는다. 여기서 이상한 점이 하나 더 등장한다. 리스제공자가 운용리스로 구분하더라도 리스이용자는 금융리스로 회계처리 한다. 바꿔 말하면, 세입자와 건물주가 같은 자산에 대해서 각각 주인이라고 주장하는 셈인데, 어쩔 수 없다. 하라면 해야지.

◆ **세입자와 건물주의 리스 구분에 따른 회계처리**

구분	리스이용자(세입자)	리스제공자(건물주)
금융리스	금융리스	금융리스
운용리스		운용리스

29

특이한 유형자산을 가진 기업들

유형자산은 감출 수 없는 기업의 혈액형

무심코 지인들의 페이스북을 훑어보던 오회계사는 한 가지 사실을 발견하고 흠칫 놀랐다. 페이스북에 올라온 사진이나 글을 보면 한 개인의 관심사, 취향, 성격, 신념, 가족관계, 친구관계 등 전반적인 특성을 파악할 수 있다는 것을 깨달았기 때문이다.

이 친구는 커피를 좋아하는군.
이 친구는 교회에 다니는군.
이 친구는 강아지보다 고양이를 좋아하는군.
이 친구는 한쪽으로 치우친 정치적 성향을 보이는군.

회계에서는 유형자산이 SNS에 올라온 사진이나 글과 같은 역할을 한다. 유형자산 구성내역을 살펴보면 그 회사가 무엇을 하는 회사인지 조금이나마 감을 잡을 수 있다. 유형자산이 회사의 사업을 위해 사용되는 자산이기 때문에 그렇다. 회사가 어떤 유형자산을 쓰고 있는지를 보면 어떤 사업을 하는지도 짐작할 수 있는 것이다.

유형자산은 자산이니 재무상태표에서 찾아볼 수 있다. 그런데 막상 재무상태표를 보면 덩그러니 유형자산이라는 이름과 금액만 표시된 경우가 많다. 자산 종류가 많은데 재무상태표에 일일이 다 기록하려면 너무 복잡하고, 보기도 번거롭다. 그래서 재무상태표를 간단하게 표시하려고 유형자산을 한 데 묶어놓은 것이다. 그렇다면 유형자산의 상세한 내용은 알 수 없는 걸까? 이때 도움을 받을 수 있는 재무제표가 바로 주석이다. 정보의 보물창고라 불리는 주석을 보면, 유형자산 정보를 조금 더 상세하게 알 수 있다.

유형자산은 영업상 비슷한 특성이나 용도를 가진 자산끼리 묶어서 표시한다. 예를 들어 토지, 건물, 기계장치, 선박, 항공기, 차량운반구, 집기, 사무용비품 등이다. 각 묶음의 이름이나 종류는 회사의 상황에 맞게 얼마든지 바꿀 수 있으니 이름에 너무 매일 필요는 없다.

삼성전자의 유형자산

유형자산을 보면 정말로 그 회사가 어떤 사업을 하는지 대략이나마 알수 있을까? 직접 한번 살펴보도록 하자. 삼성전자는 대표적인 제조업체다. 삼성전자의 유형자산 정보는 재무제표 주석에서 확인하면 된다. 아래 표에서 보는 것처럼 삼성전자의 유형자산은 토지, 건물 및 구축물, 기계장치, 건설중인자산, 기타로 구성된다.

◆ **삼성전자 2023년 연결재무제표 주석 10. 유형자산(연결)** (단위 : 백만 원)

구분	토지	건물 및 구축물	기계장치	건설중인자산	기타	합계
기초 유형자산	9,892,167	40,706,918	79,714,631	33,607,564	4,124,108	168,045,388
일반취득 및 자본적지출	172,262	6,498,611	33,641,691	13,141,766	1,462,032	54,916,362
사업결합을 통한 취득	–	18,125	20,140	34,698	165	73,128
감가상각비	(49,367)	(3,884,333)	(30,031,617)	–	(1,567,094)	(35,532,411)
처분·폐기	(25,934)	(181,700)	(37,681)	(256)	(30,547)	(276,118)
손상(환입)	–	(30,864)	(47,044)	–	(7,449)	(85,357)
매각예정분류	(6,615)	(54,318)	(37,101)	(6,255)	(14,100)	(118,389)
기타	16,864	165,676	86,149	(57,189)	22,159	233,659
기말 유형자산	9,999,377	43,238,115	83,309,168	46,720,328	3,989,274	187,256,262

기타에는 금액이 소소한 잡다한 유형자산들, 예컨대 자동차, 집기비품, 사무용품 등이 총망라되어 있다고 보면 된다.

건설중인자산

건설중인자산(Construction In Process)은 말 그대로 현재 건설 중인 자산이다. 유형자산 건설을 위한 지출이 이루어지고 있지만 아직 건설이 완료되지 않은 경우에 사용한다. 건설중인자산은 공사가 끝나거나 혹은 실제로 사용할 수 있게 되면 건설중인자산 항목에서 건물, 기계설비 등 해당하는 자산으로 옮겨서 기록한다. 즉, 어제의 건설중인자산이 오늘은 기계장치로 대체된다.

그런데 토지, 건물 및 구축물, 기계장치 금액이 다른 자산에 비해서 유난히 크다. 따라서 회사 소유의 땅에 공장을 세우고, 대규모 기계설비를 통해 무언가를 제조하는 회사가 아닐까라는 추측을 할 수 있다. 물론 삼성전자이니 당연히 전국 곳곳에 소재한 공장에서 반도체며 휴대폰이며 TV 같은 각종 제품들을 생산하겠지만 말이다.

유형자산 내역이 회사의 영업사항을 자세히 알려주는 것은 아니지만,

적어도 제조업이라는 특성을 유추할 수 있는 다양한 정보를 제공하고 있음을 알 수 있다. 규모만 다를 뿐 일반적인 제조업체들의 유형자산 구성 내역도 이와 유사하다고 보면 된다.

제일기획의 유형자산

삼성전자와 같은 그룹에 속해 있는 제일기획의 유형자산 내역도 한번 살펴보자.

◆ **제일기획 2023년 연결재무제표 주석 15. 유형자산** (단위 : 천 원)

구분	토지	건물	차량운반구	공구기구 비품	건설중인 자산	합계
기초순장부금액	27,911,494	18,255,868	830,660	33,904,385	–	80,902,407
취득 및 자본적지출	–	33,000	446,736	20,236,778	1,152,607	21,869,121
대체	–	(103,810)	–	114,119	–	10,309
처분 및 폐기	–	(2,987)	(37,572)	(659,673)	–	(700,232)
감가상각	–	(2,581,966)	(286,133)	(14,701,660)	–	(17,569,759)
환율차이 등	–	(49,396)	(22,625)	477,524	–	405,503
기말순장부금액	27,911,494	15,550,709	931,066	39,371,473	1,152,607	84,917,349
취득원가	27,911,494	73,225,869	2,464,170	182,255,217	1,152,607	287,009,357
감가상각누계액	–	(57,675,160)	(1,533,104)	(142,883,744)	–	(202,092,008)

제일기획은 광고대행업 등을 영위하고 있다. 사람이 모든 일을 하므로 큰 규모의 기계나 설비 등을 사용할 필요가 없다. 즉, 사람이 자원인 회사다. 실제로 제일기획의 유형자산은 토지, 건물, 차량운반구, 공구기구비품, 건설중인자산으로 이루어져 있다. 기계설비는 없다. 그런데 토

지와 건물이 있는 것을 보면 회사 소유의 사옥이 있을 것이라는 생각을 해볼 수 있다. 이외에 소소한 금액의 공구기구비품이 있다. 아마도 책상, 컴퓨터, 가구, 사무용 자산들일 것이다.

이렇게 서비스업을 영위하는 회사들은 대체적으로 토지나 건물 외에 큰 규모의 유형자산을 소유하고 있지는 않다.

특이한 유형자산을 가진 회사들

특이한 사업을 하는 회사들은 보유하고 있는 유형자산도 남다르다. 앞서 살펴본 삼성물산(에버랜드 운영사)의 유형자산을 떠올려보자. 동물이 유형자산에 당당히 그 이름을 올리고 있다.

동물 이야기가 나온 김에 경마공원을 운영하는 한국마사회의 유형자산 구성내역도 한번 살펴보자. 아니나 다를까, 역시 '마필'이 있다. 경마할 때 경주마로 나서는 그 '말'이다.

HMM(구 현대상선)은 컨테이너선이나 유조선 등을 이용하여 물류 서비스를 제공하는 해운업을 영위한다. 당연히 배가 사업을 위한 중요한 자산일 것이다. 그래서 현대상선에는 '선박'이라는 유형자산이 있다.

공공기관의 재무정보
한국마사회와 같은 공공기관의 재무정보는 공공기관 경영정보 공개시스템인 '알리오 시스템' 홈페이지(www.alio.go.kr)에서 확인할 수 있다.

배가 있으면 비행기도 있다. 비행기를 통해 항공운수업을 하는 대한항공의 유형자산도 확인해 보자.

대한항공의 유형자산은 토지, 건물, 구축물, 기계장치, 항공기, 엔진, 항공기재, 기타, 건설중인자산, 사용권자산(항공기), 사용권자산(기타)으로 이루어져 있다.

역시 '항공기'가 있다. 그런데 특이하게도 '엔진'이라는 항목이 있다(유형자산 변동내역을 보면 금액도 상당히 크다). 항공기에 부착된 엔진을 의미하는 것 같은데, 엔진이 비행기에서 매우 중요한 부품인 듯하다. 항공기와 구분해서 따로 표시한 것을 보면 말이다.

이렇게 회계에서는 유형자산을 구성하는 일부가 전체 원가와 비교해서 중요하다면 별도로 구분할 수 있다. 물론 중요하지 않은 항목은 아예 통합해서 하나로 표시할 수도 있다.

이외에도 SBS는 방송기계기구와 방송시설, 와이지엔터테인먼트는 음악장비와 영상장비, 우유로 유명한 매일유업의 대주주 매일홀딩스는 대동물이라는 유형자산을 가지고 있다.

대동물
소나 돼지 같은 큰 동물을 '대동물'이라고 한다. 고양이나 강아지 등은 '소동물'이라고 한다.

유형자산은 사업의 색깔을 나타낸다

같은 그룹에 속해 있음에도 불구하고 삼성전자와 제일기획, 두 회사의 유형자산 구성은 판이하게 다르다. 당연하다. 하는 일이 다르니, 회사가 사용하는 자산이 다를 수밖에. 물론 유형자산 내용만 가지고는 정확히 어떤 일을 하는 회사인지 파악할 수 없다. 유형자산의 종류가 워낙에 다양한데 재무상태표에는 큰 묶음으로 통합해 표시하기 때문이다. 그래도 대충 어떤 회사인지 윤곽은 잡을 수 있다. 회사를 이해하고자 할 때, 이만큼 쉽고 빠르게 그 회사에 대한 대략적인 특성을 알려주는 정보가 또 있을까.

◆ **특이한 유형자산 항목**

회사	유형자산
삼성물산(에버랜드)	동물
한국마사회	마필
HMM(구 현대상선)	선박
대한항공	항공기, 엔진
SBS	방송기계기구, 방송시설
와이지엔터테인먼트	음악장비, 영상장비
매일홀딩스	대동물

30

건물주를 꿈꾸는 것과 회계

건물주가 되고 싶은 꿈

아이들의 장래희망은 종종 바뀐다. 연예인이 되고 싶다던 큰아이가 어느 날은 오회계사에게 장래희망이 바뀌었다고 통보를 해왔다. 본인의 꿈은 건물주가 되는 것이란다. '하아, 건물주가 무엇인지 알기는 하는 걸까'라는 생각이 먼저 든다. 그렇다고 "아빠의 꿈도 너와 같노라"라고 말할 수는 없으니, 그저 동심이 사라진 이 세상이 야속하기만 할 따름이다.

특별히 하는 일이 없어도 따박따박 월세를 받고, 전셋집을 구하기 위해 동분서주해야 하는 서글픔도 없으며, 부동산을 처분하여 거액을 만질 수도 있는 건물주가 되는 꿈. 그 꿈을 한 번도 꾸어보지 않은 월급쟁이는 아마 없을 것이다.

그러나 워낙에 부동산 가격이 높다 보니, 내 집 한 채 마련하는 것조차 쉽지 않다. 많은 월급쟁이들이 오랜 시간 소망하며 갖기를 희망하는 것이 '달콤한 나의 집'일 것이다. 회계에서도 부동산에 대한 시각이 남다르다. 같은 부동산이라도 그 용도에 따라 회계처리가 달라지니 말이다.

회계에서 부동산은 유형자산, 투자부동산, 그리고 재고자산의 세 가지로 구분된다.

유형자산 : 전세대란 걱정 없이 내 집에 살아보자

너무 많은 것을 바라지도 않는다. 다만, 전세 계약기간이 끝날 때마다 쫓겨나듯 전세난민이 되어 방황하지는 않았으면 좋겠다. 그냥 내 집 한 채 마련하여 오랫동안 편안하게 살고 싶을 뿐.

개인이 이렇게 실거주 목적으로 집을 사는 것처럼 회사가 직접 사용하기 위해 부동산을 보유하는 경우, 회계에서는 그 부동산을 유형자산으로 분류한다.

유형자산은 회사가 1년을 초과하여 사용할 목적으로 보유하는 눈에 보이는 자산이다. 회사가 사옥으로 사용하고 있는 건물과 토지, 제품을 생산하는 공장, 직원들에게 제공하는 사택, 물류활동을 위해 보유하는 창고 등이 유형자산에 속한다.

토지를 제외한 유형자산은 취득 시점에 자산으로 기록해 두었다가, 자산을 사용하는 전 기간에 걸쳐 비용으로 인식하는 이른바 감가상각을 해야 한다. 토지는 사용한다고 닳아 없어지는 것이 아니다 보니 감가상각은 하지 않는다.

투자부동산 : 부동산은 생활이 아니라 투자다

저금리 시대에 각광받는 투자 중 하나가 바로 부동산 투자다. 많은 사람들이 매월 월세를 받으며, 슬리퍼를 끌고 가끔씩 부동산 관리를 하러 다니는 건물주의 삶을 꿈꾸기도 한다. 이 꿈은 거주 목적이 아니라 투자 목적이라는 점에서 한발 나아간 꿈이다.

이 경우, 부동산을 대하는 자세가 명백히 달라진다. 거주 목적일 때는 벽에 못도 맘대로 박는다. 내가 편하게 살면 되고, 내 집이니 누가 뭐라고 할 사람도 없다. 그런데 투자 목적인 경우, 행여 부동산 가치가 떨어질까 봐 임차인이 함부로 못을 박거나 인테리어에 손댈 수 없도록 제한을 두기도 한다. 시장에 내놓을 때 가급적 깔끔한 상태를 유지하고 싶어할 것이기 때문이다.

회계도 마찬가지다. 같은 부동산이라도 시세차익 목적으로 보유하는 부동산은 유형자산이 아니라 '투자부동산'으로 분류한다(한국채택국제회계기준에서는 임대수익과 시세차익 목적으로 보유하는 부동산을 투자부동산으로 분류하는 것에 비해, 일반기업회계기준에서는 임대수익 목적 부동산은 유형자산으로, 시세차익 목적 부동산은 투자부동산으로 분류한다). 투자부동산은 감가상각을 하지 않는다. 감가상각은 취득가액을 일정 기간 동안 나누어 비용으로 인식하는 것인데, 투자부동산은 처분하여 수익을 인식할 때 취득원가를 비용으로 기록하면 된다. 따라서 감가상각이 필요 없다.

재고자산 : 부동산 장사를 해보자

아예 부동산 매매를 업으로 삼는 경우도 있다. 다세대주택을 지어서 분양하는 것을 생각하면 된다.

회계에서는 부동산 매매나 건설업과 같이 부동산 판매를 사업 목적으로 하는 회사가 소유한 부동산인 경우, 전자회사에서 판매하는 휴대폰이나 마트의 농산물과 같이 '재고자산'으로 분류한다. 재고자산은 판매 시점에 매출원가(비용)로 기록되므로 감가상각을 하지 않는다.

◆ 보유 목적에 따라 부동산 분류하기

종류	용도	감가상각
유형자산	사용(자가)	한다
투자부동산	임대수익 또는 시세차익	하지 않는다 (처분 시, 비용 반영 – 취득원가)
재고자산	판매	하지 않는다 (판매 시, 비용 반영 – 매출원가)

31

주식 투자왕과 회계

회사가 주식을 사는 이유

회사도 본업 이외의 투자를 통해 돈을 벌고자 하는 욕구가 분명히 있다. 주식이나 채권에 투자함으로써 시세차익을 얻거나 배당수익, 이자수익 등의 영업외수익을 얻으면 회사도 좋고, 주주도 좋다. 그런데 이런 목적 말고도 회사는 경영권을 방어하거나 다른 회사를 지배하기 위해 주식을 취득하기도 한다.

주식에 투자한다는 점에서는 같지만 주식 투자에 대처하는 개인과 회사의 자세는 다르다. 일반 개미투자자의 경우, 주식을 팔기 전까지는 주가 변동에 일희일비할 수밖에 없다. 업무시간에 일은 팽개치고 주식거래 사이트만 노려보는 경우도 있다. 주가의 등락이 심하면 일이 손에 잡히질 않는다.

그러나 회사는 개미보다 대범하다. 주가가 변할 때마다 일희일비하며 손익계산서가 요동치게 두지는 않는다. 손익계산서가 요동치면, 재무제표를 이용하는 많은 사람들이 혼란에 빠질 수 있기 때문이다. 게다가 회사는 단순히 주식 팔아 돈 벌겠다는 이유만으로 주식을 사는 것이 아니다. 가령 지배권 확보를 위해 주식을 대량 매입했다면, 장기간 주식을 보유하면서 대상 회사를 통제하려 할 것이다. 즉, 하루하루의 주식가격 변동이 회사에게는 큰 의미가 없다. 일반 개미투자자들과는 투자 행태가 전혀 다르다는 소리다.

목적에 따라 주식의 이름이 달라진다?

이런 이유로 회사가 주식 투자를 하면, 투자 목적과 보유기간 등에 따라 주식을 분류하고, 이 분류에 따라 회계처리도 다르게 한다. 덕분에 회계가 좀 어려워졌다. 회계를 포기하게 만드는 주범 중 하나인 '지분법'도 여기서 등장하니 말 다했다.

게다가 투자 목적에 따라 주식을 구분한다며 붙인 이름들이 일반적이지 않아서 선뜻 눈에 들어오지 않는다. 그래서 여기에서는 주식을 이해하기 쉽게 단타매매용 주식, 장기투자용 주식, 경영참여용 주식으로 분류해 보았다. 어려운 내용은 제쳐두고, 같은 주식인데 왜 다르게 구분하는지, 구분에 따라 주식의 가격 변동이 회사의 손익에 어떻게 영향을 주는지 등의 개념을 이해하자.

❶ 단타매매용 주식

시세차익을 목적으로 단기에 '사고파는 것'이 단타매매다. 회사도 당연히 단타매매용 주식에 투자할 수 있다.

단타매매용 주식이기 때문에 기말 시점 현재 주가가 회사에 중요한 정보가 된다. 하루하루 주가 변동에 일희일비하는 개미투자자와 같은 심정으로 투자하는 주식이라는 말이다. 따라서 재무상태표에 표시된 단타매매용 주식 금액은 기말 현재 주식의 시가와 일치하도록 표시한다.

한편, 주식 매입가격과 기말 현재 시가가 다른 경우 주식 평가손실이나 평가이익이 발생하게 되는데, 이를 손익계산서에 표시한다. 당장 내일이라도 팔릴 수 있는 주식이니 주식 매매로 인한 손익이 곧 실현된다는 뜻에서다. 비록 주식을 팔지는 않아서 평가손익이 아직 실현되지는 않았지만 그 평가손익을 회사의 경영성과에 미리 좀 반영하자는 것이다. 그래야 재무제표를 이용하는 사람들도 미리 대비할 수 있다.

주식 잔고와 평가손익에 울고 웃는 개인투자자의 심리를 생각하면 된다. 개인투자자들은 아직 주식을 팔지는 않았더라도, 주가가 오르면 기분 좋게 한턱내고, 주가가 폭락하면 한강 다리를 찾기도 한다. 이와 같이 마치 실제로 주식을 팔아서 회사의 영업성과에 변동이 있는 것처럼 주식 평가손익이 고스란히 손익계산서에 반영된다.

이러한 주식을 한국채택국제회계기준에서는 '당기손익—공정가치 측정 금융자산'으로 분류한다. 이름이 너무 길다 보니, 실무에서는 영어 약자를 써서 'FVPL(Fair Value through Profit or Loss) 금융자산', 'FVPL' 등으로 부르는 경우도 많다.

이게 계정과목이 맞아? 오회계사는 기업회계기준이 개정되었을 때,

소스라치게 놀랐다. 재무제표를 이용하는 사람들에게 유용한 정보를 제공해야 하는 회계가 이렇게 길고 어려운 이름을 사용하다니 의아하기도 했다. 다만, 이름에 회계처리를 어떻게 하는지 적나라하게 드러냈다는 점에서 그러려니 하기로 했다. '공정가치(시가라고 생각하면 된다)'를 매번 '측정'해서 '당기손익'으로 반영하는 금융자산이라는 뜻이니까. 그나마 일반기업회계기준에서는 '단기매매증권'이라고 한다. 조금 더 직관적이지 않은가.

❷ 장기투자용 주식

단기 시세차익 목적으로 투자하는 주식이 있다면 장기투자 목적으로 보유하는 주식도 있다. 당장 팔 생각은 없지만 회사가 성장할 때까지 보유했다가 기회를 보아 팔겠다는 의도가 깔려 있다. 그래서 일반기업회계기준에서는 장기투자용 주식을 '매도가능증권'이라고 부른다.

단기든 아니든 어쨌든 매도를 목적으로 구입한 주식이라면 역시 시가가 중요한 정보가 된다. 얼마에 팔릴 수 있을지가 관건인 것이다. 따라서 재무상태표에 표시되는 장기투자용 주식 금액은 주식의 시가다.

이제 문제는 주식 취득가액과 시가 간의 차액, 즉 평가손익을 어떻게 표시하느냐이다. 단기매매증권이야 어차피 조만간 팔릴 주식이니 그 평가손익을 손익계산서에 바로 반영해도 큰 문제가 없었다.

그러나 장기투자용 주식의 경우는 조금 다르다. 투자 대상 회사가 성장하여 주식을 팔게 될 때가 오늘일지 10년 뒤일지, 그 시기를 예측할 수 없다. 그러니 함부로 회사의 경영성과, 즉 손익계산서에 손을 대기가 영 꺼림칙하다. 팔지도 않은 주식의 평가손익을 손익계산서에 반영했는데,

10년 동안 주식을 팔지 않고 보유한다면 손익계산서를 이용하는 사람들이 거짓부렁이라고 항의를 할 수도 있을 것이다.

게다가 장기투자 목적이라고 하지 않았던가. 장기투자라면서 주식의 시세 변동이 회사의 손익에 즉시 반영된다면 앞뒤가 맞지 않는다. 이런 난감한 상황을 해결하기 위해 한국채택국제회계기준에서는 장기투자용 주식에 대해서 시가 변동을 회사의 손익으로 반영할지 말

회사가 시가 변동을 회사의 손익으로 반영하기로 선택한 경우, 해당 주식은 당기손익—공정가치 측정 금융자산(FVPL)으로 분류한다.

지를 상품별로 선택할 수 있게 했다(한번 선택하면 취소할 수 없다).

시가 변동을 손익으로 반영하지 않기로 선택했다면, 이 주식은 '기타포괄손익—공정가치 측정 금융자산'으로 분류한다. '공정가치'를 '측정'하되, 관련 손익은 '기타포괄손익(OCI, Other Comprehensive Income)'으로 반영하는 금융자산이라는 뜻이다. 기타포괄손익은 '손익'이라는 단어가 붙어서 손익계산서에서 찾아볼 수 있을 것 같지만, 재무상태표(자본) 계정과목이니 속지 말자.

계정과목이 너무 길어서, 실무에서는 간단하게 'FVOCI(Fair Value through OCI) 금융자산' 또는 'FVOCI' 등으로 부른다. 간단하게 부른다지만, 회계를 잘 모르는 사람들은 오히려 FVOCI라는 낯선 말을 듣는 순간부터 화가 날지도 모르겠다.

FVOCI로 분류된 주식은 처분을 하더라도 처분으로 인한 이익이나 손실이 손익계산서에 기록되지 않는다. 시가 변동을 신경 쓰지 않겠다고 결정했으면 그 주식으로 시세차익을 얻을 생각은 하지 말고, 그 회사와 끝까지 함께 하라는 의미다.

일반기업회계기준에서의 장기투자용 주식

한국채택국제회계기준이 장기투자용 주식을 시세 변동을 손익에 반영하는 주식과 반영하지 않는 주식, 두 가지로 구분하는 반면, 일반기업회계기준은 매도가능증권 하나로 기록한다. 매도가능증권의 시세 변동은 매도가능증권평가손익(기타포괄손익) 계정을 통해 자본에 쌓인다. 여기까지는 FVOCI와 동일하다. 그런데 매도가능증권을 처분할 때는 처분으로 인한 이익과 손실을 손익계산서에 기록한다. 즉, 매도가능증권을 비싸게 팔면 당기순이익이 증가하고, 싸게 팔면 감소한다. 차곡차곡 쌓아 두었던 평가손익도 주식 처분 시점에 함께 제거된다(평가손익이 실현된다). 다음과 같은 경우, 주식 처분으로 손익계산서에 기록되는 처분이익은 1,000원(시가 − 장부가액)이 아니라 2,000원(시가 − 취득원가)이다.

- 취득 시점 : 매도가능증권 취득원가 10,000원
- 처분 직전 : 매도가능증권 장부가액 11,000원
   (취득원가 10,000원 + 매도가능증권평가이익 1,000원)
- 처분 시점 : 매도가능증권 시가 12,000원

주식을 처분할 때의 분개는 다음과 같다.

차변	현금 12,000원	대변	매도가능증권 11,000원
차변	매도가능증권평가이익 1,000원	대변	매도가능증권처분이익 2,000원

❸ 경영참여용 주식

개미투자자들은 꿈꾸기 어려운 주식 투자 방법이 있다. 바로 기업 사냥을 위한 투자, 기업 지배를 위한 투자다. 경영참여용 주식은 시세차익을 얻기 위해 취득한 주식이 아니다 보니 주식의 현재 시세는 그리 중요한 정보가 아니다. 따라서 재무상태표에 표시되는 장기투자용 주식 금액은 주식의 시가가 아니다. 이 점이 다른 주식들과 차이가 난다.

경영참여용 주식은 말 그대로 경영에 참여하기 위한 목적의 주식이다. 회사의 중요한 의사결정에 참여할 수 있는 능력을 갖췄을 때(보통 한 회사의 주식 20% 이상을 보유했을 때), '유의적인 영향력'이 있다고 하는데, 이 정도는 되어야 경영에 참여할 수 있다고 본다. 경영참여용 주식은 '지분법'으로 회계처리한다. 지분법은 단언컨대, 어려운 개념이다. 기본적인 개념을 습득하는 데 집중하자.

한 회사에 영향력을 행사할 수 있다는 것은 그 회사를 수족처럼 부릴 수도 있다는 뜻이다. 이 경우, 피투자회사를 통해 회사의 손익을 조작할 수 있는 여지가 충분히 있다. 이것을 방지하기 위해 생긴 것이 지분법이다. 피투자회사가 이익을 내면, 그 이익 중 투자자가 영향력을 행사하고 있는 몫만큼(보유 지분에 해당하는 만큼)은 투자회사의 경영성과로 본다. 투자회사의 손익계산서에 피투자회사의 손익을 직접 기록한다는 이야기다('지분법이익 또는 지분법손실로 표시한다').

지분법이익이 증가하면 재무상태표의 경영참여용 주식 금액도 증가한다. 반대로 지분법손실이 증가하면 경영참여용 주식 금액도 감소한다. 여기에 피투자회사의 주가가 끼어들 여지는 없다. 주식 시가의 변동이 주식 금액의 변동과 관계가 없다는 뜻이다. 경영참여용 주식에서는 다음 두 가지만 기억하면 된다.

> 피투자회사 주식의 시가는 중요하지 않다.
>
> 피투자회사의 경영성과가 투자회사의 재무제표에 직접 반영된다.

한국채택국제회계기준에서는 이러한 주식을 관계기업투자 또는 공동기업투자로 표시한다(관계기업은 투자회사가 유의적인 영향력을 보유하는 피투자회사, 공동기업은 투자회사들이 공통으로 지배하는 피투자회사 정도로 이해해 두자). 일반기업회계기준은 지분법을 적용하는 투자 주식이라고 해서 '지분법 적용 투자주식'으로 분류한다.

\ | /

여기서 잠깐!

지배 목적으로 투자하는 주식은 재무상태표에 없다?

보통 50% 이상의 지분을 소유할 경우, 투자회사가 피투자회사를 '지배한다'라고 본다. 그래서 투자회사를 지배기업, 피투자회사를 종속기업이라고 부른다. 이 경우는 유의적인 영향력을 행사하면서 종속기업을 수족처럼 부리는 경지는 이미 지났다. 두 회사는 한 몸처럼 움직일 수 있다고 봐야 한다. 그래서 아예 종속기업의 모든 재무 정보를 지배기업의 재무제표에 그대로 담아낸다. 마치 두 회사가 하나인 것처럼 말이다. 이것을 '연결 회계'라고 한다. 한국채택국제회계기준에서는 연결 회계가 기본이므로 '별도재무제표'를 따로 찾아보지 않는 한, 우리가 보는 재무제표는 '연결재무제표'라고 보면 된다.

연결재무제표는 종속기업을 이미 종속기업과 같은 회사인 것처럼 표시하고 있으므로(종속기업의 자산과 부채, 손익이 연결재무제표에 합산되어 있다), 재무상태표의 투자주식 계정에는 종속기업투자가 없다.

다만, 지배기업만 단독으로 표시하는 '별도재무제표'에서는 종속기업 주식이 '종속기업투자'로 표시된다.

영업외수익과 영업외비용

　　회사가 애초에 주식 투자를 목적으로 설립된 것이 아니라면 주식을 많이 가지고 있는 것이 바람직하지는 않다. 직장인이 직장생활은 등한시하고 주식 투자에만 몰두하는 것과 같은 상황이니 말이다. 그런 의미에서 재무상태표에서는 주식 투자와 관련하여 발생하는 평가손익이나 처분손익 등은 영업외수익과 영업외비용으로 분류하고 있으니 기억해 두자(물론 주식 투자를 목적으로 설립된 회사라면 주식 평가손익과 처분손익이 당연히 영업이익에 반영된다).

◆ **투자 목적에 따라 구분한 주식 계정과목**

투자 목적	단타매매용	장기투자용	경영참여용
한국채택국제 회계기준	당기손익-공정가치측정 금융자산(FVPL)	기타포괄손익-공정가치 측정 금융자산(FVOCI)	관계기업투자, 공동기업투자
일반기업회계 기준	단기매매증권	매도가능증권	지분법적용투자 주식

32

무형자산은
산소 같은 자산이다

무형자산은 실체가 없다?

오회계사는 신년이면 토정비결을 꼭 챙겨 본다. 초자연적인 현상을 믿지는 않지만 토정비결은 조상들이 만들어낸 거대한 통계라고 생각하고 재미 삼아 본다.

사람들은 눈에 보이지 않으면 쉽게 믿지 않는다. 정황상 존재하는 것 같은데도 보이지 않으면 존재한다고 판단하기가 어려울 수밖에 없다.

회계에도 눈에 보이지 않아 그 존재 자체를 의심받는 자산이 있다. 형체가 없다고 하여 그 이름도 '무형(無形)자산'이다. 회계에서 무형자산은 '물리적 실체는 없지만 식별 가능하고, 기업이 통제하고 있으며, 미래 경제적 효익이 있는 비화폐성자산'으로

화폐성자산과 비화폐성자산

화폐성자산은 현금 및 확정된 화폐금액으로 받을 자산이다. 비화폐성자산은 화폐액으로 확정되지 않는 자산으로 기간이 경과하거나 물가가 변동함에 따라 화폐평가액이 변동하는 자산이다. 말이 많이 어렵다. 그냥 아래 비유를 보고 그러려니 하고 넘어가면 된다.
오늘 현재 10억 원의 현금과 10억 원의 건물이 있다고 치자. 화폐성자산인 현금 10억 원은 오늘도, 내일도, 10년 후에도 그냥 현금 10억 원이다. 그런데 비화폐성자산인 건물은 지금 10억 원이지만 10년 뒤에는 5억 원이 될지, 100억 원이 될지 모른다. 재고자산, 유형자산, 무형자산 등이 대표적인 비화폐성자산이다.

정의된다. 표현이 조금 난해하지만 뜯어보면 별것 아니다.

무형자산의 조건 1 : 물리적 형태가 없는 자산

물리적 형체가 없어서 보이지 않는 자산이라는 뜻이다. 이게 포인트다. 유형자산과 같이 주로 회사의 사업을 위해 사용하는 자산이기는 하지만, 유형자산과는 달리 형체가 없어 눈에 보이지 않는다. 눈에 띄지 않으니 자산으로 분류하기가 난감할 수 있다.

무형자산의 조건 2 : 식별 가능한 자산

'식별(識別)'은 구별하여 알아본다는 의미다. 따라서 식별 가능하다는 것은 자산을 분리할 수 있다는 의미다. 즉, 특정 자산을 분리해서 별도로 사거나 팔 수 있다면 식별 가능한 것이다. 또는 계약상 권리 또는 기타 법적 권리를 통해 발생하기도 한다. 즉, 사고팔지는 못하더라도 계약이나 법에서 보장해 준 권리는 구별하여 알아볼 수 있으니 식별 가능하다.

무형자산의 조건 3 : 통제하고 있고, 미래 경제적 효익이 있는 자산

오직 회사만 그 자산을 사용할 수 있고, 제3자의 접근을 제한할 수 있다면 회사가 그 자산을 통제하고 있는 것이다. 또한 회사가 그 자산을 사용함으로써 회사의 매출을 증대시키거나, 원가를 절감하는 등 이익을 얻을 수 있다면 미래 경제적 효익이 있는 자산이다.

사실 '통제'와 '미래 경제적 효익'은 자산으로 불리기 위해 꼭 필요한, 너무 당연한 조건이다. 다른 사람들이 자유롭게 쓸 수 있다면 그것은 공유재산이다. 기부할 목적이 아니라면 그런 자산은 굳이 돈 주고 살 필요도 없다. 당연히 자산이라면 회사가 통제할 수 있어야 한다. 또한 자산을 통해 어떤 이익을 누리지 못한다면 회사가 살 이유가 없다. 자산이 미래 경제적 효익을 발생시키기 때문에 회사가 그 자산을 구입하는 것이다.

결국 무형자산은 형체는 비록 없어서 눈에 보이지는 않지만 회사의 이익을 위해 존재하고 있는 것이 분명한 자산이다.

대표적인 무형자산으로는 다음과 같은 것들이 있다.

> ❶ **산업재산권** : 특허권, 실용신안권, 의장권, 상표권, 상호권 및 상품명 등으로 회사가 법적으로 일정 기간 그 사용을 보장받은 권리
> ❷ **개발비** : 새로운 제품이나 기술의 개발 등을 위해 지출한 금액으로, 무형자산의 정의에 부합하는 동시에 일정 요건을 충족하는 경우 무형자산으로 처리
> ❸ **라이선스와 프랜차이즈** : 라이선스는 계약에 의거해 다른 기업의 기술이나 제품을 독점적으로 사용할 수 있는 권리이며, 프랜차이즈는 특정 지역에서 특정한 상호나 상표를 이용하여 제품을 제조하고 판매할 수 있는 권리다.

눈에 보이지 않는다고 해서 존재하지 않는 것은 아니다. 초자연적인 현상은 아니더라도, 공기 중에 있는 산소가 그러하고, 사람들이 머릿속에 가지고 있는 지식이 그러하다. 회계에도 비록 형체는 없으나 엄연히 존재하고 있는 산소 같은 무형자산이 있음을 기억해 두자.

33

독특한 무형자산 따로 보기

연예기획사의 연습생 트레이닝 비용

요즘 아이들의 장래희망은 무엇일까. 오회계사는 작은아이에게 장래 희망을 물어보았다가 충격을 받았다. 장래희망이 과학자, 대통령, 의사, 판사가 아닌 아이돌 가수란다. 특히 회계사는 되고 싶지 않다고 덧붙인 말이 상처가 되었다. 요즘 많은 아이들이 연예인을 꿈꾼다. 늘 화려한 모습으로 화면에 등장하니 그럴 법도 하다.

그러나 연예인이 그리 쉽게 될 수 있는 것이 아니다. 가수 연습생이 데뷔하기 전까지 트레이닝 받는 평균 기간이 약 2년 5개월이란다. 그것도 모든 연습생이 다 데뷔할 수 있는 것도 아니고 소속 연습생 중에서 약 64.9%만 데뷔한다고 한다(<2023 대중문화예술산업 실태조사>, 한국콘텐츠진흥원, 2024.2.1.). 상당히 긴 시간을 꾸준히 배우고 노력해야 한다는 뜻이다.

연예기획사 입장에서도 연습생을 키우고, 아이돌 스타를 만들어내는 것이 간단한 문제가 아니다. 연습생이 데뷔해서 앨범을 낼 때까지 수익은 없다. 막상 데뷔를 해도 성공한다는 보장도 없다. 기획사 입장에서는 트레이닝 기간 동안 가능성 하나만 믿고 많은 돈을 투자해야 하니, 밑 빠진 독에 물을 붓는 셈이다. 들리는 말에 의하면 교육비 명목으로 연습생으로부터 돈을 뜯어서 수익을 올리는 경우도 있다지만, 이것은 100% 사기라고 한다. 이는 회계가 아닌 소송으로 다뤄야 할 문제니 무시하자.

JYP는 비용, YG는 자산?

제이와이피엔터테인먼트(JYP)는 2023년 한 해 동안 신인개발비로 약 8억 5천만 원을 썼다. 판매관리비 988억 원 중 약 0.9%를 차지하는 금액이다.

JYP는 신인개발비를 손익계산서의 비용으로 처리했다. 연습생이 언제 데뷔해서 수익을 창출할지 알 수 없으니, 그냥 발생하는 족족 비용으로 인식했다고 보면 된다.

그런데 와이지엔터테인먼트(YG)는 동일한 성격의 지출을 비용이 아니라 무형자산으로 인식한 것으로 보인다. 개발비에 대한 내용연수를 전속기간으로 측정하고 있기 때문이다.

연습생을 키우는 것은 미래를 위한 투자이고, 언젠가 그들이 데뷔하여 유명한 스타가 될 수도 있으니, 연습생 교육비를 모두 비용으로 인식하는 것은 왠지 조금 억울하다. 그래서 일정 요건을 충족하면 연습생들이 데뷔하여 회사에 수익을 안겨줄 때까지 비용으로 인식하지 않고, 자산으로 처리할 수 있다. 이때, 연습생 트레이닝을 위한 지출은 '개발비'라는 무형자산 계정에 달아둔다. 개발비는 이름만 봐서는 비용 계정인 것처럼 보이는데, 회계에서는 자산 계정으로 구분하니 유의하자. 다음은 YG의 개발비 변동 내역을 정리한 표이다.

◆ YG 개발비 변동 내역 (단위 : 원)

	2019년	2020년	2021년	2022년	2023년
❶ 기초	2,827,677,766	1,703,585,405	1,577,855,076	1,237,380,026	677,399,666
❷ 증가	779,392,611	166,955,130			
❸ 감소(상각, 처분 등)	1,903,484,972	292,685,459	340,475,050	559,980,360	181,306,217
❹ 기말 (❶ + ❷ − ❸)	1,703,585,405	1,577,855,076	1,237,380,026	677,399,666	496,093,449

2023년 현재 개발비는 약 5억 원이다. 다만, YG의 개발비는 2020년까지 증가하다가 2021년부터는 상각만 이루어지고 있다. 개발비가 증가하지 않는다는 것이 신인개발을 하지 않는다는 것을 의미하지는 않는다. 추측하건대, 과거에는 신인개발비 성격의 지출을 자산인 개발비로 구분하다가, 2020년 초부터는 비용으로 기록하기로 한 것이 아닐까 싶다.

전속계약금

연습생이 데뷔를 하면 본격적으로 수익 창출 활동을 하게 된다. 보통 연예인은 기획사와 전속계약을 맺는다. 기획사는 연예인에게 전속계약의 대가로 전속계약금을 지급하는데, 이를 통해 연예인을 전속계약기간 동안 독점적으로 사용(?)할 수 있는 권리를 갖게 된다.

전속계약금은 지출 시점에 자산 계정으로 달아둔 뒤, 연예인이 수익을 가져다주는 기간, 즉 전속계약기간 동안에 나누어서 비용(비용을 일정 기간 동안 배분하는 것을 '상각'이라고 한다. 뒤에서 자세히 살펴볼 기회가 있을 것이다)으로 인식하게 된다. 즉, 회사의 수익 창출을 위해 사용하는 자산이되, 형체가 없어 눈에는 보이지 않으니 무형자산이다.

연습생 트레이닝을 위해 지출한 금액들은 비용인지 자산인지 애매했던 반면, 데뷔한 연예인에게 지급하는 전속계약금은 고민할 것도 없이 바로 회사의 무형자산으로 처리한다. 연습생에서 연예인으로 데뷔하는 순간, 회계상 지위도 비용이 아닌 자산으로 거듭난다고 볼 수 있겠다.

회사를 웃돈 주고 인수할 때 등장하는 자산, 영업권

무형자산은 눈에 보이지 않는 자산이라 특별하다. 그중 더 특별한 무형자산이 바로 영업권(Goodwill)이다. 영업권은 일반적인 회사의 재무상태표에는 등장하지 않는 계정과목이다. 회사가 동종 회사보다 실적이 더 좋다면, 비슷한 다른 회사보다 영업을 더 잘할 수 있는 능력(영업권)이 있기 때문일 것이다. 그러나 이 능력은 눈에 보이지도 않고, 측정도 불가능하므로 자산으로 기록하지 않는다.

영업권의 공식적 의미는 '사업결합에서 획득했지만 개별적으로 식별할 수 없는 미래경제적 효익을 나타내는 무형의 자산'이다. 인수할 때 지급한 대가에서 실제 인수한 자산과 부채의 가격을 뺀 금액으로 계산한다.

그런데 영업권이 재무상태표에 등장하는 경우가 있다. 바로 다른 회사를 인수했을 때다. 회사를 인수한다는 것은 그 회사가 가진 자산과 부채를 모두 산다는 것이다. 이때, 자산과 부채의 가격보다 높은 값을 주고 샀다면 이 회사가 웃돈을 주고 살 만큼의 가치가 있다는 의미일 것이다. 호구가 아니라면 말이다. 이렇게 돈을 더 주고 회사를 인수했을 때, 그 웃돈을 영업권으로 기록한다. 영업권은 회사를 비싸게 주고 샀을 때, 인수 프리미엄 정도로 기억해 두자.

오랜 기간 한 자리를 빌려서 장사를 해온 상인이 다른 임차인에게 간판까지 넘기고 이사할 때, 그 새로운 임차인으로부터 돈을 받는 경우가 많다. 이것을 권리금이라고 하는데, 권리금도 영업권의 일종이다.

PART 5

발생주의가
만들어낸
계정과목 대격돌

34

수많은 계정과목의
탄생 비화

참, 발생주의가 말썽이다

또 현금주의와 발생주의에 대한 이야기다. 지겹더라도 한 번만 더 꾹 참자. 아무리 강조해도 모자람이 없으니 아예 이참에 외워두는 것도 좋겠다. 현금주의에서는 현금의 입출금이 발생한 때에 수익과 비용을 인식한다. 즉, 현금이 입금되면 수익을 인식하고, 현금이 지출되면 비용으로 인식한다. 그래서 현금주의에서 필요한 계정과목은 오직 수익, 비용, 그리고 현금뿐이다.

수익 계정과 비용 계정
수익 계정 : 상품매출액, 제품매출액, 서비스매출액, 임대수익, 이자수익, 자산처분이익 등
비용 계정 : 매출원가, 인건비, 임차료, 소모품비, 이자비용, 자산처분손실, 법인세비용 등

발생주의에서는 거래가 발생했을 때 수익과 비용을 인식한다. 물론 이와 별개로 현금의 변동은 모두 기록한다. 그러다 보니 시작부터 문제가 생긴다. 외상거래나 증여와 같이 현금의 입출입이 없는 거래가 발생하면 어떻게 하란 말인가. 현금이 나갔어도 문제다. 5년 사용할 목적으

로 현금으로 구입한 자동차는 5년에 걸쳐서 비용으로 나눠서 인식해야 한다는데, 이미 한 번에 빠져나간 현금을 어떻게 기록하란 말인가.

이런 거래에 대해 발생주의에 따른 회계처리를 하려면 결국 현금 외의 다른 계정을 사용할 수밖에 없다. 즉 수익, 비용, 현금 계정을 제외한 다른 계정은 오직 발생주의를 구현하기 위해 만들어졌다고 보아도 과언이 아니다.

자산 계정과 부채 계정의 탄생 배경

현금주의만 존재하던 시대에 와 있다고 생각해 보자. 현금이 들어오고 나감에 따라 수익과 비용만 기록하면 되는 좋은 시절이었다. 외상으로 물건을 판 경우, 현금이 들어오지 않았으니 회계에 기록할 것도 없어야 마땅하다.

다시 발생주의로 돌아와 생각해 보자. 발생주의에선 외상으로 판 것도 수익을 인식해야 한다. 외상 시점에 수익은 어찌어찌 인식했다 치자. 외상대금을 회수했을 땐 어떻게 될까. 현금이 들어왔으니, 수익을 또 인식해야 할까. 아니면 현금이 들어왔는데도 아무것도 기록하지 말아야 할까.

이러한 문제를 해결해 주는 것이 자산과 부채 계정이다. 외상으로 물건을 팔았으면 판매자에게는 대금 청구권리가 생긴다. 이 권리는 비록 눈에 보이진 않지만 언젠가 현금으로 나에게 돌아올 것이니 '미래에 들어올 현금'도 지금 시점에서는 자산이라고 보면 문제가 쉽게 풀린다. 즉, 현금 대신 '매출채권'이라는 자산 통장에 미래에 받을 돈이 얼마인지 기록해 두는 것이다. 그리고 실제로 현금을 받게 되면, 수익은 건드리지 말고 매출채권 계정에 기록해 둔 것을 지우면 된다.

1년 넘게 사용하려고 거액의 현금을 주고 구입한 자동차나 건물도 마찬가지다. 현금주의에서는 돈 낸 날에 전액 비용으로 기록하면 끝이지만, 발생주의에는 '감가상각'이라는 어려운 개념이 떡하니 버티고 있다. 뒤에서 살펴보겠지만 자동차나 건물은 감가상각을 통해 사용하는 기간 동안 나눠서 비용으로 인식하면 되니, 일단 현금이 나갔을 땐 자동차 계정이나 건물 계정과 같은 자산 계정을 만들어서 달아둔다.

부채도 자산과 크게 다르지 않다. 물건을 외상으로 샀다면 미래에 현금을 지급해야 할 의무가 생긴다. '미래에 지급해야 하는 현금'은 지금 시점에서 빚, 즉 부채다. 이 경우 물건을 구입한 시점에 물건값을 현금 대신 '매입채무'라는 부채 통장에 기록해 둔다. 부채 통장에 달아둔 외상대금은 실제로 돈을 지급했을 때 지워버리면 된다. 물론 그때 가서 비용 계정은 건드리지 말아야 한다.

은행에서 돈을 빌린 경우도 마찬가지다. 은행에서 빌려온 돈은 빌린 돈이지 입금된 날의 수익이 절대 아니다. 빌린 돈은 만기가 되면 갚아야 할 돈이다. 남의 돈이라는 것인데, 남의 돈을 떡하니 내가 번 수익이라고 하기엔 마음이 조금 불편하다. 그래서 발생주의에서는 차입금이라는 부채 계정을 사용해 기록한다. 돈을 빌려서 현금이 입금되면 일단 차입금 계정에 달아두면 된다. 차입금은 그대로 두고, 빚을 쓰는 동안 발생하는 이자비용만 비용으로 기록하자. 차입금은 만기가 되어 갚을 때, 차입금 계정에서 지워버리면 된다.

회계 짝꿍, 이름이 비슷한 계정과목들

현금을 제외한 자산 계정과 부채 계정은 현금주의에서 기록하기 어려운 거래들을 기록할 때 사용한다. 거래의 종류가 다양하다 보니 자연스럽게 자산이나 부채 계정도 많이 생겼다. 많이 생겼다니 공부할 게 많아진 것 같아 덜컥 겁이 날 수도 있겠다. 그러나 다행스럽게도 발생주의에 따라 수익과 비용을 기록하기 위해 만들어진 자산과 부채 계정 중에는 관련된 수익 및 비용 계정과 비슷한 이름을 가진 것들이 많다. 자산 계정이 어떤 수익 계정과 관련되는지, 부채 계정이 어떤 비용 계정과 관련되는지 잊어버리지 말라고, 일부러 비슷하게 작명을 했다고 이해해도 된다. 정말 그러한지 아래 표를 한번 살펴보자.

손익계산서		재무상태표	
수익	**비용**	**자산**	**부채**
매출		매출채권	
이자수익		미수이자	선수이자
	매입(매출원가)		매입채무
	감가상각비		감가상각누계액
	대손상각비		대손충당금
	이자비용	선급이자	미지급이자
	법인세비용	선급법인세	미지급법인세
	보험료	선급보험료	미지급보험료

위의 표는 수익 및 비용 계정과 관련되는 자산 및 부채 계정을 나열해 놓은 것이다. 매출과 매출채권, 이자비용과 미지급이자 등 정말 비슷한 이름들이 보일 것이다. 이름만 비슷한 것이 아니라 실제로도 서로 깊은 관계가 있다. 자세한 것은 차차 알아보기로 하고, 그야말로 발생주의가

만들어낸 회계 짝꿍이라고 보면 된다.

발생주의 심화과정 : 계정과목과 발생, 이연, 기간별 배분

조금 어려운 방법으로 발생주의를 이야기해 보려고 한다. 아래 내용은 어려우면 어려운 대로 넘어가도 상관없다. 본격적으로 회계를 배우게 되면 금방 익숙해지는 내용이다.

발생주의에는 공식적으로 '발생', '이연', '기간별 배분'이라는 개념이 등장한다.

- 발생 : 수익이나 비용을 현금 수수 시점보다 먼저 인식하는 것
- 이연 : 수익이나 비용을 현금 수수 시점보다 나중에 인식하는 것
- 기간별 배분 : 수익이나 비용을 일정 기간 동안 나누어 인식하는 것

이 세 개념에 따라 생겨난 계정들을 살펴보자. 먼저 발생은 수익이나 비용을 먼저 인식하는 개념으로, 이에 따라 미수수익, 미지급비용이라는 자산 및 부채 계정이 생겼다.

또한 수익이나 비용을 나중에 인식하는 이연이라는 개념 때문에 선수수익, 선급비용이라는 자산 및 부채 계정이 만들어졌다.

기간별 배분은 비용을 일정 기간 동안 나누어 인식한다는 '상각'이라는 개념을 생겨나게 했고, 이에 따라 상각비(비용)와 상각누계액(자산의 차감)이라는 계정과목이 생겼다.

35

비슷해서 헷갈리는
계정과목 모아보기

회계가 어렵게 느껴지는 이유는 여러 가지일 테지만, 비슷하게 생겨서 헷갈리는 계정과목의 존재도 그중 하나이다. 그나마 다행스러운 것은 이름 자체에 계정과목을 이해할 수 있는 힌트가 많이 포함되어 있다는 것이다. 비슷해서 헷갈리는 계정과목을 모아서 짚어보자.

매출채권 vs 미수금

길을 걷다 보면 가끔 전봇대에 '미수금 받아드립니다'라는 무시무시한 스티커가 붙어 있는 것을 볼 수 있다. 더러는 '못 받은 돈 받아드립니다'라고 쓰여 있기도 하다. 개인뿐만 아니라 회사에도 다양한 이유로 '아직 못받은 돈' 또는 '미래에 받을 돈'이 존재한다. 이런 돈을 회계에서 미수금(未收金)이라고 한다.

그런데, 미수금 중에서도 특히 회사의 주된 영업활동인 매출 활동에서 발생한 미수금은 '매출채권'이라는 자산 계정으로 구분하여 기록한다. 매출채권 이외의 미수금, 예컨대 회사가 유형자산을 매각하고 그 대금을 받지 못했거나, 보험금을 수령하기로 하고 아직 받지 못한 경우에 못 받은 돈, 또는 곧 받을 돈은 자산 계정인 '미수금'으로 기록한다.

똑같이 아직 못 받은 돈인데 매출채권과 미수금으로 구분하는 이유는, 재무제표를 이용하는 정보이용자들에게 유용한 정보를 제공하기 위해서다. 매출채권은 회사가 사업을 제대로 하고 있음을 보여주는 척도가 될 수 있기 때문이다.

미수금 vs 미수수익

자, 이제부터 헷갈리기 시작하니 정신 바짝 차리자. 미수금은 알겠는데, '미수수익'은 또 뭘까. '미수(未收)'라는 단어가 들어가 있는 것을 보니, 돈을 못 받았다는 것은 알겠다. 왠지 자산일 것 같은 기분이 마구 든다. 그런데 뒤에 붙은 단어가 얼씨구, '수익'이다. 수익은 손익계산서에서나 볼 수 있는 계정인데, 지금 뭐하자는 것일까. 자산이라는 것인지, 수익이라는 것인지.

미수수익은 수익이 발생하긴 하였으나, 그 대가를 받을 권리가 아직 확정되지 않아 어정쩡한 상태일 때 사용하는 자산 계정이다. 비록 어정쩡하기는 해도 받기는 받을 것이므로 자산이다. 미수수익은 발생주의의 '발생' 개념이 만들어낸 계정과목인데, 미수이자 또는 미수임대료처럼 여러 수익 계정과 조합하여 하위 계정과목을 만들 수 있다.

이자수익을 생각해 보자. 발생주의에서는 기간이 경과할 때마다 이자수익이 '발생'한다고 본다. 이번 달에 가입한 예금의 이자 지급일이 다음 달 10일인 경우, 발생주의에 따르면 예금을 가입한 날부터 이번 달 말일 현재까지 이자수익이 '발생'했다. 돈은 받지도 않았는데 말이다. 따라서 회사는 이번 달에 발생한 이자수익을 일할로 계산하여 인식하는 한편, 동일 금액을 미수수익(미수이자) 계정에 기록해 준다. 그런 다음, 다음 달 초 실제로 이자(현금)가 지급되는 시점에 현금으로 수령한 이자금액에서 지난달에 먼저 인식한 이자수익 상당액(미수수익 계정의 금액)을 빼고, 남은 금액만을 그달의 수익으로 기록해 주면 된다.

예컨대, 이번 달 1일에 가입한 예금의 이자가 다음 달 10일에 지급되는 경우를 생각해 보자. 이자는 1일당 10만 원씩 증가하여, 다음 달 10일에 받을 현금 이자는 총 400만 원(10만 원 × 40일)이다. 발생주의에 따르면 이번 달에 발생한 이자 300만 원(10만 원 × 30일)을 이번 달의 이자수익과 미수수익으로 인식해야 한다. 한편, 다음 달에 현금 400만 원을 지급받을 때에는 지난 달에 인식한 이자수익(300만 원)을 제외하고 남은 금액인 100만 원(총 이자수익 400만 원 – 미수수익 인식액 300만 원)을 이자수익으로 기록하면 된다.

미수수익 분개 예시

 현금 400만 원   미수수익 300만 원
　　　　　　　　　　　　　　　　　　　이자수익 100만 원

매입채무 vs 미지급금, 미지급금 vs 미지급비용

자산 계정과 똑같다. '미지급금(未支給金)'은 아직 지급하지 못한 돈을 기록하는 부채 계정이다. 미지급금 중에서도 특히 회사의 주된 영업활동인 매입 활동에서 발생한 미지급금을 특별히 '매입채무'라는 부채 계정으로 구분하여 기록한다.

'미지급비용'도 발생주의의 '발생' 개념이 만들어낸 부채 계정이다. 이미 기간이 경과되어 비용이 발생하였으나, 아직 지급하기로 한 날이 도래하지 않아 채무가 확정되지 않은 부채로, 미수수익과 정확히 반대로 생각하면 된다. 이번 달에 빌린 차입금의 이자 지급일이 다음 달 10일인 경우, 차입일부터 이달 말 현재까지 이자비용이 '발생'한다. 이자는 다음 달에 지급해야 함에도 불구하고 말이다. 이때, 이번 달에 발생한 이자비용을 인식하되, 동일 금액을 미지급비용(미지급이자) 계정에 적어준다. 하위 계정과목으로는 미지급이자, 미지급보험료, 미지급임차료 등이 사용된다.

선급금 vs 선급비용

'선급금(先給金)'은 문자 그대로 '먼저 지급한 돈'이다. 특히, 선급금은 회사가 미래에 제공받을 재화나 용역에 대한 대가를 먼저 지급한 금전이다. 선급금을 지급하면 미래에 재화나 용역을 제공받을 권리를 갖게 된다. 따라서 선급금은 자산이다. 재화나 서비스를 제공받기로 하고 계약금을 걸었다면, 그 계약금이 선급금이 된다. 같은 자산이어도 매출채권, 미수금, 대여금 등이 미래에 현금을 받을 권리인 반면, 선급금은 미래에 재화나 서비스를 제공받을 권리라는 점에서 차이가 있다.

'선급비용'은 대가를 먼저 지급하기는 했는데, 아직 비용으로 기록할 때가 되지 않아서 임시로 그 돈을 기록해 두는 자산 계정이다. 미수수익, 미지급비용과 같이 발생주의가 만들어낸 계정과목으로, 특히 발생주의 의 '이연'이라는 개념과 관계가 깊다. 여기서 이연은 현금을 지급한 날보 다 비용을 나중에 인식한다는 뜻으로 선급임차료, 선급보험료 등의 하위 계정과목이 사용된다. 예컨대, 1년치 보험료 100만 원을 7월 1일에 납 부한 경우를 생각해 보자. 이 경우, 올해 비용으로 인식해야 하는 보험료 는 7월 1일부터 12월 31일까지의 기간 동안 발생한 50만 원이고, 나머지 50만 원은 내년의 비용으로 인식되어야 한다(현금 100만 원 = 보험료 50만 원 + 선급보험료 50만 원).

선수금 vs 선수수익

'선수금(先受金)'은 한자 그대로 해석하면 '미리 받은 돈'이다. 회계적으 로 표현하자면, 거래처로부터 상품이나 서비스를 제공하는 것에 대한 대 가를 미리 수령했을 때 발생하는 부채다. 백화점이 상품권을 발행하는 것을 생각해 보면 된다. 백화점이 상품권을 발행하고 현금을 받으면, 그 현금이 바로 선수금이 된다. 이후 백화점에서 물건을 판매하면 선수금 계정의 금액을 지우고, 매출을 기록한다. 같은 부채여도 차입금과 매입채무, 미지급금은 미래에 현금을 상환해야 하는 의무인 반면, 선수금은 미래에 재화나 서비스를 공급해야 하는 의무라는 점에서 차이가 있다.

반면에 선수수익은 먼저 돈을 받았는데, 수익은 나중에 인식해야 하는 상황일 때 사용하는 부채 계정이다. 수익 인식도 못하는데 돈을 받아버렸으니, 수익창출 활동이 다 끝날 때까지는 빚을 쌓아두고 있는 셈이다. 그러니 부채다. 선수수익은 '현금을 받은 날보다 수익을 나중에 인식한다'는 발생주의의 '이연' 개념 때문에 만들어진 계정과목이다.

예컨대, 헬스장을 운영하는 회사가 7월 1일에 1년 회원권을 팔고 100만 원을 받은 경우, 올해 회사가 인식할 수익은 100만 원이 아니라 7월 1일부터 12월 31일까지의 기간 동안 발생한 50만 원뿐이다. 내년에 인식될 나머지 수익 50만 원은 선수수익으로 기록한다(현금 100만 원 = 수익 50만 원 + 선수수익 50만 원).

이렇듯 매출채권, 매입채무, 미수금, 미지급금, 미수수익, 미지급비용, 선급금, 선수금, 선급비용, 선수수익 등은 비슷한 듯하면서도 다르므로 그 차이점을 기억해 두면 유용할 것이다.

◆ 비슷해서 헷갈리는 계정과목

계정과목	개념	계정과목	개념
미수금	못 받은 돈	미수수익	수익을 돈보다 먼저
미지급금	안 준 돈	미지급비용	비용을 돈보다 먼저
선급금	먼저 준 돈	선급비용	돈은 줬지만 비용은 나중에
선수금	먼저 받은 돈	선수수익	돈은 받았지만 수익은 나중에

쌍방관계 : 매출채권 vs 매입채무, 미수금 vs 미지급금, 선급금 vs 선수금

모든 거래에는 거래 상대방이 있기 마련이다. 가공 또는 위장 거래가 아니라면 말이다. 즉, 우리 회사가 재화를 공급했으면 그 재화를 공급받은 자가 있을 것이고, 우리 회사가 돈을 빌려왔으면 그 돈을 빌려준 상대방이 있을 것이다. 회계는 이러한 거래관계를 정확히 표현한다. 예컨대, 우리 회사가 선급금을 지급했다면 상대방 회사에서는 그 돈을 선수금으로 기록하게 된다. 우리 회사가 외상으로 제품을 판매했다면 우리 회사는 매출채권을 기록해야 하고, 상대방 회사는 외상매입에 대한 매입채무를 인식해야 한다. 미수금과 미지급금도 마찬가지다.

◆ 쌍방관계를 형성하는 계정과목

우리 회사		거래 상대방	
자산	매출채권	매입채무	부채
	미수금	미지급금	
	선급금	선수금	
부채	매입채무	매출채권	자산
	미지급금	미수금	
	선수금	선급금	

위와 같은 쌍방관계는 반드시 성립한다. 이런 이유로 회계감사를 할 때에 회사 재무제표에 기록되어 있는 채권과 채무 금액이 맞는지, 빠진 것은 없는지 거래 상대방에게 채권채무조회서를 보내서 확인하는 절차를 거친다. 이 절차는 회사의 채권채무 금액을 확인할 수 있는 좋은 방법이 된다.

36

미래의 손실을 알려주는
대손충당금과 대손상각비

대손과 발생주의 : 못 받을 돈 알려드립니다!

'채권이나 대출금 등을 돌려받지 못해 손해를 보는 것'을 '대손(貸損)'이라고 부른다. 한자 그대로 풀어보면 '대출해 주고(貸) 손해(損)를 본다'는 뜻이다.

오회계사는 오랜만에 연락을 해온 선배가 모친의 병환으로 급전이 필요하다는 말에 선뜻 돈을 빌려준 적이 있다. 그러나 얼마 뒤, 동문들을 통해 선배가 상습적으로 돈을 빌리고 잠수를 탄다는 말을 전해 들었다. 아뿔싸, 돈 받기는 글렀다. 돈 빌려주고 손해(대손)를 보게 생겼으니, 마음이 쓰리다. 아직 대손은 생기지 않았지만, 마음의 손해는 이미 발생한 거다.

이렇게 대손의 징조는 미리 예상되기 마련이다. 오회계사의 선배처럼 채무자가 사기꾼이라는 풍문이 들려올 수도 있고, 뉴스에서 부도 위기 소식이 전해질 수도 있다. 혹은 거래를 해보니 이 채무자는 빚을 갚기 어럽겠다는 감이 오는 등 경험적으로 알 수도 있다. 이때 생긴 마음의 손해를 인식하는 것이 대손 회계다.

회사는 미래에 발생할 수 있는 대손을 미리 예상하여, 재무제표에 반영해야 한다. 못 받을 돈이 있으면, 받아다 주지는 못할지언정 얼마나 못 받게 될지 정도는 재무제표 이용자에게 알려줘야 한다는 뜻이다.

회계적으로 표현하면 '불량채권이 있는 경우, 미래에 발생할 손실을 미리 비용으로 인식하라'가 된다. 가만 보면 현금이 지출되지 않았는데, 손실을 미리 인식하라고 하는 것이 발생주의의 냄새가 솔솔 풍긴다. 애증의 발생주의 말이다.

미래에 발생할 손해를 미리 기록하기 위해 '대손상각비'라는 비용 계정과 '대손충당금'이라는 부채 계정을 사용한다. 대손상각비는 말 그대로 대손으로 인한 비용을 기록하는 계정과목이다. 현금을 지출하지 않았는데 비용을 기록했으므로 일단 현금 대신 대손충당금이라는 부채 계정에 같은 금액을 달아둔다. 이후 실제로 손해가 발생했을 때, 비용을 이중으로 인식하지 않고 달아둔 대손충당금 금액을 사용(줄이면)하면 된다.

재무상태표에서는 불량채권 금액을 표시하기 위해, 대손충당금을 아래와 같이 채권이나 대출금에서 차감하는 형식으로 기록한다.

계정과목	금액	내용
매출채권	1,000,000원	원래 받아야 할 돈
대손충당금	(−)100,000원	못 받을 돈(불량채권)
매출채권 계	900,000원	실제로 받을 수 있는 돈

위의 표시는 '원래 받아야 할 채권은 100만 원이나, 그중 10만 원은 떼일지도 모르니 받을 수 있는 금액이 총 90만 원이 될 것'이라는 의미다.

즉, 못 받을 돈이 10만 원 있음을 알려주고 있다.

분식회계의 단골손님

분식회계는 부당한 방법으로 자산이나 이익을 부풀리는 회계다. 더러는 세금 좀 덜 내겠다고 이익을 줄이는 분식회계를 하는 경우도 있다.

대손충당금과 대손상각비는 분식회계 사건이 터졌다 하면 으레 등장하는 단골손님이다. 상대적으로 조작하기 쉬운 계정들이기 때문이다.

대손충당금을 설정하려면 미래에 발생할 대손이 얼마일지 추정해야 한다. 추정은 사람이 하는 일이다 보니 숫자를 임의로 조작할 여지가 생긴다. 따라서 고의로 대손 금액을 적게 계산한 뒤, 그럴싸한 이유를 갖다 대면 보는 사람들은 그냥 그런가 보다 하고 믿을 수밖에 없다.

대손 추정치를 조작하면, 대손충당금과 대손상각비를 적게 인식할 수 있다. 이 경우, 불량채권이 인식되지 않으므로 회사의 자산은 과다하게 기록된다. 또한 비용은 적게 인식된다(이익이 커진다).

아래 표는 회사가 불량채권 10만 원에 대하여 대손상각비와 대손충당금을 기록하지 않은 경우의 효과를 요약한 표다.

재무제표	계정과목	올바른 회계	분식회계	효과
재무상태표	매출채권	1,000,000	1,000,000	
	대손충당금	(100,000)	0	부채 과소
	매출채권 계	900,000	1,000,000	자산 과다
손익계산서	대손상각비	100,000	0	비용 과소 → 이익 과다

※ 재무제표의 괄호는 음수를 뜻한다.

분식회계 사례

A기업은 도산 직전인 관계사 B에 대한 거액의 매출채권에 대하여 대손충당금을 거의 설정하지 않았다. 망할 게 분명한 B사가 대금 지급을 못할 게 자명함에도 불구하고, 여전히 재무제표에는 우량채권인 것처럼 분식회계를 한 것이다. 이로 인해 회사의 자산이 과다하게 기록(대손충당금 과소)되었고, 이익도 과다하게 인식(대손상각비 과소)되었다.

C기업은 대표이사가 실질적으로 지배하는 D회사에 돈을 송금하고(대여금), 장기간 미회수 상태에 있음에도 불구하고 대손충당금을 설정하지 않았다. 즉, C기업은 D회사에 대한 채권 중 받을 수 있는 금액과 회사의 이익을 과다하게 처리하는 분식회계를 했다.

37

재고자산과 매출원가

오회계사는 첫 차를 아주 저렴한 가격에 구입했다. 자동차 회사에서 새 모델을 출시한 직후에 직전 모델의 차를 할인받아 구입했기 때문이다. 새 차임에도 불구하고 '재고 처리'를 위해 고맙게도 구형 모델에 많은 할인을 적용한 것이다.

마트나 시장에서도 남아 있는 물건들을 '재고 정리'나 '재고 처리'를 목적으로 헐값에 팔아치우는 것을 종종 볼 수 있다. 이때, '재고(在庫)'라는 단어는 한자로 있을 '재(在)'에 창고를 의미하는 곳간 '고(庫)' 자를 쓴다. 따라서 재고자산이란 단어 뜻만 보면 '창고에 있는 물건'이 된다.

이러한 뜻풀이를 회계에 적용해 보면, 재고자산은 '회사가 판매 등의 목적을 위해 창고 등에 보관하고 있는 자산'으로 해석할 수 있다. 이런 해석을 염두에 두고 회계기준에서 규정하고 있는 재고자산의 정의를 살펴보자.

> **재고자산**
>
> 정상적인 영업과정에서 판매를 위하여 ❶ 보유하거나 ❷ 생산과정에 있는 자산 및 생산 또는 서비스 제공 과정에 투입될 ❸ 원재료나 ❹ 소모품의 형태로 존재하는 자산

일단 재고자산은 판매를 위해 보유하고 있는 자산(판매용 자산을 제조할 때 소모되는 자산 포함)만을 의미한다. 판매 목적이 아닌 자산은 투자자산이나 유형자산, 무형자산으로 분류된다. 실제로도 판매하려는 자산인지 혹은 오래 두고 사용할 자산인지에 따라 자산의 수급 관리, 비용화 시점, 예산 책정 등 많은 것이 달라질 것이다. 그런 이유로 회계에서는 같은 자산이라도 판매 목적인 재고자산, 투자 목적인 투자자산, 사용 목적인 유형자산과 무형자산을 구분하도록 하고 있다. 항구에서 선적을 기다리고 있는 수출용 자동차들을 상상해 보자. 이렇게 현대자동차가 판매 목적으로 보관하고 있는 자동차는 재고자산이다. 그러나 회사에서 업무 목적으로 사용하는 것은 유형자산이다.

한편, 회사가 판매 목적으로 창고에 보관하는 재고자산의 종류는 참 다양하다. 현대자동차의 재고자산 내역을 보면 제품, 상품, 반제품, 재공품, 원재료, 저장품, 미착품 등이 있다(감사보고서 주석을 참고하자).

제품이나 상품, 원재료 등은 대충 알겠는데, 반제품, 재공품, 저장품은 도대체 무엇이란 말인가. 심지어 재고자산 중에는 현재 창고에 있어서 눈에 보이는 자산도 있지만 매입 후 현재 창고로 이송해 오는 중이어서 눈에 보이지 않는 자산도 있다. 그렇지만, 재고자산 종류가 너무 많다고

걱정할 필요는 없다. 우선은 이름 정도만 알아두어도 충분하다.

눈에 보이거나 보이지 않는 재고자산

◆ 눈에 보이는 재고자산

재고자산	내용	예
제품	판매 목적으로 제조한 생산품, 부산물 등	자동차회사 : 완성된 자동차
반제품	현재 상태로 판매가 가능한 재공품	자동차회사 : 현지에서 조립만 하여 판매할 수 있도록 완성차를 해체하여 부품 형태로 수출하는 자산
재공품※	제품 또는 반제품을 제조하기 위하여 생산과정에 있는 자산	자동차회사 : 조립 중인 자동차
원재료	생산과정이나 서비스를 제공하는 데 투입되는 재료(원료, 재료, 매입부분품, 미착원재료 등)	자동차회사 : 자동차용 강판 등
저장품	생산과정이나 서비스를 제공하는 데 소비 또는 투입되는 소모성 자산(소모품, 소모공구·기구, 비품 및 수선용 부분품※ 등)	당기 생산과정에 소비 또는 투입될 연료나 사무용품(소모품), 공구나 비품(한 회계기간 이내에 사용될 것으로 예상) 등
상품	외부로부터 매입하여 재판매를 위해 보유하는 자산(상품, 미착상품, 적송품 등)	의류업체가 판매하기 위해 해외에서 수입하여 보관하고 있는 옷

※ 재공품(在工品, Work in Process)은 '공정 중에 있는' 자산이라는 뜻이다.
※ 부분품(部分品, Part)은 제품에 부착되어서 제품의 일부분이 되는 재료, 즉 부품(部品)을 말한다.

재고자산 중에는 회사가 자산을 창고 등에 보관하고 있지 않아 눈에 보이지 않는데도 회사의 자산으로 분류되는 것들도 있다.

◆ 눈에 보이지 않는 재고자산

재고자산	내용
미착품	운송 중에 있어 아직 도착하지 않은 상품
시송품	매입자로 하여금 일정 기간 사용해 보고 매입 여부를 결정하라는 조건으로 판매한 상품
적송품	위탁자가 수탁자에게 판매를 위탁하기 위해 보낸 상품

재고자산은 제조업이나 상품매매업과 같이 재고자산을 직접 만들거나 판매하는 회사의 회계에서 매우 중요하다. 반면 광고회사나 법무법인, 회계법인 등과 같이 서비스를 제공하는 회사에서는 재고자산이 크게 중요하지 않다. 재고자산의 금액이나 종류를 통해서도 해당 회사의 대략적인 업종을 파악할 수 있으니 참고해 두자.

재고자산과 매출원가

매출원가는 원가 중에서도 '판매된' 재고자산의 원가다. 판매한 금액(매출액)에서 매출원가를 빼고 나면 매출로 인해 얼마나 남았는지를 보여주는 매출총이익이 계산되니, 매출원가는 손익계산서에서 아주 중요한 역할을 한다. 이러한 매출원가를 구하는 여러 가지 방법이 있지만, 회계에서는 다음과 같이 재고자산의 변화를 통해 매출원가를 역산한다.

● 매출원가 = 기초 재고자산 + 매입액 − 기말 재고자산

　재고자산을 판매할 때마다 원가를 일일이 계산하면 좋겠지만, 수많은 재고자산의 원가를 매번 기록하는 것이 여간 번거로운 일이 아니다. 그래서 회계 조상님들께서 다음과 같이 역발상을 했다.

　❶ 처음부터 가지고 있던 재고자산과 ❷ 추가로 매입한 재고자산의 범위 내에서만 팔 수 있다. 그렇다면 ❸ 판매하고 남은 재고자산이 얼마인지를 알 수 있으면, ❹ 판매된 재고자산의 원가가 얼마였는지도 알 수 있는 것이 아닐까? 이런 생각을 그림으로 나타내면 다음과 같다.

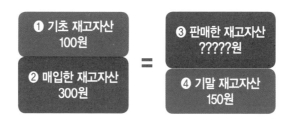

　이렇게 판매한 재고자산의 원가가 매출원가가 되는 것이다. 위의 그림에서 매출원가는 250원(기초 100원 + 매입 300원 - 기말 150원)이다.
　재고자산 금액은 '❶ 재고자산 수량 × ❷ 재고자산의 단위별 원가'로 계산한다. 그렇기 때문에 재고자산의 수량을 파악하고, 재고자산의 단위별 원가를 파악하는 것이 회계에서는 아주 중요한 문제다. 다만, 그 내용이 상당히 복잡하고 어려울 수 있으니 지금부터 설명하는 내용은 읽어두기만 해도 된다.

재고자산의 수량 결정 방법

회사는 정상적인 영업과정에서 지속적으로 재고자산을 구입하거나 생산하고 판매한다. 따라서 원래대로라면 재고자산 수량이 변동될 때마다 그 수를 체크하는 게 맞다. 그러나 재고자산의 입고와 출고가 빈번하다 보니 그때마다 재고자산 수량을 관리하기가 쉽지 않을뿐더러 도중에 파손되거나 분실되는 재고들도 생겨난다. 이와 같은 실무적인 이유로 회사는 기말 시점에 재고자산 실사를 통해 일정 시점 현재의 재고 수량과 재고자산 상태를 파악하는 경우가 많다.

대표적인 재고자산 수량 결정 방법으로 계속기록법과 실지재고조사법이 있다.

계속기록법

계속기록법은 상품을 매입하거나 판매했을 때, 입출고 내역(재고자산의 수량과 판매 또는 매입한 재고자산의 원가 등)을 계속해서 장부에 기록하는 방법이다. 계속기록법에서는 재고자산을 구입하거나 판매했을 때, '재고자산' 계정을 사용하여 기록한다. 수량이 많지 않은 고가의 자산인 경우에 유용한 방법이다.

실지재고조사법

실지재고조사법은 회계연도 중에 ❶ 재고자산을 매입한 때에는 매입 거래를 매번 기록하지만, ❷ 재고자산을 판매할 때에는 출고내역을 별도로 기록하지 않고 있다가, 기말에 재고 실사를 통해 실제로 남아 있는 재고 수량을 파악하는 방법이다. 실지재고조사법에서는 재고자산을 구입했을 때, '매입' 계정을 사용해 기록한다.

재고자산의 가격 결정 방법

현명한 소비자가 마트에서 우유를 구입할 때, 가장 먼저 하는 행동이 무엇일까? 바로 우유의 유통기한(소비기한)을 확인하는 것이다. 사람들은 가급적 유통기한이 많이 남은 제품, 즉 입고된 지 얼마 안 된 신선한 상품을 구입하려고 한다. 이것이 이른바 후입선출법이다(늦게 들어온 것이 먼저 나간다는 의미다). 그런데 마트에 진열된 우유들을 보면 유통기한이 얼마

남지 않은 우유가 앞쪽에 진열되어 있다. 이것은 먼저 입고된 우유가 먼저 팔리길 바라는 마트 측의 바람이 반영된 것이다. 이른바 선입선출법이다.

한국채택국제회계기준에서는 후입선출법을 인정하지 않으니 참고해 두자.

마트에서는 재무제표를 작성하고, 실적을 계산하고, 재고 관리를 하는 등의 여러 가지 필요에 의해 판매된 우유의 원가가 얼마인지, 남아 있는 재고의 취득원가는 얼마인지를 파악해야 한다. 이때 소비자의 행동 패턴이 일관되면, 즉 모두가 앞쪽에 진열된 것을 사거나 모두가 제조날짜가 가장 최근인 것을 산다면 재고자산의 원가를 구하기가 쉽지만, 소비자의 마음은 갈대와 같아 그때그때 기분에 따라 현명한 선택(신상 우유)을 하거나 현명하지 못한 선택(앞면 배치 우유)을 할 수도 있다. 그렇다고 해서 모든 재고를 대상으로 언제 입고된 것인지 하나하나 확인할 수도 없으니 마트 입장에서는 난감할 수밖에 없다.

때문에 회계에서는 재고자산의 흐름에 대해 일정한 가정을 할 수 있도록 하고 있다. 즉, 소비자의 행동 패턴이 정해져 있다고 가정하고 개별법, 선입선출법, 가중평균법, 후입선출법 등을 적용할 수 있도록 하고 있

는 것이다.

다음은 현대자동차의 감사보고서 주석(2023년)의 일부다. 이동평균법과 개별법을 적용하여 재고자산의 단위원가를 결정하고 있음을 알 수 있다.

◆ 현대자동차 2023년 연결감사보고서 주석 일부

> **(8) 재고자산**
> 재고자산은 취득원가와 순실현가능가치 중 낮은 금액으로 측정하고 있습니다. 원가는 고정 및 변동제조간접비를 포함하며, 재고자산 분류별로 가장 적합한 방법으로 재고자산으로 배분되고 있으며, 이동평균법(단, 미착품은 개별법)으로 결정하고 있습니다.

아래에서는 개별법과 선입선출법 및 후입선출법, 가중평균법에 대해서 참고 삼아 간략히 살펴볼 것이다.

개별법

원칙대로라면 남아 있는 모든 우유에 대해 언제 얼마에 입고된 것인지를 일일이 파악해야 한다. 회계에서는 이처럼 각 재고자산별로 매입원가 또는 제조원가를 결정하는 것을 '개별법'이라고 부른다. 일반적으로 서로 교환될 수 없는 재고항목이나, 특정 프로젝트에 의해 생산되는 제품과 서비스의 원가를 결정하는 경우에 개별법을 적용한다. 예를 들어 다이아

몬드 반지를 특별히 주문받아 한 개만 판매한다면, 해당 반지의 원가는 금방 구분이 될 것이기에 개별법 적용이 가능하다. 그렇지만, 우유처럼 상호 교환 가능한 대량의 동질적인 제품에 개별법을 적용하는 것은 적절하지 않다. 그 많은 우유의 원가를 일일이 추적해야 한다면 오히려 원가 추적 비용이 더 클 수밖에 없다.

선입선출법

선입선출법(First-in First-out Method, FIFO)은 먼저 매입 또는 생산된[선입(先入), First-in)] 재고자산이 먼저 판매된다[선출(先出), First-out]고 가정하는 방법이다. 결과적으로 기말의 재고자산은 가장 최근에 입고되었거나 생산된 것으로 구성된다.

아래 표는 특정 재고자산의 연중 물량 흐름을 나타낸 것이다.

◆ 표 1 재고자산의 연중 물량 흐름

기초 + 매입	수량1	단가	판매 + 기말	수량2	단가
기초 재고자산	10,000	25원	판매 1차(6월)	15,000	?
매입 1차(3월)	15,000	30원	판매 2차(12월)	20,000	?
매입 2차(9월)	20,000	35원	기말 재고자산	10,000	?
계	45,000		계	45,000	

위 재고자산에 대하여 선입선출법에 따라 기말 재고자산과 매출원가가 얼마인지를 계산해 보면 다음과 같다.

- **기말 재고자산** = 기말 재고수량 10,000개 × 매입 2차분 단가 35원

    = 350,000원

- **매출원가**

❶ 계속기록법 : 판매할 때마다 매출원가 계산

= 판매 1차(10,000 × 25원 + 5,000 × 30원) + 판매 2차(10,000 × 30원 + 10,000 × 35원)

= 1,050,000원

❷ 실지재고조사법 : 기초 재고자산 + 당기 매입액 − 기말 재고자산

= 10,000 × 25원 + 매입 1차(15,000 × 30원) + 매입 2차(20,000 × 35원) − 350,000원

= 1,050,000원

후입선출법

후입선출법(Last-in First-out Method, LIFO)은 선입선출법과는 반대로 나중에 매입 또는 생산(Last-in)된 재고자산이 먼저 판매(First-out)된다고 가정하는 방법이다. 결국 후입선출법에서 기말에 남아 있는 재고자산은 가장 먼저 매입했거나 생산한 자산이 된다.

표 1의 재고자산에 대하여 후입선출법에 따라 기말 재고자산과 매출원가가 얼마인지를 계산해 보면 다음과 같다.

- **기말 재고자산** = 기말 재고수량 10,000개 × 기초 재고자산 단가 25원

    = 250,000원

- **매출원가**

❶ 계속기록법 : 판매할 때마다 매출원가 계산

= 판매 1차(15,000 × 35원) + 판매 2차(5,000 × 35원 + 15,000 × 30원)

= 1,150,000원

❷ 실지재고조사법 : 기초 재고자산 + 당기 매입액 − 기말 재고자산

= 10,000 × 25원 + 매입 1차(15,000 × 30원) + 매입 2차(20,000 × 35원) − 250,000원

= 1,150,000원

가중평균법(이동평균법과 총평균법)

가중평균법은 말 그대로 기초 재고자산 또는 회계기간 중에 매입(생산)한 재고자산의 원가를 가중평균하여 계산하는 방법을 말한다. 이때, 평균원가를 회계기간 동안 한 번 계산하는 경우를 총평균법(총 원가를 총 재고자산 수량으로 나누는 방법)이라고 하고, 매월 혹은 분기별 등 일정 주기별로 재계산하는 경우는 이동평균법(일정 기간 동안의 원가 합계를 해당 기간 동안 재고자산 수량으로 나누는 방법)이라고 부른다.

참고로 표 1의 재고자산과 관련하여 총평균법에 따른 기말 재고자산과 매출원가는 다음과 같이 계산한다.

● **총원가** = 기초 재고수량 10,000 × 25원 + 1차 매입 (15,000 × 30원) + 2차 매입

(20,000 × 35원) = 1,400,000원

● **단위당 원가** = 총원가 1,400,000원 ÷ 기초 및 매입 수량 (10,000 + 15,000 + 20,000)

≒ 31.11원

● **기말 재고자산** = 기말 재고수량 10,000 × 31.11원 = 311,111원

● **매출원가** = 판매된 재고수량 35,000 × 31.11원 = 1,088,889원

◆ **재고자산 가격 결정 방법에 따른 금액 비교**

	선입선출법	후입선출법	총평균법
기말 재고자산	350,000원	250,000원	311,111원
매출원가	1,050,000원	1,150,000원	1,088,889원
계	1,400,000원	1,400,000원	1,400,000원

위 표에서 보는 것과 같이 기말 재고자산과 매출원가의 합계금액은 세 방법 다 같지만, 재고자산 가격 결정 방법으로 어떤 것을 선택하느냐에 따라서 회사의 총 자산가액과 한 해 손익(매출원가)이 바뀔 수도 있다. 그 만큼 재고자산 가격 결정 방법은 회계에서 매우 중요한 내용 중 하나임을 기억해 두자.

38

에누리와 할인, 환입과 환출

맞다, 그 에누리

어느 명절, 오회계사는 흘러간 옛 노래를 들려주는 방송에서 '시골 영감 처음 타는~'으로 시작하는 서영춘의 〈서울구경〉이라는 노래를 듣다가 소스라치게 놀란 적이 있다. 노래 속에서 회계의 그림자를 발견했기 때문이다.

'이 세상에 에누리 없는 장사가 어딨어. 깎아달라 졸라대니 아이고 내 팔자~'

이 노래는 기차를 처음 탄 영감님이 기차표 값을 깎아달라는 내용으로 시작한다. 국어사전에서는 '에누리'를 값을 깎는 일이라고 정의하고 있는데, 회계에도 에누리가 존재한다. 회계에서는 거래수량이나 거래금액에 따라 값을 깎아주거나, 제품에 하자가 있는 경우에 가격을 할인해 주는 것을 '에누리'라고 부른다.

회사가 매출을 내면 동전의 양면처럼 매입을 하는 회사가 응당 있기 마련이다. 에누리는 판매한 사람 입장에서는 매출에누리, 구입한 사람 입장에서는 매입에누리가 된다. 이외에도 에누리와 비슷해서 헷갈리는 개념으로 할인, 환입과 환출이 있다.

에누리와 할인, 환입과 환출

❶ 에누리

실생활에서는 에누리라는 말보다는 할인, DC, 디스카운트라는 말이 더 익숙할 것이다. 깎아준다는 측면에서 할인과 에누리는 비슷하지만, 회계에서는 두 용어가 다르게 사용된다. 매출에누리는 거래 수량이나 금액에 따라 또는 제품에 하자가 있는 경우에 가격을 깎아주는 것이니 우리가 일상생활에서 흔히 접하는 할인, DC가 회계에서의 에누리라고 이해하면 된다.

❷ 매출할인과 매입할인

반면에 매출할인은 외상대금의 빠른 회수를 위해 정해진 기간 안에 대금을 지급한 고객에게 물건값의 일정 금액을 할인해 주는 것을 말한다. 간혹 '3/10, n/40'과 같은 매출할인 조건을 볼 수 있는데, 이 조건의 의미는 10일 이내에 대금 지급 시 3%를 할인해 주고, 40일 이내에는 할인 없는 금액을 지급한다는 뜻이다. 역시, 판매한 사람 입장에서는 매출할인, 구입한 사람 입장에서는 매입할인이라고 한다.

❸ 매출환입과 매입환출

매출환입이란 판매했던 상품 등이 품질차이, 불량, 파손, 계약 취소 등의 이유로 반품되는 것을 말한다. 매입한 회사 입장에서는 매입환출이라고 한다.

매출액(매입액)을 줄여주는 에누리 시리즈

매출에누리, 매출할인, 매출환입이 있을 경우, 총 판매가액이 그만큼 줄어들기 때문에 회사의 매출액이 직접 감소된다. 매입한 회사 입장에서도 마찬가지로 재고자산 또는 매입가액에서 같은 금액을 직접 차감한다.

매입한 회사 입장에서 다시 정리를 하자면, 재고자산의 구입 이후 제품의 파손이나 결함 등이 발생하면 구매한 상품을 반품하거나 판매자와 협의하여 가격 할인을 받을 수 있다. 이때 구입가격을 할인받으면 매입에누리, 상품을 반품하면 매입환출이다. 한편 외상으로 물건을 구입하고, 현금을 조기상환하는 경우에 가격 할인을 받으면 그것은 매입할인이다.

◆ 에누리, 할인, 환입과 환출

구분	판매자	매입자	내용
에누리	매출에누리	매입에누리	수량, 품질 등에 따라 가격을 깎아줌
할인	매출할인	매입할인	외상값의 조기상환 시 가격을 깎아줌
환입/환출	매출환입	매입환출	물건을 반품함

39
한 방에 비용으로 인식하긴 싫었어, 감가상각

재무제표의 단골손님, 감가상각

오회계사의 아내는 운전을 하지 않고도 사는 데 지장이 없다며 십수년째 장롱 면허를 유지해 왔다. 그런 그녀도 셋째가 태어나자 결국은 운전 연수를 시작했다. 오회계사는 아내를 위해 경차나 준중형차를 구입할 생각으로 중고차 매매 사이트를 기웃거리다 낯익은 회계 용어를 보고 피식 웃었다.

중고차는 자동차의 주행거리, 연식, 사고 유무, 옵션 등에 따라 자동차 가격이 떨어지는 이른바 '감가(減價)'가 이루어진다는 설명이 게시되어 있었다. 차별로 감가율(신차 가격 대비 중고차 가격 할인율)도 나와 있었다. 특정 자동차 모델의 감가율을 알면 대충 중고차 시세도 알 수 있다.

중고차 시장에서 사용하는 '감가'와 비슷한 이름으로 회계에는 '감가상각'이 있다. 이름은 비슷한데, 그 내용은 사뭇 다르니 헷갈리지 않도록 구분해서 알아둘 필요가 있다.

더욱이 감가상각과 관련한 계정과목인 감가상각비(손익계산서 계정)와 감가상각누계액(재무상태표 계정)은 거의 모든 회사의 재무제표에 수시로 등장하는 계정이므로 알아두면 재무제표를 이해하는 데 도움이 될 것이다.

감가상각도 발생주의 때문에 생겼다

감가상각을 이해하려면 역시 한번 더 발생주의 이야기를 하지 않을 수 없다. 발생주의가 아니었다면 감가상각이라는 개념 자체가 생겨나지 않았을 것이기 때문이다.

먼저 현금주의 입장에서 살펴보자. 자동차를 외상으로 산 경우, 현금주의에서는 구매 시점에 비용을 인식하지 않는다. 나중에 현금을 지급하면, 그때 비로소 비용을 인식한다(여기서 할부는 고려하지 말자. 머리 아프다). 오늘 하루 쓰고 버리든 향후 100년 동안 사용하든 상관없이 현금이 나갔어야 비용이다.

현금주의 회계를 하는 회사의 최고경영자가 되었다고 상상을 해보자. 나의 연봉은 한 해 회사의 경영성과, 즉 당기순이익에 따라 결정된다. 그렇다면 거액의 유형자산 투자 건을 승인해 달라는 서류에 서명을 하고 싶을까. 투자금이 지출되는 즉시 전액 비용으로 기록되어 당기순손실이 발생하고, 그 결과 연봉이 대폭 삭감될 게 뻔한데 말이다.

이번엔 발생주의 시각에서 보자. 발생주의 회계를 하는 회사에서 외상으로 자동차를 구입했다. 이 경우, 지금까지 이야기된 단순한 발생주의 상황에서라면 현금 지급 여부와 상관없이 자동차 구입 시점에 자동차 구입대금을 전액 비용으로 기록하고, 미지급금이라는 부채 계정에 외상 대금을 달아두었을 것이다.

그런데 최고경영자 입장에서 이것은 현금주의보다 오히려 더 억울하다. 현금주의에서는 외상으로 사고, 대금지급을 가급적 미루면 비용 인식이 그만큼 늦어진다. 그런데, 발생주의에서는 대금지급 여부와 관계없이 처음부터 전액을 비용으로 기록하라는 소리 아닌가. 발생주의가 현실을 반영한다기에 믿고 투자를 했더니, 속았다고 항의를 할 수도 있다. 그러나 이런 최고경영자의 억울한 외침에 발생주의는 아래와 같이 응답할 것이다.

"내가 언제 구입 시점에 비용으로 인식하라고 했는가! 거래가 발생한 기간에 비용을 인식하라고 했지."

그렇다. 거래가 '발생한 기간'을 이해하는 것이 발생주의와 감가상각의 핵심이다. 일반적인 소모품인 경우, 구입 시점과 비용 발생 기간이 일치한다. 소모품은 구입한 회계연도 내에 다 사용(소비)되어 없어질 테니 말이다(다 쓰지 않고 조금 남아 있는 것을 봤다면 눈 꼭 감고 무시하자. 회계에서는 그냥 다 쓴 것이다).

그런데 자동차는 1년을 초과하여 사용할 목적으로 구입하는 유형자산이다. 이 경우, 자동차를 사용하는 기간 동안은 비용이 계속해서 발생한다고 보아야 한다.

감가 현상과 감가상각

유형자산은 장기간 사용하면 노후, 소모, 파손, 진부화 등에 의해 그 효용이 감소하기 마련이다(발생주의에서 '효용이 감소한다', '비용이 발생한다', '자산을 사용한다', '자산을 소비한다'는 전부 같은 뜻이다).

회계에서는 이렇게 자산의 효용이 감소하는 현상을 '감가'라고 한다(토지는 유형자산이지만 아무리 사용해도 그 효용이 감소하지 않는다. 따라서 토지에 대해서는 감가상각을 하지 않는다). 유형자산 구입대금은 감가 현상을 고려해서 자산의 효용이 감소하는 일정 기간(비용이 발생하는 일정 기간을 '내용연수'라고 한다) 동안 나누어서 비용으로 인식한다. 이것이 '감가상각'이고, 이때 사용하는 비용 계정이 '감가상각비'다.

감가상각

감가상각의 공식적인 정의는 '자산의 감가상각 대상 금액을 그 자산의 내용연수 동안 체계적으로 배분하는 것'이다. 감가상각 대상 금액은 자산 취득원가에서 잔존가치(자산의 내용연수가 종료된 후의 추정 처분대가에서 처분과 관련된 비용을 차감한 가치)를 뺀 금액이다. 여기에서는 일단 잔존가치는 0이라고 생각하고 감가상각에 대한 개념을 먼저 이해하자.

감가상각을 하게 되면, 거액의 유형자산 투자를 하더라도 일정 기간에 걸쳐 비용으로 배분되므로, 경영성과의 왜곡을 초래하지 않는다. 최고경영자 입장에서도 이것이 합리적이다.

회계에서의 감가상각은 유형자산의 구입대금을 한 방에 비용으로 인식하지 않기 위해 그 금액을 배분하는 과정일 뿐이다. 중고차 시장에서의 감가가 중고차의 시세를 결정하는 요소인 것과는 달리 회계에서의 감가상각은 자산의 가격을 평가하는 것과는 관계가 없음을 기억해 두자.

무형자산의 상각과 감모상각

위에서는 주로 유형자산을 기준으로 이야기했으나, 무형자산도 형체가 없다 뿐이지 유형자산과 다를 바 없다. 무형자산도 1년을 초과하여 사용하는 자산이고, 감가 현상도 발생한다. 따라서 무형자산을 취득했을 때 자산으로 기록해 뒀다가 내용연수 동안 비용으로 배분한다.

다만, 유형자산의 감가상각과 구별하기 위해 무형자산의 효용이 감소되는 경우에는 감가상각 대신 '상각', 광산이나 산림과 같은 천연자원인 경우 '감모상각'이라는 표현을 사용한다. 이름도 비슷하니 그 성격도 비슷할 것이라는 감 정도만 느끼면 된다.

감모
닳아서 줄어든다는 뜻이다. 천연자원은 많이 사용할수록 소모되거나 고갈되는 성질을 가지고 있어 감모성 자산이라고 부른다.

◆ **자산 종류별로 다른 감가상각 계정**

자산 종류	형태	손익계산서 계정과목	내용
유형자산	감가상각	감가상각비	유형자산의 효용 감소
무형자산	상각	무형자산상각비	무형자산의 효용 감소
천연자원	감모상각	감모상각비	천연자원의 소모 및 고갈

감가상각 회계

실제 감가상각 회계가 어떻게 이루어지는지 간단히 살펴보자. 조금 구체적인 내용이므로 어렵게 느껴지더라도 부담 갖지 않아도 된다.

❶ 자동차의 구입 : 유형자산의 증가

5,000만 원을 현금으로 지급하고 자동차를 구입했다고 가정해 보자. 자동차를 구입하고 나면, 한 번에 비용으로 인식하지 않기 위해 구입 대금을 차량운반구라는 유형자산 계정에 달아둔다.

> **차량운반구 5,000만 원 증가 & 현금 5,000만 원 감소**
>
> 차량운반구 5,000만 원   현금 5,000만 원

❷ 감가상각비의 계산

대표적인 감가상각방법 3가지
정액법 : 동일한 금액으로 감가상각하는 방법. 가장 많이 사용하는 방법 중 하나다.
정률법 : 동일한 비율로 감가상각하는 방법
생산량비례법 : 생산량에 비례하여 감가상각하는 방법

회계연도 말이 되면, 자동차 구입 대금 중에 올해 감가 현상을 고려하여 비용으로 인식할 금액이 얼마인지, 즉 감가상각비가 얼마인지 계산해야 한다. 이때 감가상각비를 어떻게 계산하는지는 회사가 합리적이라고 생각하는 방법으로 정하면 된다 (정액법, 정률법, 생산량비례법, 연수합계법 등 다양한 감가상각방법이 존재한다).

정액법 적용하기

가장 쉬운 방법은 그냥 1/n로 계산하는 것이다. 이렇게 계산하면 해마다 같은 금액(정액, 定額)의 감가상각비를 인식하게 된다. 그래서 '정액법'이라고 부른다.

5,000만 원짜리 자동차를 5년 동안 타는 경우를 생각해 보자. 5년 동안 탄다는 것은 내용연수가 5년이라는 뜻이다. 이 경우, 해마다 인식할

감가상각비는 다음과 같이 계산한다.

◆ 감가상각비의 계산

내용	금액
❶ 감가상각 대상 금액	5,000만 원
❷ 내용연수	5년
❸ 감가상각비(❶ ÷ ❷)	1,000만 원

5년 동안 감가상각을 하고 나면 재무상태표에 남은 이 자동차 금액은 0이 된다. 5,000만 원을 주고 산 자동차에 매년 1,000만 원씩 5년간 감가상각을 했으니 남는 게 없다. 물론 그렇다고 해서 그 자동차가 실제로 없어진 것은 아니다. 1년 아니, 관리하기에 따라 10년을 더 탈 수도 있을 것이다. 단지 재무제표에 기록할 때는 5년만 탄다고 가정했기 때문에 남은 금액이 없다고 표시했을 뿐이다.

❸ 감가상각비의 인식

감가상각비를 인식하는 방법은 두 가지로, 직접법과 간접법이 있다.

직접법

직접법은 자산 계정에서 감가상각비를 직접 차감하여 표시하는 방법이다. 직접법에서 자산 계정에 남아 있는 금액은 감각상각을 하고 남은 금액이다. 이 금액은 미래에 인식할 감가상각비가 얼마인지 미리 계산해둔 것이라고 생각해도 된다. 감가상각비를 인식할 때는 자산 계정에서 올해 감가상각비 금액만큼을 직접 줄여주면 된다.

감가상각비 1,000만 원 인식 & 차량운반구 1,000만 원 감소

 감가상각비 1,000만 원   차량운반구 1,000만 원

감가상각을 한 후, 차량운반구 금액은 재무상태표에 4,000만 원(5,000만 원 - 1,000만 원)으로 표시된다.

간접법

직접법을 사용하면 재무상태표에는 감가상각 후의 유형자산 잔액만 남게 된다. 이 경우, 실제 유형자산을 얼마에 취득했었는지 알 수가 없다. 이런 이유로 최초 유형자산 취득가액을 확인할 수 있도록 꼼수를 쓴다. 바로 유형자산 금액을 직접 줄이는 대신에 '감가상각누계액'이라는 재무상태표 계정을 하나 더 사용해서, 유형자산이 줄어들었음을 간접적으로 표시해 주는 것이다(그래서 간접법이라고 부른다).

감가상각누계액은 문자 그대로 '지금까지 감가상각비로 기록한 금액을 누적하여 계산한 금액'을 말하는데, 유형자산 바로 밑에서 유형자산의 차감(마이너스) 항목으로 표시된다.

감가상각비 1,000만 원 인식 & 감가상각누계액 1,000만 원 증가

 감가상각비 1,000만 원   감가상각누계액 1,000만 원

간접법을 사용하면, 재무상태표에 차량운반구는 여전히 5,000만 원으로 표시되고, 감가상각누계액 1,000만 원이 차감 항목으로 표시되어,

결과적으로 차량운반구 순액은 4,000만 원이 된다.

참고로 회계에서 유형자산은 간접법을 사용하고, 무형자산은 직접법을 사용한다. 직접법과 간접법에 의해 감가상각을 하는 경우, 재무제표에는 다음과 같이 표시된다.

◆ **직접법과 간접법 비교**

	직접법	간접법
재무상태표	차량운반구 4,000만 원	차량운반구　　　　5,000만 원 감가상각누계액　(1,000만 원) 　　　　　　　　4,000만 원
손익계산서	감가상각비 1,000만 원	감가상각비 1,000만 원
사용처	무형자산	유형자산

40

직장인의 마지막 보루, 퇴직금 회계

누구나 1년 이상 근무하면 퇴직금을 받을 수 있다

퇴직금은 근로자가 퇴직하는 경우 회사가 그 퇴직을 이유로 근로자에게 지급하는 돈이다. 퇴직할 때 받는 목돈, 근로자의 마지막 희망이 바로 퇴직금이다.

1년 이상 한 회사에 근무한 직장인이라면 누구나 회사로부터 퇴직금을 받을 수 있다. 근로자퇴직급여보장법에서 못박은 근로자의 당연한 권리다. 반대로 회사 입장에서는 종업원에 대한 당연한 의무다.

평균임금
산정해야 할 사유가 발생한 날 이전 3개월 동안에 그 근로자에게 지급된 임금의 총액을 그 기간의 총일수로 나눈 금액이다. 일단 3개월간 받은 급여의 월 평균액 정도로 이해해 두자.

퇴직금은 한 달 평균임금에 근속연수를 곱한 금액 이상이어야 한다. 예를 들어 월 평균임금이 300만 원이고 10년간 회사에 근무한 직원이 퇴사하는 경우 퇴직금으로 지급해야 하는 금액은 최소 3,000만 원 이상이다(평균임금 300만 원 × 10년 = 3,000만 원).

법에서는 최소 퇴직금 금액만 정하고 있으므로 회사에 따라 3,000만 원보다 많은 금액을 퇴직금으로 지급할 수도 있다.

물론 오회계사의 직장을 포함해서 상당수의 회사에서는 법정금액인 딱 3,000만 원만 지급한다. 그러니 동일 조건에 3,000만 원보다 많은 퇴직금을 주는 회사에 다니고 있다면 잠깐이라도 애사심을 가져봐도 좋다.

＼ｌ／
여기서 잠깐!
퇴직금을 보장해 주는 제도들

과거에는 근로자가 5인 미만인 사업장에 근무할 경우, 퇴직금을 받을 수 없었다. 그러나 2010년 12월부터는 근로자 5인 미만 사업장에 근무하더라도 퇴직금을 받을 수 있게 되었다. 모든 회사는 근로자가 퇴직할 때, 퇴직금을 지급할 수 있도록 다음 중 하나의 퇴직급여제도를 설정해야 한다.

❶ **퇴직금제도** : 일시금으로 퇴직금을 지급하는 제도
❷ **퇴직연금제도** : 퇴직 후 일정한 기간, 연금으로 퇴직금을 지급하는 제도
❸ **중소기업퇴직연금기금제도** : 중소기업(상시 30명 이하의 근로자를 사용하는 사업장 한정) 근로자의 안정적인 노후생활 보장을 지원하기 위해 둘 이상의 중소기업 및 근로자가 낸 부담금 등으로 공동의 기금을 조성·운영하여 퇴직금을 지급하는 제도

이것은 이름도 찬란한 '근로자퇴직급여 보장법'에서 근로자의 안정적인 노후생활을 보장하기 위해 모든 회사(사용자)가 따르도록 한 절대 규칙이다. 다만, 계속근로기간이 1년 미만인 근로자, 4주간을 평균하여 소정근로시간이 15시간 미만인 근로자에 대해서는 퇴직급여를 지급하지 않는다.

퇴직금과 발생주의

회사는 임직원이 퇴사할 때 일시금으로 퇴직금을 지급하거나 혹은 퇴직연금제도에 가입해야 한다. 일단 어려운 퇴직연금은 무시하자.

회사 입장에서 퇴직금은 근로자를 고용한 대가로 지불하는 비용이다. 회사는 이 퇴직금을 어떻게 재무제표에 반영할까.

현금주의에서는 퇴직금을 지급할 때, 한꺼번에 비용으로 인식한다. 그래서 현금주의 손익계산서의 퇴직급여는 실제로 퇴사한 사람들에게 지급한 퇴직금 지급액과 일치한다.

극단적으로 30년 동안 근속한 임직원들이 올해 모두 정년퇴임을 한다고 가정해 보자. 아마 그 금액이 어마어마할 거다. 그 여파로 그해 현금주의 손익계산서는 회사의 실제 영업실적과는 상관없이 어마어마한 손실을 기록하며 엉망이 될 것이다. 임직원들이 조금만 늦게 퇴사했어도 당기순이익이 그렇게 망가지지는 않았을 텐데, 최고경영자 입장에서는 많이 억울할 수도 있겠다.

발생주의에서는 이런 문제를 해결하고자 했다. 가만 보니, 실제 퇴사 여부와 관계없이 근속연수 1년이 지날 때마다 회사가 임직원에게 의무적으로 지급해야 하는 퇴직금이 늘어난다. 물론 임직원 입장에서는 1년 더 일할 때마다 한 달 평균임금만큼 받을 수 있는 퇴직금이 늘어난다.

그래서 퇴직금은 근로 제공의 대가로 지급해야 하는 급여의 일부를 떼어놓았다가, 퇴직할 때 한꺼번에 지급하는 것이라고 이해하면 쉽다. 회사 입장에서는 1년이 지날 때마다 임직원에게 지급해야 하

퇴직급여로 인한 빚
한국채택국제회계기준에서는 '확정급여부채'라고 하고, 일반기업회계기준에서는 '퇴직급여충당부채'라고 한다.

는 퇴직급여로 인한 빚이 증가하고, 그만큼 비용(퇴직급여)도 증가한다. 한마디로 장기간에 걸쳐 지급해야 하는 인건비라고 보면 된다.

재무상태표에 퇴직급여충당부채가 없다면?

퇴직급여 회계에 대해 어느 정도 이해를 하고 재무제표를 보면 어느 순간 놀랄 수도 있다. 어떤 회사의 재무상태표에는 퇴직급여충당부채가 아예 없는 경우도 있으니 말이다. 혹시 퇴직금을 주지 않겠다는 강력한 의지의 표명인 것은 아닌지 의심이 들 수도 있다.

하지만 퇴직금을 지급할 의사가 없는 경우에도 회사는 반드시 임직원에게 퇴직금을 지급해야 한다. 법에서 그렇게 하라고 정하고 있으니 그렇다. 따라서 재무상태표에 퇴직급여충당부채 계정이 없다면, 그 이유는 다음 세 가지 중 하나다.

회사가 한국채택국제회계기준을 적용하고 있거나,

확정기여형(DC형) 퇴직연금에 가입했거나,

그것도 아니라면 회계를 대충 하고 있거나.

한국채택국제회계기준을 적용하는 회사라면 '확정급여부채'라는 계정과목을 찾아보면 된다. 그것도 없다면 회사가 확정기여형 퇴직연금 제도에 가입했을 거다. '어? 확정기여형? 연금?' 복잡한 단어들이 나오기 시작했다고 당황할 필요 없다. 이 내용은 이어서 간략히 살펴보자.

회계를 포기하게 만드는 퇴직급여제도 변천사

학생들이 회계를 놓게 만드는 여러 가지 이유가 있는데, 그중에 절대 빠지지 않는 것이 바로 퇴직급여 회계다. 근로기준법 때문에 퇴직급여제도가 생겼는데, 근로자의 인권이 강화되고, 금융상품이 다양해지면서 그 제도가 점점 더 복잡하고 어려워졌다. 회계는 그저 법에 정해진 제도를 그대로 숫자로 옮길 뿐인데도 너무 어렵다. 그렇다고 그저 포기할 수는 없다. 정신 꽉 잡고 몇 가지만 기억하자.

❶ 퇴직금제도

예전에는 회사들이 퇴직금제도를 따랐다. 근로자에게 퇴직금을 지급하기 위해 근로기간 동안 퇴직급여 관련 부채(편의상 '퇴직급여부채'라고 하자)를 재무상태표에 차곡차곡 쌓아 둔다. 실제 근로자에게 퇴직금을 지급할 때는 마치 퇴직급여부채를 갚는 것처럼 기록한다.

가령 회사가 인식할 퇴직급여가 500만 원이라면 다음과 같이 적는다.

퇴직급여 500만 원 인식 & 퇴직급여부채 500만 원 증가

 퇴직급여 500만 원   퇴직급여부채 500만 원

올해 실제 근로자가 퇴직할 때 퇴직금으로 현금 1,000만 원을 지급했다고 치자. 이 경우, 1,000만 원 중 500만 원은 기존에 쌓아 둔 퇴직급여부채 500만 원을 사용(감소)하고, 모자라는 500만 원은 추가로 비용(퇴직급여)을 인식하면 된다.

퇴직금 1,000만 원 지급

차변 퇴직급여부채 500만 원 　　　**대변** 현금 1,000만 원

차변 퇴직급여　　　　500만 원

그런데 비록 회계에서 부채로 기록을 해두긴 했지만, 이 빚을 갚을 능력이나 의지가 있는지는 알 수 없다. 근로자가 퇴직금을 떼일 가능성도 무시할 수 없다. 막말로 회사가 퇴직금을 주지 않고 망했다면, 이 금쪽같은 퇴직금을 받을 길이 없지 않겠는가.

❷ 퇴직연금제도의 등장

그래서 등장한 것이 '퇴직연금'이다(퇴직보험이 있었지만 무시하기로 한다). 회사가 퇴직금을 부채로 기록만 하는 것이 아니라, 아예 외부의 금융기관에 직접 돈을 예치하도록 한 것이 퇴직연금이다. 근로자의 퇴직급여를 안정적으로 보호하기 위해 도입되었다. 근로자는 퇴사할 때, 회사가 아닌 금융기관으로부터 퇴직금을 일시불 또는 연금 형태로 받을 수 있다. 회사가 망했어도 금융기관에 납부한 퇴직연금을 통해 퇴직금을 받을 길이 있으니, 반드시 확인하자.

퇴직연금은 크게 '확정기여형'과 '확정급여형'으로 분류할 수 있다. 그런데 퇴직연금 종류에 따라 기록하는 방법이 아예 다르고 난이도도 천차만별이다.

회사가 낼 돈이 확정된 '확정기여형' 퇴직연금

천리길도 한 걸음부터다. 쉬운 것부터 살펴보자. 확정기여형(Defined Contribution, DC형) 퇴직연금은 회사가 금융회사에 내는 돈, 즉 매년 납부할 퇴직연금 '기여'금이 '확정'된 퇴직연금이다. 보통 DC형 퇴직연금이라고 부른다. 회사는 정해진 기여금만 내면 되니, 근로자가 퇴직 후에 얼마를 받는지 전혀 관심이 없다. 그래서 분개가 간단하다. 회사가 납부한 기여금을 바로 비용으로 기록하면 회계 처리 끝!

확정기여형 퇴직연금 기여금이 500만 원인 경우, 다음과 같이 기록한다.

퇴직연금 기여금 납부

 퇴직급여 500만 원　　 현금 500만 원

회사가 납부한 기여금은 근로자가 운용한다. 투자 상품을 직접 근로자가 선택하기 때문에 투자로 인해 발생한 수익을 모두 근로자가 퇴직할 때 받는다. 물론 운용을 잘못하면 퇴직할 때 받을 돈이 줄어들 수도 있다.

퇴직금이 확정된 '확정급여형' 퇴직연금

확정급여형(Defined Benefits, DB형) 퇴직연금은 근로자가 받는 퇴직급여가 '확정'된 퇴직연금으로, 흔히 DB형 퇴직연금이라고 부른다. 퇴직연금에 가입한 근로자는 퇴직 후에 정해진 퇴직금만 받으면 되니, 운용을 신경 쓸 필요 없고, 원금 손실도 없다. 근로자는 매우 간단하다. 대신 회사는 복잡하다. 따라서 회사의 처리는 단계를 구분해서 설명해 보았다.

❶ 비용 인식

회사는 퇴직금제도와 마찬가지로 미래에 지급할 퇴직금을 미리 비용(퇴직급여)과 부채로 인식한다. 이때 부채의 이름은 '확정급여형 퇴직연금의 부채'라는 의미로 정직하게 '확정급여부채'다. 회사가 인식할 비용이 500만 원일 때, 퇴직금 제도에서와 같은 방법으로 기록한다.

퇴직급여 인식

 퇴직급여 500만 원   확정급여부채 500만 원

---

❷ 퇴직연금 적립금 납부

회사는 금융기관에 퇴직연금 적립금을 납부한다. 외부에 적립해 뒀다가 실제 퇴직금을 지급할 때, 여기에서 지급한다. 꼭 은행 적금 상품처럼 말이다. 그래서 적립금을 납부하면 재무상태표의 '사외적립자산'이라는 계정과목으로 기록해 둔다. 사외적립자산은 퇴직금 지급 목적으로 금융기관에 예치해 둔 자산이다.

퇴직연금 적립금 400만 원을 납부한 경우, 사외적립자산이 400만 원 증가한 것으로 기록한다.

퇴직연금 적립금 납부

 사외적립자산 400만 원　　 현금 400만 원

❸ 퇴직금 지급

퇴직금은 사외적립자산에서 지급한다. 적금을 깨서 빚을 갚는 것이다. 예를 들어, 퇴직금 지급액이 300만 원인 경우, 사외적립자산 300만 원이 감소하고, 확정급여부채 300만 원을 갚는 것이다.

퇴직금 지급

 확정급여부채 300만 원　　 사외적립자산 300만 원

참고로 재무상태표에서 사외적립자산과 확정급여부채는 순액으로 인식한다. 즉 사외적립자산이 확정급여부채보다 많으면 순확정급여자산으로 기록하고, 반대의 경우 순확정급여부채로 기록하는 것이다. 어차피 퇴직금(확정급여부채)을 지급할 목적으로 사외적립자산에 돈을 예치해 둔 것이니, 각 자산과 부채를 차감하여 부족한 금액만 잘 관리하면 된다는 의미다.

❹ 기타

사실 확정급여부채나 사외적립자산 금액을 계산하는 것은 상상 이상으로 복잡하다. 이것을 계산하려면 각종 가정(이직률, 조기퇴직률, 사망률, 임금상승률, 할인율 등)을 해야 하는데, 심지어 이것이 수시로 바뀐다. 자세한 내용은 알면 다친다. 실무에서는 아예 보험계리인의 평가를 받을 지경이니, 오죽할까. 확정급여부채도 빚이니 이자비용이 생기고, 사외적립자산도 적금이니 이자수익이 붙는다는 정도만 기억해 두자.

여기서 잠깐!

회계기준에 따라 다른 퇴직연금 회계

한국채택국제회계기준은 유달리 평가를 좋아하고 가정하는 것을 좋아한다. 그만큼 회계가 복잡하고 어렵고 번거롭다. 일반기업회계기준은 상대적으로 단순하다. 그래서 두 회계기준의 퇴직연금 회계 처리는 비슷하면서도 다른 점이 많다. 특히 확정급여형 퇴직연금에 대한 회계 처리가 그렇다.

일단 계정과목부터 다르다. 한국채택국제회계기준에서는 확정급여부채(부채)와 사외적립자산(자산) 계정을, 일반기업회계기준에서는 퇴직급여충당부채(부채)와 퇴직연금운용자산(자산) 계정을 사용한다. 확정급여부채와 사외적립자산은 재무상태표에 순확정급여부채 또는 순확정급여자산으로 하여 하나의 계정과목만 순액으로 표시하는 데 반해, 일반기업회계기준에서는 퇴직급여충당부채 아래에 퇴직연금운용자산을 차감(마이너스)하는 형식으로 두 계정을 모두 표시해 준다. 미래에 지급할 퇴직금을 측정하는 방법도 다른데, 한국채택국제회계기준에서는 보험수리적인 기법을 동원하여 측정(복잡)하는 반면, 일반회계기준에서는 보고기간말 현재 전 종업원이 일시에 퇴직할 때 지급해야 할 퇴직금 상당액(간편)으로 한다. 누가 보면 다른 퇴직연금제도인 줄 알 정도로 상이하다.

◆ 회계기준 별 확정급여형 퇴직연금 비교

	한국채택국제회계기준	일반기업회계기준
퇴직금을 지급할 의무	확정급여부채	퇴직급여충당부채
퇴직금용 적금 상품	사외적립자산	퇴직연금운용자산
재무상태표 표시	부채 또는 자산 순액	부채와 자산을 모두 표시
퇴직금 측정	보험수리적 기법	일시에 지급할 퇴직금

41

직장인의 로또,
스톡옵션(주식보상비용)!

직장인의 로또, 스톡옵션!

몇몇 유명 회사의 '스톡옵션 먹튀 논란'이 직장인 사이에서 화제에 올랐던 적이 있었다. 경영진들이 회사 상장 직후 스톡옵션을 대량으로 매도해서 많게는 수백억에서 수십억까지 시세차익을 거둬 비판받았다. 무엇보다 스톡옵션 행사로 얻은 시세차익 규모가 화제였다. 직장인이 받는 월급만으로는 꿈꾸기도 힘들 정도의 어마어마한 액수로 그야말로 한번 걸리기만 하면 직장인의 로또가 따로 없다.

스톡옵션은 직장인의 이른 은퇴를 책임져 줄 수 있는 대표적인 수단이다. 직역하면 '주식(Stock)'에 대한 '선택권(Option)', 공식적인 용어로는 '주식매수선택권', 또는 '주식선택권'이며, 주식을 살 수 있는

스톡옵션
일정한 조건(근무기간, 실적 등)을 충족할 경우, 사전에 정해진 가격(행사가격)으로 주식을 살 수 있는 권리 등

권리라는 뜻이다.

사업 초기, 자금 여력은 없지만 성장가능성이 높은 스타트업 등이 동기부여를 위해 임직원에게 스톡옵션을 주는 경우가 많다. 주가가 행사가액보다 높을수록 임직원이 가져갈 수 있는 이익(주가―행사가액)이 커진다. 물론 주가가 행사가액보다 낮아지면 스톡옵션이 무용지물이 될 수도 있다.

어려운 스톡옵션 회계, 그래도 알아야 하는 이유

회계 조상님들이 살던 중세에는 스톡옵션이라는 개념이 없었기에 관련된 회계기준도 없었다. 그런데 1950년대 미국회사들이 소득세 절세 목적으로 스톡옵션을 경영진들에게 제공하면서부터 비로소 스톡옵션이 각광받기 시작했다. 동시에 새로운 회계기준을 제정할 필요성도 생겼다.

우리는 회계 조상님들과는 달리 시스템과 기술의 발달로 정교한 측정이 가능한 시대에 살고 있다. 덕분에(?) 스톡옵션을 위한 고도화된 회계기준이 새롭게 만들어질 수 있었다. 바꿔 말하면 '매우 어려운' 회계기준이 생겼다는 뜻이다. 어렵고 복잡하지만, 그렇다고 건너뛰기에는 불편한 부분이 있다.

스톡옵션을 부여한 회사들은 상당히 많은데, 이들 회사의 재무제표에서 스톡옵션의 영향이 생각보다 중요하다. 스톡옵션에 대해 전혀 모른다면 회사의 재무제표를 이해하는 데 왜곡이 생길 수 있는 것이다. 따라서 스톡옵션에 대한 기본적인 개념만큼은 최대한 단순화시켜 다뤄보려고 한다. 나도 언젠가 스톡옵션을 받을 수 있을 거라는 기분 좋은 희망으로 가볍게 접근해 보자.

스톡옵션이 뭐길래

❶ 스톡옵션 유형

스톡옵션은 크게 다음의 두 가지 유형으로 구분할 수 있다(주식 또는 현금 지급 여부를 선택할 수 있는 스톡옵션도 있지만, 여기에서는 무시하자).

- **주식결제형** : 임직원이 행사가액으로 주식을 살 수 있는 권리
- **현금결제형** : 임직원에게 주가와 행사가액의 차이만큼 현금 지급

임직원은 주식으로 받든, 현금으로 받든 큰 상관이 없으나, 회사는 차이가 크다.

주식결제형은 '주식'으로 '결제'해 주는 스톡옵션이다. 스톡옵션을 받은 임직원은 향후 회사의 주가가 오르면 주식을 싸게 살 수 있다. 임직원은 이 주식을 팔아 차익을 실현할 수도 있고, 주가 상승을 기대하며 보유할 수도 있다. 임직원에게 줄 주식은 회사가 새로 발행(증자)하거나, 주식시장에서 매입(자기주식)할 수 있다. 뭐가 되었든 미래 회사의 자본이 증가한다.

현금결제형은 '현금'으로 '결제'하는 스톡옵션이다. 스톡옵션이 행사되면 회사는 임직원에게 주가와 행사가액의 차이만큼을 현금으로 지급한다. 그

자기주식

자본 계정과목 중 하나로 '회사가 보유한 자기가 발행한 주식'을 말한다. 재무상태표에서는 자본의 차감(마이너스) 항목으로 표시한다. 자기주식을 임직원에게 줄 경우, 자본의 마이너스 항목이 줄어들기 때문에 결과적으로는 자본이 증가하는 효과가 있다.

래서 주가차액보상권, 차액보상형 스톡옵션이라고도 부른다. 현금결제형 스톡옵션을 부여하면 미래에 현금을 지급해야 하는 의무, 즉 빚(부채)이 생긴다.

❷ 행사 조건

스톡옵션을 행사하려면 보통 특정한 조건(가득 조건, Vesting Condition)을 만족해야 한다. 회사는 임직원의 장기 근무 유도, 성과 달성 등 동기부여를 위해 이런 조건을 내건다. 예를 들어, 3년 이상 근무, 주가 달성, 상장 성공 같은 것들 말이다. 일정 기간 근무를 해야 스톡옵션을 행사할 수 있는 경우, 이 기간을 '가득 기간(Vesting Period)'이라고 한다.

스톡옵션을 주면 즉시 비용이 증가한다!

'부여일로부터 3년이 경과한 날부터 행사할 수 있는 스톡옵션을 생각해 보자. 임직원이 3년 이상 근무를 하면, 미래 언젠가 임직원에게 주식이나 현금을 지급해야 한다. 발생주의 회계에서 이 말은 다음과 같이 해석한다.

- 근로 용역을 제공받는 대가(용역대가)로 임직원에게 주식이나 현금으로 보상한다.
- 용역대가(비용)는 용역을 제공받는 기간(3년)에 걸쳐 인식한다.

따라서 스톡옵션을 부여하면 지금 당장 주식이나 현금을 지급한 것이 아닌데도, 향후 3년간 매년 비용이 증가한다. 이 경우, '주식'으로 '보상'하는 '비용'이라는 의미에서 '주식보상비용'이라는 계정과목을 사용한다.

매년 다시 계산하는 현금결제형 스톡옵션

회사는 가득 기간 동안 매년 비용(주식보상비용)과 부채(장기미지급비용)를 기록한다. 주식보상비용(장기미지급비용)은 다음과 같이 계산한다.

❶ 올해 주식보상비용 = 올해 누적 주식보상비용 − 작년 누적 주식보상비용
❷ 누적 주식보상비용 = 스톡옵션 수량 × (주가 − 행사가액) × 누적 기간

누적 기간
3년 동안 매년 1/3년, 2/3년, 3/3년으로 계산한다.

복잡해 보이지만, 가득 기간 동안 주식보상비용을 나눠서 인식하려다 보니 이렇게 계산하게 되었다. 매년 인식한 주식보상비용은 재무상태표의 장기미지급비용 계정에 차곡차곡 쌓인다. 가득 기간 동안 용역대가를 모두 비용으로 반영했으면, 가득 기간이 끝난 이후에는 이제 주가 변동만 고려해서 주식보상비를 재계산하면 된다. 임직원이 스톡옵션을 행사하면 바로 현금을 지급해야 하므로 현재 주가 기준으로 부채 금액을 업데이트해두는 것이다.

가령 올해 기록해야 할 주식보상비용이 1,000원이라고 하자.

주식보상비용 인식

차변 주식보상비용 1,000원   대변 장기미지급비용 1,000원

스톡옵션이 행사될 때는 장기미지급비용을 상환하는 것처럼 기록한다. 시가로 재계산해서 재무상태표에 기록된 장기미지급비용은 5,000원이고, 모든 스톡옵션이 행사되어 현금 5,000원을 지급하는 경우 다음과 같이 적는다.

스톡옵션 행사

차변 장기미지급비용 5,000원   대변 현금 5,000원

낙장불입, 재계산하지 않는 주식결제형 스톡옵션

현금결제형 스톡옵션과 비슷한 회계처리를 한다. 다만, 주식결제형 스톡옵션은 현금 대신 회사 주식을 준다. 이 경우, 미래 재무상태표의 자본이 증가(증자 또는 자기주식 교부)할 것이므로 주식보상비용을 기록할 때도 미리 자본(주식선택권)이 증가하는 것으로 기록한다.

이를테면 올해 기록해야 할 주식보상비용이 1,000원인 경우 다음과 같이 인식한다.

주식보상비용 인식

차변 주식보상비용 1,000원   **대변** 주식선택권 1,000원

자본은 시가 변동과 상관없이 최초에 인식한 금액을 그대로 유지한다. 주식선택권도 자본이니, 가득 기간이 종료되고 나면(용역대가를 모두 비용에 반영하고 나면), 주식선택권을 재계산하지 않는다. 현금결제형 스톡옵션이 주가 변동을 고려해 매번 장기미지급비용 재계산하는 것과 대조적이다.

예를 들어 임직원이 입금한 행사가액이 현금 2,000원이고, 주식선택권 잔액이 3,000원, 증가한 자본금(액면가액)이 1,000원이라고 치자. 이때 액면가액을 초과하는 금액은 자본잉여금으로 기록한다.

스톡옵션 행사(증자)

 현금 2,000원   자본금 1,000원

 주식선택권 3,000원   자본잉여금 4,000원

자기주식처분손익

회사의 자본을 증가시키거나 감소시키는 거래를 자본거래라고 한다. 자본 항목인 자기주식을 사고팔아서 번 이익이나 손실 역시 자본 계정(자기주식처분이익, 자기주식처분손실)으로 처리한다. 이름에 '손실'이나 '이익'이 붙어 있어 손익 계정으로 보이지만 보이는 것에 속지 말자.

증자가 아니라 보유하고 있던 자기주식을 임직원에게 준다면 자기주식을 처분하는 것처럼 처리한다. 자기주식 취득원가가 1,000원이라면 자기주식처분이익은 4,000원이다.

스톡옵션 행사(자기주식)

차변 현금 2,000원 　　**대변** 자기주식(자본) 1,000원

차변 주식선택권 3,000원 　　**대변** 자기주식처분이익(자본) 4,000원

PART 6

그래서
얼마 벌었니?
손익계산서

42

손익계산서(포괄손익계산서)

손익계산서는 당기순이익을 확인하기 위한 재무제표!

손익계산서는 일정 기간 동안의 기업의 경영성과에 대한 정보를 제공해 주는 보고서다. 1년 동안 회사가 얼마나 벌었는지, 얼마나 썼는지를 알려준다. 다음은 삼성전자의 손익계산서다(첨부된 자료는 연결손익계산서다. 연결손익계산서는 종속기업의 손익도 포함한 손익계산서인데, 여기에서는 연결손익계산서와 손익계산서를 같은 것으로 이해해 두자). 앞서 살펴본 재무상태표(136쪽 참조)와 다음 손익계산서를 비교해 보면 두 재무제표의 성격을 명확히 알 수 있다. 재무상태표는 상단에 '12월 31일 현재'라고 표시되어 있는데, 손익계산서에는 '1월 1일부터 12월 31일까지'라고 적혀 있다. 이것은 재무상태표가 일정 시점의 재무상태를 알려

포괄손익계산서

한국채택국제회계기준에서는 포괄손익계산서를 재무제표로 정하고 있고, 일반기업회계기준에서는 손익계산서를 재무제표(포괄손익계산서는 주석으로 기재)로 규정하고 있다. 포괄손익계산서는 손익계산서에 기타포괄손익이라는 항목을 추가한 손익계산서인데 초보 단계에서는 손익계산서만 알고 있어도 충분하다. 그러니 편의상 '손익계산서'라는 용어로 통일하여 사용하기로 한다.

연 결 손 익 계 산 서

제 55 기 : 2023년 1월 1일부터 2023년 12월 31일까지

제 54 기 : 2022년 1월 1일부터 2022년 12월 31일까지

삼성전자주식회사와 그 종속기업 (단위 : 백만 원)

과　　목	제 55 (당) 기		제 54 (전) 기	
Ⅰ. 매출액		258,935,494		302,231,360
Ⅱ. 매출원가		180,388,580		190,041,770
Ⅲ. 매출총이익		78,546,914		112,189,590
판매비와관리비	71,979,938		68,812,960	
Ⅳ. 영업이익		6,566,976		43,376,630
기타수익	1,180,448		1,962,071	
기타비용	1,083,327		1,790,176	
지분법이익	887,550		1,090,643	
금융수익	16,100,148		20,828,995	
금융비용	12,645,530		19,027,689	
Ⅴ. 법인세비용차감전순이익		11,006,265		46,440,474
법인세비용(수익)	(4,480,835)		(9,213,603)	
Ⅵ. 당기순이익		15,487,100		55,654,077
지배기업 소유주지분	14,473,401		54,730,018	
비지배지분	1,013,699		924,059	
Ⅶ. 주당이익				
기본주당이익(단위 : 원)		2,131		8,057
희석주당이익(단위 : 원)		2,131		8,057

주는 재무제표인 데 반해, 손익계산서는 일정 기간의 경영성과를 알려주는 재무제표이기 때문이다. 그리고 손익계산서에는 재무상태표에서 보았던 자산, 부채와 자본의 스캔들(재무상태표 등식)처럼 복잡한 상관관계는 없다. 손익계산서는 경영성과를 보여주는 보고서이니, 그저 적혀 있는 그대로 읽기만 하면 된다.

　다른 것들은 다 무시하고, 일단 'Ⅵ. 당기순이익'만 확인하자. 얼마나

벌어서 얼마를 쓰고 얼마나 남겼는가가 곧 회사의 경영성과인데, 얼마나 남겼는가에 대한 답이 바로 '당기순이익'이다. 즉, 손익계산서는 이 당기순이익이 어떻게 계산되는지를 보여주는 재무제표라고 보아도 된다.

삼성전자의 2023년 당기순이익은 15조 원(15조 4,871억 원)이 넘는다. 2023년 한 해 동안 벌어서 쓰고 남은 이익이 15조 원이라는 뜻이다. 이것 하나로 삼성전자의 2023년 경영성과를 모두 살펴보았다. 다 쓰고 남은 당기순이익이 조 단위라니, 정말 큰 회사라는 생각이 들지 않는가.

이제 손익계산서에 대해서 본격적으로 살펴보도록 하자.

회계연도는 회계의 달력과 같다

손익계산서를 살펴보기 전에 회계연도라는 개념부터 이해해야 한다. 손익계산서에는 회계연도가 꼭 들어가야 한다. 손익계산서는 '일정 기간' 동안 회사의 손익이 얼마였는지를 보여주는 재무제표이기 때문이다. 여기서 회계의 편의를 위해 설정한 '일정 기간(보통 1년)'을 '회계연도(Fiscal Year, FY)'라고 한다. 영어로 표시할 때 FY라고 많이 쓴다. FY2030이라고 하면 2030 회계연도를 말하는 것이다. 회계연도와 구분하기 위해 달력의 1년(1월 1일 ~ 12월 31일)을 Calendar Year(CY)라고 쓰기도 하니 참고해 두자.

손익계산서에 회계연도를 표시하지 않으면 해당 손익계산서의 숫자가 어떤 기간의 손익을 표시하는 것인지 알 수 없다. 예컨대, 6개월치 이익인지, 1년치 이익인지, 또는 작년 1년간의 손익인지, 올해 1년간의 손익인지를 알 수가 없는 것이다. 그래서 손익계산서에서는 회계연도를 확인하는 것이 중요하다.

회사의 회계연도 기간은 보통 1년이다. 다만, 언제부터 언제까지의 1년을 회계연도로 할지는 회사가 자유롭게 정한다. 즉, 일반 달력과 회계 달력은 회사의 선택에 따라 다를 수 있다는 이야기다.

하지만 많은 회사들이 1월 1일에서 12월 31일까지의 1년을 회계연도로 선택한다(이런 회사를 실무에서는 12월 31일에 회계연도가 끝나기 때문에 '12월 말 법인'이라고 부른다). 달력과 일치해 여러모로 편리한 점이 있기 때문이다. 그런데, 달력과 일치하지 않는 회계연도를 사용하는 회사도 의외로 많다. 특히 금융회사나 외국계회사들은 4월 1일에서 3월 31일까지의 1년을 회계연도로 하는 곳이 많고(마찬가지로 3월 31일에 회계연도가 끝나는 회사를 '3월 말 법인'이라고 한다), 학교법인들은 주로 2월 말 법인이니 참고해 두자.

덕분에 오회계사는 1년 내내 바쁘다. 12월 말 법인에 대한 회계감사 업무가 끝나기 무섭게 2월 말 법인, 3월 말 법인, 6월 말 법인, 10월 말 법인 등에 대한 회계감사 업무가 줄줄이 진행되니 말이다.

회계연도 기간

상법에서 연 1회 이상의 결산을 하도록 하고 있기 때문에 1년을 초과하는 회계연도는 없다고 보면 된다. 회계연도를 1년보다 짧은 기간으로 할 수는 있다. 그런데 이 경우, 1년에 결산을 2회 이상 해야 한다. 한마디로 엄청 번거롭다. 그렇기 때문에 실무적으로는 대부분의 회사가 회계연도 기간을 1년으로 정한다고 보면 된다.

손익계산서의 기본 구조 : 번 돈(수익), 쓴 돈(비용), 남은 돈(이익 또는 손실)

어려운 재무제표 중에 그나마 이해하기 쉬운 재무제표를 꼽으라면,

단언컨대 손익계산서를 들 수 있다. 물론 세세하게 들여다보면 복잡할 수도 있지만, 기본 구조는 다른 재무제표에 비해 정말 단순하다. 앞에서 살펴본 것처럼, 당기순이익 하나만 봐도 대략 그 회사가 한 해에 얼마만큼의 이익을 남겼는지, 얼마나 성과를 잘 냈는지 바로 파악이 되니 손익계산서가 어렵지 않다는 데 쉽게 수긍할 수 있을 것이다.

손익계산서는 일정 기간 동안의 기업의 경영성과에 대한 정보를 제공하는 보고서다. 경영성과는 회사가 벌어들인 이익으로 평가하는데, 이 때 이익은 번 돈에서 쓴 돈을 빼고 남은 돈이다.

회계에서는 번 돈을 '수익(Revenue)'이라고 하고, 쓴 돈을 '비용(Expense)'이라고 한다. 즉, 경영성과는 수익에서 비용을 빼고 남은 '이익(Income)'으로 측정한다.

● 수익(번 돈) - 비용(쓴 돈) = 이익(남은 돈)

위의 식을 간단히 그림으로 그려보았다.

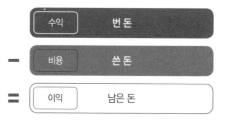

위의 그림이 바로 기본적인 손익계산서의 모습이다. 이 그림을 편의상 '기본 손익계산서'라고 부르도록 하겠다.

손익계산서가 필요한 이유는 ❶ 얼마나 벌어서 ❷ 얼마를 쓰고 ❸ 얼마나 남겼는지를 알기 위해서다. 기본 손익계산서는 손익계산서가 제공해야 하는 모든 정보를 담고 있다. 물론 실제 손익계산서는 조금 더 어렵게 생겼다. 그렇지만 위의 그림이 더 자세하게 표현되어서 그런 것뿐이니, 기본 손익계산서를 확실히 알고 있으면 어려울 게 없다.

직장인이라면 근로소득원천징수영수증을 생각하면 이해하기 쉬울 것이다. 근로소득원천징수영수증은 회사에서 1년 동안 받은 급여와 지난 1년간 납부한 소득세가 얼마인지, 결과적으로 세금을 내고 실제로 받은 급여가 얼마인지를 보여주는 서류다. 근로소득원천징수영수증이 직장인의 손익계산서인 셈이다.

＼｜／

여기서 잠깐!

수익 vs 이익

일상생활에서 수익과 이익이라는 단어를 혼용하여 사용하는 경우가 많다. 그런데 두 단어는 명백히 다른 의미를 갖는다. 수익은 벌어들인 총금액이고, 이익은 벌어들인 금액에서 쓴 금액을 빼고 남은 순액이다.

100만 원에 구입해 온 상품을 150만 원에 팔았다고 치면, 수익은 총 판매금액인 150만 원이고, 이익은 150만 원에서 100만 원을 뺀 50만 원이다.

43

손익계산서의 빅픽처

전문가가 아니라면 기본 손익계산서만 알아도 된다

앞서 본 손익계산서가 너무 간단해 보일 수도 있다. 그러나 모든 손익계산서는 기본 손익계산서의 틀에서 크게 벗어나지 않으니 안심해도 좋다. 다만, 우리가 흔히 접하는 손익계산서가 기본 손익계산서에 비해 복잡해 보이는 것은 사실이다.

기본 손익계산서에 비해 복잡해지는 이유는 수익과 비용의 종류를 더욱 세세하게 구분하기 때문이다. 수익과 비용과 이익만 표시한다면 참편하고 좋을 텐데, 정보이용자에게 유용한 정보를 제공해야 한다는 이유로 이런저런 정보를 담다 보니 손익계산서가 조금 복잡해졌다.

게다가 회사는 손익계산서를 표시할 때, 원칙만 지킨다면 회사 사정에 맞게 수익이나 비용을 개성 있게 표시할 수 있다. 즉, 회사마다 손익계산서의 세부내용이 다를 수 있다는 이야기다. 한국채택국제회계기준에서는 손익계산서에 비용을 표시할 때, 성격별 분류법이나 기능별 분류법 중 하나를 선택해 표시해도 된다고 아예 선언을 하고 있기도 하다.

그러니 손익계산서의 모습은 기본 구조를 제외하고는 어차피 회사마다 다를 수밖에 없다. 그래서 더욱 기본 손익계산서만 알아두어도 충분하다. 그럼에도 불구하고, 여전히 덜 공부한 것 같은 불안감을 달래기 위해 기본 손익계산서를 조금 더 세밀히 뜯어보기로 하자.

여기서 잠깐!

비용의 표시 방법

아래 내용은 참고로만 알아두자. 한국채택국제회계기준에서는 기업의 비용을 성격별 또는 기능별 분류 방법 중에서 신뢰성 있고 목적적합한 정보를 제공할 수 있는 방법을 선택해 표시하도록 하고 있다.

성격별 분류법은 당기손익에 포함된 비용을 성격별로 통합하여 표시하는 것이다 (예를 들면 감가상각비, 원재료의 구입, 운송비, 종업원급여와 광고비 등). 비용이 발생한 그대로 표시만 하면 되기 때문에 적용이 간편하다.

기능별 분류법(또는 매출원가법)은 비용을 매출원가, 물류원가, 관리활동 원가 등으로 기능별로 분류한다. 예컨대, 인건비라는 동일한 성격의 비용이라도 그 기능에 따라 매출원가, 물류원가, 관리활동 원가 등으로 구분해서 표시해야 한다. 따라서 비용을 배분하는 판단이 필요하다. 한마디로 어렵다. 비용을 기능별로 분류하는 기업은 감가상각비, 기타 상각비, 종업원급여비용을 포함해서 비용의 성격에 대한 추가 정보를 공시해야 한다.

한국채택국제회계기준에서 비용을 두루뭉술하게 표시하거나 심지어 골라 쓰도록 하고 있는 것에 비해, 일반기업회계기준에서는 비용을 매출원가, 판매비와관리비, 영업외손익, 법인세비용 등으로 구분하여 표시하도록 하고 있다.

기본 손익계산서 파헤치기 : 수익 − 비용 = 이익

기본 손익계산서는 수익에서 비용을 차감하면 이익이 된다고 앞서 설명했다. 먼저 수익과 비용이 어떻게 구성되는지 살펴본 뒤에 수익과 비용을 뺀 이익이 어떻게 표시되는지 살펴보도록 하자.

회사의 수익은 영업수익과 영업외수익으로 나눠진다. 영업수익(매출액)은 회사가 영업활동으로 번 돈이다. 영업외수익은 이름 그대로 회사가 영업 이외의 다른 활동으로 번 돈이다. 돈을 벌긴 벌었으되, 일시적이거나 부수적으로 번 돈이라는 뜻이다. 회사에 따라 기타수익, 금융수익 등으로 구분해서 표시하기도 하는데, 영업 외의 활동으로 번 돈을 영업수익과 구분해서 표시한다는 점을 기억하면 된다.

비용도 수익과 비슷하게 영업활동에서 쓴 돈과 그 외의 활동에서 쓴 돈을 구분하면 되는데, 각각 영업비용(매출원가, 판매비와관리비), 영업외비용(기타비용, 금융비용, 지분법손실 등) 그리고 법인세비용이다.

수익에서 비용을 뺀 것이 이익이다. 이제 비슷한 활동별로 얼마나 벌어서 쓰고 남았는지 보면 된다.

영업이익
영업이익을 계산하기 전에 매출총이익(매출액 − 매출원가)을 계산하기도 한다. 이 경우, 매출총이익에서 판매비와관리비를 차감한 이익이 영업이익이다.

법인세비용차감전순이익
실무에서는 세금을 빼기 전의 이익이라는 의미에서 간단히 '세전이익'이라고 부르기도 한다.

- 영업활동 : 영업수익 − 영업비용 = 영업이익

- 영업 이외 활동 : 영업이익 + 영업외수익 − 영업외비용
  = 법인세비용차감전순이익

- 세금 내고 최종적으로 남은 돈 : 법인세비용차감전순이익
  − 법인세비용 = 당기순이익

앞에서 이야기한 것을 보기 쉽게 배열해 보았다.

수익, 비용, 이익	내용
❶ 영업수익	매출액
❷ 영업비용	매출원가, 판매비와관리비
❸ 영업이익(❶ - ❷)	영업수익 - 영업비용
❹ 영업외수익	금융수익, 지분법이익, 처분이익 등
❺ 영업외비용	금융비용, 지분법손실, 처분손실, 기부금 등
❻ 법인세차감전순이익(❸ + ❹ - ❺)	영업이익 + 영업외수익 - 영업외비용
❼ 법인세비용	
❽ 당기순이익(❻ - ❼)	법인세차감전순이익 - 법인세비용

이것이 바로 흔히 볼 수 있는 손익계산서의 모습이다.

내용을 보면 수익과 비용 부분에 다양한 계정과목이 포함된 것을 확인할 수 있다. 벌써 복잡하고 어려워진 것 같지만, 그냥 느낌일 뿐이다. 하나하나 자세히 살펴보면 상식선에서 이해되는 계정과목도 많이 있으니 지레 겁먹지 말자. 수익과 비용의 다양한 계정과목들이 익숙해지기만 해도 성공이다.

한국채택국제회계기준에서는 손익계산서에 수익, 금융원가, 지분법손익, 법인세비용 등의 항목을 표시하도록 하고 있다. 일반기업회계기준에서는 수익을 매출액, 영업외수익으로, 비용은 매출원가, 판매비와관리비, 영업외비용, 법인세비용으로 구분한다.

44

수익
매출액과 영업외수익이 전부다

본업으로 번 돈, 영업수익(매출액)

영업수익과 영업외수익을 조금 더 구체적으로 알아보자. 먼저 영업수익이다. 회사가 본업으로 번 돈이 영업수익이라고 이해하면 된다. 예를 들어, 커피빈코리아는 커피의 제조와 판매를 주요 사업으로 하는 회사다. 다음은 커피빈코리아의 주석 중에서 '회사의 개요'를 일부 발췌한 것인데, 여기에서도 회사의 실제 영업 내용을 확인할 수 있다.

커피빈코리아는 일반기업회계기준을 적용하여 재무제표를 작성한다.

◆ **커피빈코리아 2023년 감사보고서 주석 발췌**

> **1. 회사의 개요**
>
> 주식회사 커피빈코리아(이하 '회사')는 2000년 6월 16일에 설립되어 커피 및 식품
> 의 제조·판매 및 수출입업, 커피체인점 직영업, 부동산 임대업 등을 주요 영업으
> 로 하고 있습니다. 2023년 12월 31일 현재 회사는 서울특별시 강남구 봉은사로에
> 본사를 두고 있으며, 서울 및 수도권 지역 등에 228개의 직영매장을 운영하고 있
> 습니다.

커피빈코리아가 커피와 관련된 영업활동을 하면서 번 돈(본업에서 번
돈)은 손익계산서의 영업수익(매출액)으로 집계된다. 다음의 손익계산서
를 살펴보자.

◆ **커피빈코리아 2023년 손익계산서**

<table>
<tr><td colspan="5" align="center">손 익 계 산 서</td></tr>
<tr><td colspan="5" align="center">제 24(당) 기 2023년 1월 1일부터 2023년 12월 31일까지</td></tr>
<tr><td colspan="5" align="center">제 23(전) 기 2022년 1월 1일부터 2022년 12월 31일까지</td></tr>
<tr><td colspan="3">주식회사 커피빈코리아</td><td colspan="2" align="right">(단위 : 원)</td></tr>
<tr><td align="center">과　　목</td><td colspan="2" align="center">제 24(당) 기</td><td colspan="2" align="center">제 23(전) 기</td></tr>
<tr><td>Ⅰ. 매출액</td><td></td><td align="right">158,042,814,541</td><td></td><td align="right">153,530,343,831</td></tr>
<tr><td>Ⅱ. 매출원가</td><td></td><td align="right">73,810,476,550</td><td></td><td align="right">70,939,426,238</td></tr>
<tr><td>Ⅲ. 매출총이익</td><td></td><td align="right">84,232,337,991</td><td></td><td align="right">82,590,917,593</td></tr>
<tr><td>Ⅳ. 판매비와관리비</td><td></td><td align="right">82,714,463,045</td><td></td><td align="right">80,138,043,581</td></tr>
<tr><td>Ⅴ. 영업이익</td><td></td><td align="right">1,517,874,946</td><td></td><td align="right">2,452,874,012</td></tr>
<tr><td>Ⅵ. 영업외수익</td><td></td><td align="right">2,970,955,079</td><td></td><td align="right">1,545,597,989</td></tr>
<tr><td>1. 이자수익</td><td align="right">205,126,964</td><td></td><td align="right">50,734,011</td><td></td></tr>
<tr><td>2. 수입임대료</td><td align="right">–</td><td></td><td align="right">24,000,000</td><td></td></tr>
<tr><td>3. 외환차익</td><td align="right">49,654</td><td></td><td align="right">9,551,263</td><td></td></tr>
<tr><td>4. 외화환산이익</td><td align="right">21,467,813</td><td></td><td align="right">4,605,178</td><td></td></tr>
</table>

5. 지분법이익	401,219,053		632,687,249	
6. 유형자산처분이익	159,514,627		454,658,150	
7. 무형자산손상차손환입	15,767,899		–	
8. 수입수수료	88,632,000		68,684,000	
9. 잡이익	2,079,177,069		300,678,138	
Ⅶ. 영업외비용		1,123,799,857		2,574,119,245
1. 이자비용	709,560,809		1,010,601,349	
2. 외환차손	359,135		2,390,867	
3. 기부금	25,391,160		34,110,841	
4. 재고자산처분손실	–		4,320,000	
5. 유형자산처분손실	120,268,361		230,933,861	
6. 무형자산처분손실	4,000		3,000	
7. 유형자산손상차손	–		1,019,896,968	
8. 잡손실	268,216,392		271,862,359	
Ⅷ. 법인세비용차감전순이익		3,365,030,168		1,424,352,756
Ⅸ. 법인세비용(수익)		800,005,053		(1,640,851,120)
Ⅹ. 당기순이익		2,565,025,115		3,065,203,876

2023년 커피빈코리아의 매출액은 1,580억 원이다. 대략 커피 한 잔에 5,000원이라고 하면 도대체 커피 몇 잔을 판 것일까?

부업으로 번 돈, 영업외수익

커피빈코리아의 손익계산서 하단을 보면 회사의 2023년 영업외수익이 약 30억 원이다. 주업인 커피 판매와 관계없이 부업으로 번 돈이 약 30억 원이라는 이야기다. 구성 내용을 보면 이자수익 2억 원, 지분법이익 4억 원, 유형자산처분이익 1억 6,000만 원, 잡이익 20억 원 등이다. 이외에도 어쩌다 한 번 받는 배당수익, 주식이나 부동산 등을 처분하고 얻는 처분이익, 환율변동으로 얻는 외화평가이익이나 외환차익 등도 영업외수익에 포함된다.

매출액이 1,000억 원을 넘은 것에 비하면 영업외수익 30억 원은 소소한 편이다. 조금 실망스러운가? 그럴 필요는 전혀 없다. 영업외수익이 굳이 클 필요가 없기 때문이다. 이 회사는 커피를 파는 회사인데, 그깟 이자수익이 많든 적든 무슨 상관이겠는가. 금융회사도 아닌데 말이다.

본업과 부업을 구분해서 표시하는 이유

돈을 벌었으면 '수익'으로 간단하게 표시하면 되지, 굳이 번거롭게 영업수익(본업)과 영업외수익(부업)을 나눠 놓은 이유가 무엇일까? 그래야 회사가 어떤 사업을 하는 회사인지, 주요 수익사업을 통해 돈을 잘 벌고 있는지 등을 확인할 수 있기 때문이다.

아무리 부업이 좋더라도 부업은 어차피 일시적이거나 부수적으로 하는 것뿐이다. 본업으로 돈을 잘 벌어야 미래가 안정적이다. 영업수익과 영업외수익을 구분함으로써 정보이용자들은 회사의 미래를 조금 더 정확하게 예측할 수 있다.

특히 여러 회사를 비교할 때, 본업과 부업의 구분이 빛을 발한다. 회사마다 영업과 관계없는 다양한 상황에 놓여있다. 어떤 회사는 현금이 많아서 다양한 투자로 돈을 버는 반면, 어떤 회사는 자금이 부족해서 막대한 이자를 부담하고 있을 수 있다. 이런 외적인 요소를 제외하고 순수하게 영업 능력만 따져보고 싶을 때, 각 회사의 본업을 들여다보면 된다.

그런 의미에서 비용도 영업비용과 그 이외의 비용을 구분해서 표시한다.

어떤 부업이 있을까? – 영업외수익 뜯어보기

❶ 이자수익과 배당금수익

회사가 은행에 예금을 하거나 관계회사 등에 자금을 대여해 주고 이자를 받을 수 있는데, 이것이 바로 이자수익이다. 일반적으로 회사는 자금을 은행에 예치하는 경우가 많으므로 대부분의 손익계산서에서 흔히 볼 수 있는 대표적인 영업외수익 계정과목이다. 배당금수익은 말 그대로 회사가 투자한 주식에서 배당금을 받은 경우, 그 수익을 말한다.

❷ 자산처분이익

유형자산이나 무형자산을 장부가액보다 높은 가격에 처분하여 이익이 발생했을 때, 자산처분이익 계정과목을 사용한다. 일반적인 회사는 자산을 처분하는 것을 사업목적으로 하지 않는다. 즉, 자산의 처분은 어쩌다 한 번씩 발생하는 일이다. 그래서 자산처분이익은 영업외수익이다. 물론 자산처분을 주업으로 하는 회사들, 예컨대 아파트 분양회사들은 아파트를 분양하고 얻은 수익을 매출액으로 표시한다.

❸ 외환차익과 외화환산이익

외환차익은 외화자산이나 외화부채의 결제(매각) 시점에 적용한 환율이 당초 재무제표에 기록할 때의 환율과 달라서 발생하는 이익을 말한다. 손실이 발생한 경우에는 외환차손이라고 한다. 해외여행을 위해 환전을 하는 경우를 생각해 보면 쉽다. 출국 때 달러당 1,100원으로 환전하였는데, 100달러가 남아 귀국하자마자 다시 원화로 환전했다고 치자. 이때 환율이 상승하여 1,200원이 된 경우, 환전 후 받는 현금은 12만 원(달러당 1,200원 × 100달러)이다. 당초 환전할 때는 11만 원(달러당 1,100원 × 100달러)을 지출했으니, 결과적으로 잠깐 사이에 총 1만 원(120,000원 — 110,000원)의 이익, 즉 외환차익이 발생한 셈이다.

외환차익과 헷갈리기 쉬운 계정과목이 외화환산이익이다. 외화환산이익은 결산일 현재의 환율과 결산일 직전 재무제표상 외화자산 및 외화부채의 환산에 적용된 환율이 달라서 발생하는 이익이다. 손실이 발생한 경우에는 외화환산손실이라고 한다. 해외여행에서 남겨온 달러를 바로 환전하지 않고 결산일까지 가지고 있는 경우를 생각하면 된다. 결산일 현재 환율이 1,150원이라면 수중에 있는 외화자산 100달러는 결산일 현재 환율을 적용하여 11만 5,000원으로 기록된다. 11만 원을 주고 환전을 했는데, 이 돈이 현재 시점의 가치로 11만 5,000원이라니 5,000원이나 이득을 본 셈이다. 비록 당장 내 손에 쥐어진 이익은 아니지만 왠지 돈을 번 것처럼 기쁘지 아니하겠는가. 이 기쁨이 회계에서는 외화환산이익으로 표현되는 것이다.

외환차익은 외화자산 및 외화부채를 실제로 환전했을 때, 외화환산이익은 마음속으로 환전했을 때 사용하는 계정과목이라고 이해해 두자.

❹ 지분법이익(지분법손실)

회계에는 지분법이라는 어려운 개념이 있다고 했다. 경영참여용 주식(관계기업투자주식 등)에 투자한 경우, 지분법으로 회계처리하는데, 피투자회사의 당기순이익(손실) 중에서 보유 지분율만큼을 '투자회사의 경영성과'로 본다는 것이 핵심이다. 지분법이익은 피투자회사의 당기순이익을 투자회사의 손익에 반영(피투자회사의 당기순이익 × 지분율)하기 위해 사용하는 계정과목이다.

피투자회사의 당기순이익이 1,000원이고, 투자회사의 지분율이 20%인 경우, 투자회사가 손익계산서에 인식할 지분법이익은 200원(1,000원 × 20%)이다. 지분법이익이 증가하는 만큼 피투자회사 주식 가치가 증가한다.

지분법이익 인식

 관계기업투자주식 200원　　 지분법이익 200원

일반기업회계기준에서는 지분법적용투자주식 계정과목을 사용한다.

반대로 피투자회사가 손실인 경우, 투자회사는 지분법손실(영업외비용)을 손익계산서에 인식하고, 그만큼 피투자회사 주식 가치는 감소한다.

회사마다 다른 영업외수익 분류 방법

일반기업회계기준을 적용하는 회사들은 영업외수익에 해당하는 수익

계정과목을 손익계산서에 구체적으로 표시하는 경우가 많다. 커피빈코리아만 하더라도 영업외수익이라는 대분류 아래에 이자수익, 수입임대료, 외환차익, 외화환산이익, 지분법이익, 자산처분이익, 손상차손환입, 수입수수료 등을 모두 열거해 놓았다.

반면 한국채택국제회계기준을 적용하는 회사는 특성에 맞게 재량껏 손익 항목을 구성하여 사용할 수 있는데, 영업외수익은 상세 항목을 일일이 나열하기보다는 비슷한 항목끼리 묶어서 간결하게 표시하는 경우가 많다. 이때 금융수익, 지분법이익 정도만 별도로 표시하고, 나머지는 기타수익이나 영업외수익으로 등으로 모아서 표시한다. 다음은 회사별 영업외수익 항목의 분류와 상세 내용을 정리해 본 것이다. 회사마다 세부 구성 내용이 조금씩 다른 것을 확인할 수 있다.

◆ 회사별 영업외수익 예시

	삼성전자	SK하이닉스	네이버
금융수익	이자수익, 외환차익, 파생상품관련이익	이자수익, 배당금수익, 외환차익	배당수익, 외환차익, 자산평가이익
기타수익/ 기타영업외수익	배당금수익, 임대료수익, 자산처분이익	무형자산손상차손환입, 자산처분이익	수입임대료, 외환차익, 자산처분이익
지분법이익	지분법이익	지분법투자 관련 이익	지분법손익

이외에도 손익계산서에 '○○수익', '○○이익', '○○차익' 등과 같이 '익(益)'자가 붙은 다양한 계정과목이 등장할 수 있다. 낯선 계정과목을 발견했을 때 너무 놀라거나 겁먹지 말자. 일부 예외(선수수익, 자기주식처분이익 등)가 있기는 하지만, '익'자가 붙은 계정과목은 일종의 수익(번 돈)이겠거니 또는 이익(쓰고 남은 돈)이려니 생각해도 큰 무리가 없다.

45

비용
이름 그대로 쓰이는 비용들

회사의 영업활동을 위해 발생하는 비용

비용은 회사가 쓴 돈이라고 했다. 비용도 수익과 마찬가지로 회사의 고유 사업활동을 위해 쓴 돈(매출원가와 판매관리비)과 주요 영업 이외의 활동을 위해 쓴 돈(영업외비용)으로 구분한다. 여기에 추가로 법인세비용을 별도의 항목으로 구분한다.

커피빈코리아가 커피를 팔려면 커피 원두도 사와야 하고, 종이컵과 빨대도 필요하다. 커피를 제조하는 바리스타도 확보해야 한다(구매, 제조). 게다가 커피를 만들었다고 바로 내다 팔 수 있는 것도 아니다. 커피를 팔 매장을 빌려야 하고, 넘쳐나는 커피전문점 시장에서 살아남으려면 광고도 지속적으로 해줘야 한다. 어디 그뿐이랴, 회사는 재무제표도 작성해야 하고, 법률에 따라 회계감사도 받아야 한다(판매, 관리). 이 모든 활동은 회사가 커피를 판매하고, 영업을 하는 데 있어 반드시 필요한 것들이다.

그중 커피 판매와 관련하여 직접 발생하는 비용(구매/제조 관련 비용)을 매출원가로 분류한다. 그리고 매출원가는 아니지만, 해당 제품(상품)의 판매활동 및 회사의 사업 전체를 관리하는 활동을 위해 발생하는 비용을 판매비와관리비라고 한다. 매출원가와 판매비와관리비는 그 성격이 완전히 다르다. 매출원가는 판매한 상품이나 제품의 원가와 관련된 비용이지만, 판매비와관리비는 그 상품이나 제품을 판매하고 관리하는 활동과 관련된 비용이다.

커피빈코리아의 제24기(2023년) 손익계산서를 보면 매출원가가 738억 원으로 표기되어 있다(285쪽 참조). 이는 매출액 1,580억 원을 달성하기 위해 지출한 커피 원두 원가, 종이컵 비용 등이 738억 원이라는 이야기다. 그리고 판매비와관리비는 약 827억 원이다.

매출원가 : 상품매출원가와 제품매출원가

매출원가는 회사의 영업활동을 위해 발생하는 비용으로 매출액에 직접 대응되는 원가다. 말 그대로 '매출'한 자산의 '원가'라는 뜻이다. 상품매출원가는 판매된 상품을 당초 구입했을 때 쓴 돈이다. 같은 방식으로 제품매출원가는 판매된 그 상품을 제조하기 위해 쓴 돈이다.

이때, 주의할 점은 매출원가와 매입액은 서로 다르다는 것이다. 매입액은 팔았든 못 팔았든 상관없이 상품을 구입할 때 든 총액이다. 반면에 매출원가

매출원가 표시 방법
회계에서는 매출원가를 기초 상품(제품)가액에 당기 매입(제조)에 소요된 비용을 더하고, 기말 현재 남아 있는 상품(제품)가액을 뺀 금액으로 표시한다(매출원가 = 기초재고 + 당기 매입액 − 기말재고).

는 판매된 상품의 구입가액이다. 판매되지 못하고 남은 금액은 기말재고로 표시된다.

판매비와관리비

판매비와관리비는 회사의 영업활동을 위해 발생하는 비용 중에서 매출원가가 아닌 모든 비용이다. 말 그대로 제품이나 상품을 판매하고, 회사를 관리하기 위해 발생하는 비용을 말한다. 판매 또는 관리 업무를 담당하는 직원들의 인건비, 본사 직원 인건비, 복리후생비, 여비교통비 등과 접대비, 세금, 차량유지비, 지급수수료(로열티나 회계감사 수수료, 법무비용 등), 광고선전비, 임차료 등 대부분의 비용 계정과목이 여기에 속한다.

판매비와관리비 관련 계정과목

❶ **급여** : 임원 급여, 판매와 관리 업무에 종사하는 직원에 대한 급료(관리직 급여), 임금(현장 작업자에 대한 급여) 및 제수당 등(제조활동을 수행하는 직원이 받는 급료와 임금은 판매비와관리비에 포함하지 않고, 제조원가로 분류한다)

❷ **퇴직급여** : 임직원의 퇴직에 대비하여 확정급여부채(퇴직급여충당부채)를 설정하거나 퇴직연금을 납부하는 경우 발생하는 비용

❸ **대손상각비** : 회수가 불확실한 채권에 대하여 합리적이고 객관적인 기준에 따라 산출한 대손추산액에서 대손충당금 잔액을 차감한 금액. 못 받을 돈을 미리 비용으로 잡아둔 것이라고 이해해 두자.

❹ **복리후생비** : 급여와는 달리 임직원에게 직접 지급되지 않고 근로의욕을 향상

시키기 위해 지출하는 노무비적인 성격의 비용(예를 들면 건강보험료 회사 부담분, 체력단련비, 건강검진비 등)

❺ **임차료** : 단기리스나 소액자산리스 등의 자산을 타인으로부터 빌려 사용함으로써 그 소유주에게 지급하는 임차료 중 판매와 관리 활동과 관련된 것

❻ **접대비** : 사업상 필요에 따라 지출한 접대비용(고객과의 식사비, 경조사비, 선물 등)

❼ **감가상각비** : 유형자산 원가를 효익이 발생하는 기간에 체계적이고 합리적인 방법으로 배분하는 과정에서 인식한 비용

❽ **무형자산상각비** : 무형자산 원가를 효익이 발생하는 기간에 체계적이고 합리적인 방법으로 배분하는 과정에서 인식한 비용

❾ **세금과공과** : 국가나 지방자치단체가 부과하는 세금, 공과금, 벌금, 과징금 등을 처리하는 계정과목(세금과 공과금 정도로 이해해 두자. 법인세와 지방소득세는 회사의 소득에 대해서 납부하는 세금으로 세금과공과 계정과목이 아닌 법인세비용 계정과목을 사용한다)

❿ **광고선전비** : 불특정 다수인을 상대로 상품이나 제품에 대한 광고 및 선전을 위해 지출하는 비용(신문광고비, TV광고비 등)

⓫ **기타** : 연구비, 여비교통비, 통신비, 수선비, 보험료, 운반비, 판매수수료, 지급수수료, 잡비 등

대부분의 계정과목, 그중에서도 특히 손익계산서의 계정과목은 문자 그대로의 용도로 사용된다. 계정과목명은 회사의 상황에 맞게 적절하게 수정하여 사용할 수 있다.

보통 손익계산서의 판매비와관리비는 한 줄로만 표시되어 있어 그 세부내역을 알기가 어렵다. 이런 경우, 감사보고서 주석에서 세부내역 확인이 가능하다. 다음은 삼성전자의 2023년 판매비와관리비 내역이다.

계정과목	금액(백만 원)	비중
급여	8,324,562	11.6%
퇴직급여	299,369	0.4%
지급수수료	8,753,442	12.2%
감가상각비	1,649,335	2.3%
무형자산상각비	688,786	1.0%
광고선전비	5,213,896	7.2%
판매촉진비	6,894,395	9.6%
운반비	1,721,614	2.4%
서비스비	3,968,816	5.5%
기타판매비와관리비	6,125,999	8.5%
경상개발비	28,339,724	39.4%
계	71,979,938	100%

삼성전자 판매비와관리비 중에서 가장 큰 비중을 차지하는 것은 경상개발비로 전체 판매비와관리비 중 39.4%나 된다. 반도체, 휴대폰 등 해마다 신제품을 개발하는 등 많은 개발비를 투입하고 있음을 알 수 있다.

\ | /
여기서 잠깐!

매출원가와 판매비와관리비의 구분

같은 성격의 비용이라도 제조활동과 관련하여 발생한 비용은 매출원가로, 판매 및 관리 활동과 관련하여 발생한 비용은 판매비와관리비로 구분된다. 예컨대, 공장에서 제품 제조활동에 참여하는 직원에 대한 급여는 판매할 제품을 제조하는 데 직접적으로 들어가는 비용이므로 매출원가로 분류된다. 반대로 본사 재무팀이나 인사팀, 마케팅팀 등에 근무하는 직원에 대한 급여는 판매활동 또는 관리활동을 위해 발생하는 비용이므로 말 그대로 판매비와관리비로 구분한다.

매출원가	판매비와관리비
공장 근로자의 직접 노무비	판매부서 및 관리부서 인건비
공장 건물의 감가상각비, 보험료, 수선비	사무실 건물의 감가상각비, 보험료, 수선비
공장 사무실 운영비	판매관리 부서 운영비
공장 소모품비	판매관리 부서 소모품비
공장의 전력비, 동력비 등	사무실 건물의 전력비, 동력비 등
원재료나 상품 운반비	제품이나 상품 판매 시 발생하는 운반비

영업외비용 : 영업 이외의 활동에서 발생하는 비용

영업외비용은 말 그대로 영업 이외의 활동에서 발생한 비용을 말한다.

예를 들어, 커피빈코리아의 2023년 손익계산서를 보면 회사의 영업외비용은 약 11억 원인데, 그중에서 약 7억 원이 이자비용이다. 커피빈코리아의 주요 영업은 커피를 판매하는 것이다. 회사가 은행에서 돈을 빌려 사용하고, 그 이자를 내는 것은 회사의 영업과는 직접 관계가 없으므로 이자비용은 영업외비용이다.

영업외비용 관련 계정과목

❶ **이자비용** : 회사가 외부로부터 조달한 타인자본(당좌차월, 장·단기차입금, 사채 등)에 대하여 지급하는 소정의 이자와 할인료 등의 비용

❷ **기타의 대손상각비** : 상거래에서 발생한 매출채권 이외의 채권에 대한 대손상각비. 예컨대, 회사가 은행 등 금융업 회사가 아닌 이상 다른 회사에 돈을 빌려준 경우 영업 이외의 활동이다. 따라서 제조업을 하는 회사가 다른 회사에 빌려준 돈을 받지 못하고 떼일 것 같을 때, 그 손해는 판매비와관리비의 대손상각비

가 아니라 영업외비용의 기타의 대손상각비로 인식한다.

❸ **투자자산처분손실, 투자자산평가손실** : 주식이나 부동산 등과 같은 투자자산을 처분하거나 평가했을 때 발생하는 손실

❹ **외환차손, 외화환산손실** : 외화자산이나 외화부채를 환전했거나, 환산했을 때 발생하는 손실. 영업외수익과 반대되는 계정과목이다.

❺ **기부금** : 상대방으로부터 아무런 대가를 받지 않고 무상으로 증여하는 금전이나 자산가액 등

영업외비용의 분류 방법도 회사마다 다르다!

영업외수익에서 살펴봤던 것처럼 영업외비용도 회사마다 표시하는 방법이 다르다. 일반기업회계기준을 적용하는 회사는 영업외비용의 내용을 상세하게 보여주는 것을 좋아한다. 앞서 살펴본 커피빈코리아만 해도 영업외비용 항목이 이자비용, 외환차손, 기부금, 자산처분손실, 손상차손, 잡손실 등으로 세분화되어 있다.

이에 반해 한국채택국제회계기준을 적용하는 회사들은 영업외비용을 금융비용, 지분법이익, 기타비용 등으로 짧고 굵게 표시한다.

◆ **회사별 영업외수익 예시**

	삼성전자	SK하이닉스	네이버
금융수익	이자비용, 외환차이, 파생상품관련손실	이자비용, 외환차이, 자산평가손실	이자비용, 외환차이, 평가손실, 거래손실
기타수익/ 기타영업외수익	자산처분손실, 기부금	손상차손, 자산처분손실, 기부금	외환차이, 사회공헌비, 손상차손, 종속기업투자처분손실
지분법이익	지분법손실	지분법투자 관련 손실	지분법손실

법인세비용 : 법인소득에 대해 납부하는 세금

법인세비용은 정부에 납부하는 세금 중에서도 회사가 일정한 회계기간 동안 벌어들인 소득에 대해 부과되는 세금이다. 법인세비용 계정에는 법인소득에 대해 국세청에 납부하는 '법인세', 구청이나 시청 등 지방자치단체에 납부하는 '지방소득세'가 포함된다.

세금 중에 법인세비용만 별도로 표시하는 이유

법인세 말고도 많은 세금이 있다. 부가가치세, 자동차세, 취득세 같은 것들 말이다. 이 많은 세금 중에서 법인세비용만 손익계산서에 비용으로 버젓이 표시된다. 왜 법인세비용만 굳이 별도의 계정과목을 주면서 특별대우를 하는 걸까. 법인세는 회사가 번 돈, '이익'에 대해 부과되는 세금(이익 × 세율)이다. 그래서 법인세를 계산하려면 일단 '이익'이 얼마인지를 알아야 한다. 이것을 법인세를 내기 전에 계산한 이익이란 의미로 '법인세비용차감전순이익'이라고 한다. 법인세를 계산하기 위해 이익과 법인세를 구분해서 표시하는 것이니 너무 이상하게 생각할 것 없다.

회사는 법인세뿐만 아니라 다양한 종류의 세금을 내는데, 이런 일반적인 세금은 회사의 소득과는 관계없이 발생하는 것으로 법인세비용이 아니라 매출원가나 판매비와관리비(세금과공과)로 분류된다. 물론 취득세, 부가가치세, 원천세와 같이 세금과공과가 아닌 다른 계정과목으로 표시되는 세금도 있기는 하다. 이에 대해서는 차차 살펴볼 것이다.

다음은 회사가 내는 다양한 세금의 예시다. 지금은 이름 정도만 알아두어도 된다.

계정과목	세금과공과	법인세비용	기타
세금명	교육세, 인지세, 자동차세, 재산세, 주민세, 등록면허세, 레저세, 지역자원시설세 등	법인세(국세) 지방소득세(지방세)	부가가치세 원천세 취득세

오회계사는 가끔 손익계산서상의 법인세비용 금액이 회사가 실제로 납부한 세금과 일치하지 않는데 어쩌면 좋겠느냐는 질문을 받는다. 뭐 그런 일은 늘 있는 일이기 때문에 걱정할 필요 전혀 없다. 대부분의 경우, 손익계산서의 법인세비용과 회사가 실제로 부담하는 법인세 금액이 일치하지 않는다. 이 차이는 주로 회계를 어렵게 하는 주범 중 하나인 '이연법인세 회계'를 적용하기 때문에 발생한다. 이연법인세 회계는 차차 알아볼 기회가 있을 것이다. 지금은 손익계산서상의 법인세비용은 회사가 소득에 대해 납부하는 법인세와 지방소득세를 의미하지만 반드시 납부세액과 일치하지는 않는다는 정도만 알아두면 된다.

46

이익
회사가 벌고 쓴 뒤 남은 돈

지금까지 손익계산서를 구성하는 매출액, 영업외수익, 매출원가, 판매비와관리비, 영업외비용 및 법인세비용에 대해 알아보았다. 이제 이익에 대해 살펴볼 차례다. 먼저, 손익계산서의 단순화된 모습을 다시 떠올려 보자.

손익계산서는 회사가 얼마나 벌어서 얼마를 쓰고, 결과적으로 얼마나 남겼는지를 보여주는 재무제표라고 했다. 회사가 벌어들인 수익과 쓴 돈인 비용 못지않게 중요한 것이 남긴 돈인 '이익'이다. 사실, 재무제표의 주요 이해관계자들, 즉 주주, 채권자, 성과급을 기다리는 임직원, 남은 돈에 대해 세금을 징수해야 하는 정부 등의 입장에서도 가장 중요한 정보는 뭐니 뭐니 해도 '이익'일 것이다.

손익계산서는 이익을 영업이익(매출원가가 중요한 도소매업, 제조업 등의 회사는 매출총이익과 영업이익으로 세분화하기도 한다), 법인세비용차감전순이익, 당기순이익으로 구분한다. 왜 굳이 번거롭게, 그리고 어렵게 이익을 다양하게 구분하는지 손익계산서의 구조가 원망스러울 수도 있겠지만 다 나름의 이유가 있으니 일단 받아들여야 한다.

손익계산서의 이익을 구분해 표시하는 이유

회사의 영업활동과 영업외활동이 회사에 미치는 영향은 다르다. 또한, 각각의 활동과 관련된 이해관계자도 다르다. 따라서 각각의 이해관계자들이 관심 있어 하는 이익의 정보가 다를 수밖에 없다. 그래서 회사의 이익을 구분하여 표시하면 회사의 이해관계자, 즉 채권자, 주주, 정부 등에게 제각기 유용한 이익 정보를 제공할 수 있게 된다.

손익계산서의 구조를 쉽게 이해하려면 세들어 살고 있는 아파트가 경매에 넘어간 경우를 생각해 봐도 좋다. 집주인도 그렇겠지만, 전세금을 날릴 위기에 처한 세입자는 두 눈을 부릅뜨고 경매 절차를 감시하게 될 것이다.

아마도 세입자는 가장 먼저 경매대금에 대한 우선순위가 누구에게 있는지부터 확인할 것이다. 다행스럽게도 세입자, 은행, 국세청으로 그 순위가 정해졌다 치자. 이 경우, 낙찰가액에서 세금과 경매 비용을 빼고 남은 금액에서 세입자가 전세금 상당액을 먼저 회수하고, 남은 돈을 은행, 국세청에서 각각 받아갈 것이다. 모든 자금을 분배하고도 혹시 돈이 남는다면, 그 남은 돈은 집주인이 가져간다.

자, 그렇다면 회사 이익에 대해 경매에 들어갔다 가정하고, 회사가 번 이익을 배분받을 권리가 누구에게 먼저 있는지를 생각해 보자. 우선순위는 '채권자 → 정부 → 주주'의 순으로 정해져 있다.

회사 이익에 대한 우선순위 : 채권자 > 정부 > 주주

재무상태표에서 살펴본 것처럼 회사는 타인자본(부채)과 자기자본(자본)을 통해 조달한 자금으로 회사를 꾸려간다. 공짜 돈이란 없다. 채권자나 주주가 아무런 대가 없이 돈을 투자할 리 없을 터. 회사가 영업을 통해 돈을 벌면, 그 돈으로 먼저 채권자에게 부채에 대한 이자를 지급해야 한다. 이자를 연체하면 무서운 채권자들이 콩팥이라도 떼어내겠다고 달려들지 모르니 무조건 제때 내야 한다.

이자를 내고도 돈이 남으면 회사는 소득에 대한 세금을 내야 한다. 법에서 세금을 내야 한다고 정해 놨으니 세금은 반드시 내야 한다. 그런데, 세금 좀 연체한다고 공무원들이 칼을 들고 달려들지는 않는다. 그러니 소중한 내 장기를 보호하기 위해 일단 이자부터 내고, 그후에 세금을 내면 되는 것이라고 기억해 두자.

이자와 세금까지 내고도 남은 돈이 있다면 그 돈에 대해서 드디어 주주가 권리를 주장할 수 있다. 배당으로 빼가도 되고, 미래를 위해 좀 모아두어도 된다. 그 돈은 주주가 지지든 볶든 마음대로 할 수 있는 것이다.

회계에서는 영업을 통해(제품을 만들고 판매하여) 번 돈이 영업이익이다. 돈을 벌었으니, 이제 번 돈을 배분해야 한다. 번 돈에 대한 첫 번째 우선권은 채권자에게 있으므로, 우선 채권자에게 이자를 지급한다.

이렇게 영업이익에서 이자비용을 지급하고 남은 돈이 법인세비용차감전순이익이다. 자, 이제 법인세비용차감전수이익을 두 번째 우선권자인 정부에게 배분한다. 이때 배분하는 것이 바로 법인세비용이다.

법인세비용차감전순이익에서 정부에 낼 세금을 내고도 남은 돈이 있으면, 비로소 주주가 가져간다. 주주가 마음대로 할 수 있는 그 돈이 바로 당기순이익이다.

손익계산서는 이렇게 회사가 번 돈이 얼마인지 보여주고, 그 돈을 우선순위를 가진 자들에게 각각 배분하고 나서 주주에게 돌아가는 몫이 얼마인지를 보여주는 재무제표다.

◆ **손익계산서의 이익에 대한 우선순위권자**

손익계산서	이해관계자
❶ 영업수익	소비자, 고객
❷ 영업비용	공급자(매출원가), 임직원(급여)
❸ 영업이익(❶ − ❷)	채권자, 정부, 주주에게 배분 가능한 이익
❹ 영업외수익	채무자(이자수익)
❺ 영업외비용	채권자(이자비용)
❻ 법인세차감전순이익(❸ + ❹ − ❺)	정부, 주주에게 배분 가능한 이익
❼ 법인세비용	정부
❽ 당기순이익(❻ − ❼)	주주에게 배분 가능한 이익

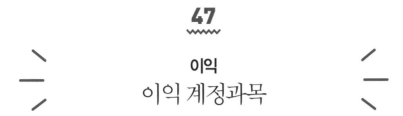

47

이익
이익 계정과목

손익계산서의 이익 관련 계정과목에 대해 좀 더 자세히 알아보자.

매출원가를 파악해야 진짜 매출이익을 안다

매출총이익(매출액 – 매출원가)

회사는 영업활동을 통해 이익을 창출한다. 회사가 주요 영업활동을 통해 얻은 수익, 즉 매출액에서 매출액에 직접 대응되는 비용인 매출원가를 뺀 이익을 '매출총이익'이라고 한다. 쉽게 말하면, 매출총이익은 물건을 팔아서 받은 돈(매출액)에서 판매된 그 물건을 얻기 위해 지불한 돈(매출원가)을 빼고 남은 돈이다.

매출액은 많으면 당연히 좋다. 다만, 매출액이 많다고 무조건 좋은 것은 아니다. 예컨대, 100원에 사온 상품을 90원에 판다고 치자. 매출총이익은 (-)10원. 이 경우, 팔면 팔수록 손실이 늘어나게 되니 얼른 사업을 접어야 한다.

두 회사를 비교할 때도 매출총이익이 중요하다. 매출액이 100억 원인 A회사와 매출액이 80억 원인 B회사가 있다. 어떤 회사에 투자를 하겠는가? 이때 무턱대고 A사를 고른다면 낭패를 보게 될지도 모른다. 매출액이 많은 A사가 장사를 잘한 것처럼 보이지만, A사의 매출원가는 80억 원이고, B사의 매출원가는 40억 원일 수도 있기 때문이다. 이 경우 A사의 매출총이익은 20억 원, B사의 매출총이익은 40억 원이니, A사보다는 B사가 알짜배기 회사다. 매출총이익이 차이가 나는 이유는 다양하다. A사가 B사보다 염가로 상품을 많이 팔았거나, 또는 B사가 같은 상품을 싸게 샀거나 등등.

이제 매출총이익이라는 개념을 알았으니, 앞으로는 "A사와 B사 중 어떤 회사에 투자하겠는가?"라는 질문에 대하여 최소한 각 회사의 매출원가와 매출총이익이 얼마인지를 확인해 본 후에 답을 하게 될 것이다.

회사별 매출총이익을 비교한다면? 매출총이익률

위에서는 극단적인 예를 들었지만, 사실 비슷한 업종을 영위하는 회사라면 매출총이익의 규모는 달라도 이익률은 비슷하다. 어차피 고객도 비슷하고, 매입하는 물건도 비슷할 것이기 때문이다.

회사마다 매출액이나 매출원가의 규모가 다른데, 어떻게 이익률이 비슷하다고 말할 수 있는지 의심을 할 수도 있다. 당연하고도 합리적인 의심이다. 이럴 때 사용할 수 있는 것이 '매출총이익률'이라는 재무비율이다. 재무비율은 사칙연산, 그중에서도 특히 '나누기'를 이용해 여러 가지

정보를 쉽게 비교 분석할 수 있게 해주는 장치다.

매출총이익을 매출액으로 나눈 비율이 바로 매출총이익률인데, 나누기라는 수식의 의미를 이해하면 된다.

매출총이익률은 매출액 1원당 매출총이익이 얼마인지를 보여준다. 매출액 1원이라는 기준이 동일하므로 정확하지는 않지만 대충이라도 회사별 매출총이익의 비교가 가능해진다. 물론 같은 논리로 한 회사의 과거와 현재의 매출총이익을 비교할 수도 있고, 회사 내 여러 사업부의 매출총이익도 비교할 수 있다.

커피 관련 업체인 스타벅스와 커피빈코리아의 2023년 매출총이익 및 매출총이익률은 다음과 같다.

회계기준	스타벅스(에스씨케이컴퍼니) 한국채택국제회계기준	커피빈코리아 일반기업회계기준
❶ 매출액	29,295억 원	1,580억 원
❷ 매출원가	14,374억 원	738억 원
❸ 매출총이익(❶ − ❷)	14,921억 원	842억 원
❹ 매출총이익률(❸ ÷ ❶)	50.9%	53.3%

매출액과 매출원가의 절대금액 차이가 크기도 하고, 적용한 회계기준도 달라서 두 회사의 매출액과 매출총이익을 단순 비교하기는 어렵다. 그러나 같은 업종이어서 그런지 매출총이익률은 스타벅스와 커피빈코리아가 각각 50.9%와 53.3%로 비슷하다. 이것은 두 회사가 1,000원어치를 팔았을 때 얻는 매출총이익이 각각 509원(1,000원 × 50.9%), 533원(1,000원 × 53.3%)이라는 의미다. 매출총이익 자체는 스타벅스가 10배 이상 크지만 매출총이익률은 오히려 커피빈코리아가 높다는 점이 흥미롭

다. 물론 매출액 및 매출원가의 구성, 절대적인 금액 규모 등이 중요하므로 단순히 재무비율만 가지고 판단할 수는 없겠지만 전반적인 느낌 정도는 파악할 수 있을 것이다.

주업으로 번 이익을 알려주는 계정과목

영업이익(매출총이익 − 판매비와관리비)

영업이익은 매출총이익에서 판매비와관리비를 차감하여 계산한다. 영업이익은 회사의 핵심 주력 사업을 통해 번 이익을 의미한다. 직장인은 월급을 잘 받아야 꾸준하고 안정적으로 생활할 수 있다. 어쩌다 주식 투자를 통해 돈을 벌 수도 있고 잃을 수도 있지만 그것은 부차적인 문제다. 일단은 본업에서 돈을 잘 벌어야 한다. 회사도 마찬가지다. 영업이익은 회사가 본업에서 돈을 얼마나 잘 버는지를 보여주는 중요한 지표다. 영업이익은 채권자에게 이자를 지급하고, 정부에 세금을 내고, 주주에게 배당을 지급하는 재원이 된다.

회사별 영업이익을 비교한다면? 영업이익률

회사별 영업이익을 비교 분석하기 위해 재무비율이 재등장한다. 그 이름도 단순한 영업이익률이다. 매출총이익률과 크게 다를 바 없다. 영업이익률은 영업이익을 매출액으로 나눠주면 되고, 매출액 1원당 영업이익이 얼마나 되는가를 보여준다.

영업이익이 장사를 해서 얼마나 버는지 보여주는 것이라고 하였으니,

영업이익률은 비교 대상들 중에 누가 더 장사를 잘했는지 비교할 때 사용하면 되겠다. 영업이익률은 회사가 어떤 사업을 하는가에 따라 다르게 나타날 수 있다. 경쟁이 별로 없는 독점 시장인 경우 영업이익률이 높은 편이고, 경쟁이 심한 시장은 상대적으로 영업이익률이 낮다. 경쟁자가 많은 경우, 여러 회사가 다양한 판매활동을 벌임에 따라 판매비와관리비 금액이 커지기 때문이다.

스타벅스와 커피빈코리아의 2023년 영업이익 및 영업이익률은 다음과 같다.

회계기준	스타벅스(에스씨케이컴퍼니) 한국채택국제회계기준	커피빈코리아 일반기업회계기준
❶ 매출액	29,295억 원	1,580억 원
❷ 매출원가	14,374억 원	738억 원
❸ 매출총이익(❶ − ❷)	14,921억 원	842억 원
❹ 판매비와관리비	13,523억 원	827억 원
❺ 영업이익(❸ − ❹)	1,398억 원	15억 원
❻ 영업이익률(❺ ÷ ❶)	4.8%	1.0%

거리를 걷다 보면 곳곳에서 커피전문점을 볼 수 있다. 그만큼 경쟁이 심하다는 뜻이다. 커피전문점은 경쟁자가 많다 보니 다양한 판촉 활동도 해야 하고, 광고도 꾸준히 해야 할 것이다. 영업이익률이 낮게 나타날 수밖에 없다. 위의 자료를 보면, 두 회사 모두 매출총이익률이 50%가 넘는 걸로 보아, 원두 등 원재료를 구입하는 데 큰 비용이 들지 않는다는 것을 유추할 수 있다. 그럼에도 불구하고, 영업이익률은 5% 미만이다. 이것은 판매비와관리비 부담이 커서, 커피 한 잔을 팔았을 때 이런저런 판매비용까지 제하고 남는 이익이 각각 커피 값의 4.8%, 1%밖에 되지 않

는다는 의미다.

매출총이익과 영업이익은 왜 구분할까

매출총이익은 매출액에서 매출원가를 뺀 금액이고, 영업이익은 매출총이익에서 판매비와관리비를 뺀 금액이다. 앞에서 매출원가와 판매비와관리비는 그 성격이 다르다고 했다. 따라서 매출총이익과 영업이익도 그 성격이 다를 수밖에 없을 것이므로 그 구분에도 의미가 생긴다.

매출총익이익과 영업이익은 모두 회사의 영업활동으로부터 얻은 이익이라는 점에서는 같다. 다만 매출총이익이 순수하게 제품이나 상품의 판매를 통해 얼마나 남는가를 보여준다면, 영업이익은 회사가 장사를 해서(판매활동, 관리활동 포함) 얼마나 남는가를 보여준다.

법인세와 당기순이익

법인세비용차감전순이익(영업이익 + 영업외수익 − 영업외비용)

회사의 영업활동으로 인한 이익이 집계되었으니, 이제 샴페인을 터트릴 때가 되었다. 차곡차곡 쌓인 영업이익을 채권자와 정부, 그리고 주주에게 나눠줄 준비가 된 것이다. 법인세비용차감전순이익은 영업이익에다 영업외수익을 더하고 영업외비용을 뺀 금액으로 계산한다. 채권자에게 지급하는 이자비용이 대표적인 영업외비용이다. 영업외수익은 회사의 본업과 상관없이 번 돈이다. 은행에 예치한 자금에서 이자수익을 얻을 수도 있고, 주식 투자를 해서 돈을 벌 수도 있다. 회사의 본업과는 상관없이 번 돈(영업외수익)이지만, 어찌 되었든 번 돈이다. 그리고 번 돈은 정부나 주주에게 나눠줘야 한다.

당기순이익(법인세비용차감전순이익 − 법인세비용)

채권자에게 이자를 지급했으면 이제 다음 차례는 정부다. 즉 세금을 내야 한다. 이름 그대로 법인세비용차감전순이익에서 법인소득에 대해 부담하는 세금인 법인세비용을 차감하고 나면 순이익만 남는다. 이 순이익을 특별히 이번 기(당기)의 순이익이라는 뜻에서 '당기순이익'이라고 한다.

세금까지 내고 남은 당기순이익은 이제 오롯이 주주가 가져갈 수 있다. 영업이익과 함께 당기순이익은 중요한 이익 정보다. 영업이익은 회사가 장사를 얼마나 잘했는지 보여준다면, 당기순이익은 장사도 하고, 이자도 내고, 세금도 내고, 다른 사업까지 해서 궁극적으로 얼마의 이익을 남겼는지를 보여준다.

회사별 당기순이익을 비교한다면? 매출액순이익률

회사별 당기순이익을 비교할 때에는 매출액순이익률이라는 재무비율이 이용된다. 매출액 대비 순이익을 표시하는 비율이어서 매출액순이익률이다. 매출액 1원당 당기순이익이 얼마나 되는지를 보여주는데, 앞서 살펴본 매출총이익률, 영업이익률과 쌍둥이처럼 닮았다.

스타벅스와 커피빈코리아의 2023년도 당기순이익과 매출액순이익률은 다음과 같다.

회계기준	스타벅스(에스씨케이컴퍼니) 한국채택국제회계기준	커피빈코리아 일반기업회계기준
❶ 매출액	29,295억 원	1,580억 원
❷ 매출원가	14,374억 원	738억 원
❸ 매출총이익(❶ − ❷)	14,921억 원	842억 원
❹ 판매비와관리비	13,523억 원	827억 원
❺ 영업이익(❸ − ❹)	1,398억 원	15억 원
❻ 영업외수익	335억 원	30억 원
❼ 영업외비용	214억 원	11억 원
❽ 법인세비용차감전순이익(❺ + ❻ + ❼)	1,519억 원	34억 원
❾ 법인세비용	344억 원	8억 원
❿ 당기순이익(❽ − ❾)	1,175억 원	26억 원
⓫ 매출액순이익률(❿ ÷ ❶)	4.0%	1.6%

스타벅스는 영업이익률(4.8%)이 매출액순이익률(4.0%)보다 높다. 반대로 커피빈코리아는 영업이익률(1.0%)보다 매출액순이익률(1.6%)이 높은데, 이는 영업외수익이 많이 기록된 것이 영향을 주었기 때문이다. 특히 영업이익(15억 원)보다 영업외수익(30억 원)이 더 큰 것은 이례적인 경우이다.

매출총이익률, 영업이익률, 매출액순이익률은 모두 매출로부터 얼마만큼의 이익을 얻는지를 보여주는 재무비율이다. 그래서 이 세 가지 비율을 합쳐서 매출액이익률이라고도 한다. 참고해 두자.

당기순이익은 재무상태표와 손익계산서의 매개

손익계산서에 표시된 1년 동안의 당기순이익은 모두 주주 몫이다. 그런데 당기순이익은 회사의 공동 주인인 주주들끼리 어떻게 사용할지 협의를 해야만 쓸 수 있다. 그렇기 때문에 주주들이 협의하기 전까지는 분배하지 않고 적립해 두어야 한다. 이때 적립해 두는 곳이 재무상태표의 주주 지분인 자본이다. 당기순이익은 자본 중에서도 특히 '남는 이익'이라는 뜻의 '이익잉여금' 항목에 차곡차곡 쌓인다.

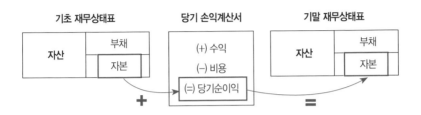

자, 올해의 당기순이익은 모두 기말 재무상태표에 적립했다. 즉, 기말 재무상태표는 올해 발생한 당기순이익, 요컨대 회사의 1년간의 경영성과를 포함하게 되었다.

그러고 나니 이제 손익계산서에 남은 것은 아무것도 없다. 그래서 내년의 당기순이익은 0에서 다시 시작된다. 이런 과정을 거치기 때문에 매년 손익계산서에는 오직 그해의 당기순이익만 나타난다.

48

손익계산서에도 없는 이익이 있다, EBITDA(에비타)

근본 없는 EBITDA, 넌 누구냐?

회사의 실적을 이야기할 때 빠지지 않고 등장하는 용어가 바로 'EBITDA'이다. 어떻게 읽어야 할지, 뭐라고 번역해야 할지도 애매한 이 단어는 언제부턴가 회사의 실적을 보여주는 대표적인 성과지표로 자리 매김하고 있다. 여러 분야에서 자주 사용되니 그 개념 정도는 알아두자.

EBITDA는 'Earnings Before Interest, Taxes, Depreciation and Amortization'의 약어다. 직역하면 '이자비용, 세금, 감가상각비와 무형자산상각비를 빼기 전의 이익'이 된다. 보통 '에비타', 또는 '에비따'라고 읽고, '상각 전 영업이익', '세금·이자·감가상각 전 영업이익', '법인세, 이자비용, 감가상각비 차감 전 이익' 등으로 번역한다. 주로 회사의 현금 창출 능력을 볼 수 있는 이익 지표로 활용된다.

사실 EBITDA는 회계기준에 정의된 개념은 아니다. 그래서 손익계산서에도 등장하지 않는다. 도대체 그 근본을 알 수 없으니, 회사별로 다르게 계산해도 뭐라고 할 수가 없다.

의미심장한 EBITDA 계산법

EBITDA의 계산 방법은 'EBITDA'라는 명칭에 이미 설명되어 있다. 기본적으로 다음의 두 방법으로 계산하되, 회사마다 다양한 조정을 한다.

❶ EBITDA = 영업이익 + 감가상각비 + 무형자산상각비

영업이익이 계산의 시작이다. 영업이익은 영업수익에서 영업비용을 뺀 값이다. 감가상각비와 무형자산상각비(이하 '상각비')는 영업비용이므로, 영업이익을 계산할 때, 이미 영업수익에서 차감되어 있다. 그러니 영업이익에 상각비를 더한다는 것은 '상각비 반영 전(상각비가 없는) 영업이익'을 계산하겠다는 의미다. 왜 상각비를 더하는 것일까.

상각비의 개념에 대해 복습을 해보자. 유형자산이나 무형자산은 취득 시에는 비용으로 기록하지 않고, 사용 기간 동안 나눠서 비용(상각비)으로 반영한다. 그래서 상각비는 현금 지출이 없는 대표적인 비용 중 하나다. 즉 영업이익에 상각비를 더해줌으로써 '현금 유출 없는 비용을 제외한 영업이익'을 계산했다(현금흐름표의 '영업활동 현금흐름' 계산 방법과 비슷하다). 이를 통해 (회계기준 때문에 인식하는 비용 효과를 제거한) 회사의 순수한 영업 성과를 판단할 수 있을 뿐만 아니라, 영업활동으로 인해 번 현금이 얼마 정도 되는지를 대략 가늠할 수 있다.

❷ EBITDA = 당기순이익 + 이자비용 + 법인세비용 + 감가상각비 + 무형자산상각비

두 번째는 당기순이익에서 시작한다. 당기순이익이 '영업이익에서 이자비용과 법인세비용을 뺀 값'으로 계산된다는 가정이 깔려 있다.

● 당기순이익 = 영업이익 – 이자비용 – 법인세비용

이 식에서 영업이익을 계산해 보면 다음과 같다.

→ 영업이익 = 당기순이익 + 법인세비용 + 이자비용

위의 영업이익을 ❶식에 대입해 보자. 아래와 같이 ❶식과 ❷식의 결과가 같아짐을 확인할 수 있다.

● EBITDA = ❶ 영업이익 + 상각비 = ❷ (당기순이익 + 법인세비용 + 이자비용) + 상각비

다만, 실제로는 이자비용 외에도 다양한 영업외손익 항목이 존재하다 보니, 당기순이익의 계산이 복잡하다. 그래서 영업외손익이 중요한 회사는 계산 방법에 따라 EBITDA가 크게 달라질 수 있다.

다음은 몇몇 회사의 EBITDA 계산 방법을 정리해 본 것이다(각 회사 IR 자료 참고). 회사마다 계산 방법이 조금씩 다른 것을 확인할 수 있다.

- 하이닉스 EBITDA = 영업이익 + 상각비

- 네이버 조정 EBITDA = 영업이익 + 상각비 + 주식보상

  비용

- 하이브 조정 EBITDA = 영업이익 + 상각비(사용권자산

  상각비 제외) + 지분법손익

- 카카오 조정 EBITDAR = 영업이익 + 상각비 + 사용권

  자산상각비 + 주식보상비용

EBITDAR(Earnings Before Interest, Taxes, Depreciation, Amortization and Rent)

카카오가 사용하는 개념으로 '법인세, 이자, 감가상각비 및 사용권자산상각비 (임차료, 렌트) 차감 전 영업이익'을 의미한다.

여기서 잠깐!

현금 유출 없는 비용이 더 있는데 어쩌죠?

EBITDA는 현금 유출이 없는 비용을 제외한 영업이익이다. 과거에는 상각비만 제거해 주면 이 논리에 부합하는 EBITDA를 충분히 계산할 수 있었다. 그러나 새로운 회계기준들이 등장하면서 전통적인 방법으로 계산한 EBITDA에 대한 고민이 시작되었다.

❶ **사용권자산상각비** : 이름만 놓고 보면 '상각비'다. 그래서 기계적으로 EBITDA를 계산하면 사용권자산상각비는 없는 비용이 된다. 그런데 리스 회계를 떠올려 보자. 상각비라는 비용을 기록하고는 있지만 실제로는 매달 리스료를 현금으로 납부한다. 그렇다면 단지 상각비라는 이유로 사용권자산상각비를 영업비용에서 제외(영업이익에 가산)해도 될까?

❷ **주식보상비용** : 스톡옵션을 부여하면 부여 시점부터 주식보상비용을 인식해야 한다. 주식보상비용은 현금 지출과 관계없이 기록하는 영업비용이니, EBITDA를 계산할 때는 제거해 줘야 하지 않을까? 그런데 여기서 한 가지 고민이 더 생긴다. 현금으로 결제하는 스톡옵션도 있으니 말이다. 현금결제형 스톡옵션을 부여한 회사가 주식보상비용이 없는 것으로 EBITDA를 계산하면, 나중에 스톡옵션이 행사되어 현금을 지급하게 되더라도 관련 비용은 영원히 반영되지 않는다.

❸ **지분법손익** : 현금유출입이 없는 대표적인 영업외손익 항목이다. 지분 투자를 활

발히 하는 회사들은 영업이익뿐만 아니라, 투자로 인한 성과도 인정받고 싶을 것이다. 이런 회사들은 EBITDA 계산 시 영업이익에 지분법손익을 더해줌으로써 그 목적을 이룰 수 있다(영업비용인 상각비는 그 효과를 제거하기 위해 영업이익에 가산해 준다).

회사들은 EBITDA를 발표할 때, 고민이 많을 것이다. 취지에 맞는 방법으로 계산할지, 아니면 실적에 도움이 되는 방향으로 조정할 것인지 말이다. 우리는 이런 회사의 고민을 염두에 두고 숫자를 보면 된다.

EBITDA가 등장한 이유

회계에서 이유를 물어본다면 그 답은 대부분 정해져 있다. 바로 정보 이용자들에게 유용한 정보를 제공하기 위한 것! EBITDA도 마찬가지다. 예를 들어보자. 한 투자자가 기업을 인수하기 위해 여러 회사를 놓고 고민을 시작했다. 그런데 문제가 조금 생겼다. 회사마다 처한 환경과 상황이 다르니, 단순히 재무 실적만 놓고 비교하기에는 걸리는 점들이 너무 많았다.

❶ 어느 나라에 있는지에 따라 납부하는 세금이 다르다. → 세율 차이
❷ 대출 금액, 조건 등에 따라 이자 부담액이 다르다. → 자본구조 차이
❸ 회사마다 상각비가 다르다. → 회계정책 차이

이 투자자는 회사를 인수하려고 여러 회사의 이익을 비교하고 있었다. 한 회사는 이익이 적어서 쳐다보지도 않았는데, 알고 보니 이자비용

을 감당하느라 힘든 것뿐, 영업 능력은 괜찮은 알짜배기였다. 이 사실을 알았다면 충분히 매수를 고려해 볼 만하지 않았을까? 그렇다면 상황이나 환경, 회사의 가정에 따라 달라지는 요소들은 제거하고, 회사의 순수한 영업 능력만 비교하는 것이 객관적이고 공정하지 않을까? EBITDA는 이와 같은 고민의 결과로 탄생했다.

EBITDA의 한계

여러모로 자주 사용되는 EBITDA이지만, 한계도 분명히 존재한다.

- 계산 방법이 회사마다, 업종마다 다를 수 있다.
- 회사의 현금창출 능력을 추정해 볼 수는 있지만 실제 현금흐름과는 차이가 있다.
- 회사가 실제 부담하는 세금과 이자비용이 고려되지 않으니, 회사의 성과를 완벽하게 나타내지 않는다.
- 이자비용이 성과에 영향을 주지 않으므로 과도한 차입을 통해 영업성과를 극대화하려는 유인이 있을 수 있다.
- 감가상각비는 비용에서 제외되므로 과한 시설 투자를 통해 단기성과를 극대화하는 방향으로 의사결정이 이루어질 수 있다.

회사를 인수하거나 임직원을 평가를 위해 EBITDA를 사용하려고 한다면 위의 한계를 고려하여 그에 대한 대비책도 마련해야 한다.

49

회계에서는 세금이라고
다 같은 세금이 아니다

내 집 마련을 준비하고 있는 지인들을 만나면 오회계사가 꼭 확인하는 사항이 있다. 예산을 짤 때, 아파트 시세 외에 취득세 등의 부가비용을 고려했는지 물어본다. 부동산을 매입하면 취득세, 농어촌특별세, 지방교육세 등의 세금을 납부해야 한다. 세금도 무시 못할 금액이다 보니, 매매가액만 생각하고 자금을 준비하면 추가 지출 때문에 당황스러울 수 있다. 취득세만 내면 끝인가 하면 그렇지도 않다. 주택을 구입했으니, 매년 재산세도 내라고 한다. 고가 부동산인 경우, 종합부동산세도 부담해야 한다.

자동차도 마찬가지다. 자동차를 구입할 땐 취득세를 납부해야 하고, 매년 자동차를 보유하고 있는 죄로 자동차세도 내야 한다.

아파트나 자동차 구입으로 인해 납부하게 된 취득세와 재산세(또는 자동차세). 똑같은 세금 같은데, 회계에서는 두 세금을 다르게 기록한다(취득세는 자산, 재산세는 비용). 세금이라고 다 같은 세금이 아니라는 뜻이다.

세금과공과 : 세금만 내면 섭섭하지!

회계에서는 세금 외에도 공과금, 벌금 등을 모두 아울러서 '세금과공과'라고 부른다. 국가든, 지방자치단체든, 어떤 기관이나 단체에 의무적으로 납부한다는 점에서 같은 성격을 지녔기에 편의상 하나로 묶어둔 것이다. '세금과 공과금'을 줄여서 '세금과공과'라고 부른다고 이해하면 된다.

❶ 세금

세금은 크게 국가에 내는 국세(법인세, 소득세, 부가가치세, 상속세, 증여세, 증권거래세, 관세 등)와 지방자치단체에 납부하는 지방세(취득세, 재산세, 지방소득세, 담배소비세, 주민세 등)로 구분된다. 세금의 종류는 다양하고 많지만 이름 정도만 알아두자.

❷ 공과금

우리가 의무적으로 납부해야 하는 것이 어디 세금뿐이겠는가. 상공회의소회비, 적십자회비, 조합비, 협회비, 국민연금 회사부담금 등 공공단체·조합·재단 등에 납부하는 공과금도 수시로 고지서가 날아든다.

❸ 벌금, 과료, 과징금 등

법률 등을 위반하는 경우 벌금, 과료, 과징금, 과태료 등을 내야 한다. 벌금, 과료 등은 얼핏 비슷해

과태료, 벌금, 과료, 과징금

과태료 : 행정법상 의무위반에 대한 제재로서 부과·징수되는 금전이다. 과태료는 형벌이 아니므로 원칙적으로 형법이 적용되지 않으며, 전과가 남지 않고 다른 형벌과 누범관계가 생기지 않는다(예 : 도로교통법상 주차위반에 따른 과태료).

벌금과 과료 : 과태료와는 달리 형벌적 제재로 부과하는 금전적 징벌로 형법의 적용을 받는다. 벌금은 5만 원 이상, 과료는 5만 원 미만으로 규정되어 있다.

과징금 : 행정법상의 의무불이행으로 인해 발생한 경제적 이익을 상쇄하거나 의무불이행에 대해 행정처분에 갈음하여 부과하는 제재적 금전부담을 말한다.

보이지만 엄밀히 따지면 명백히 다른 개념이기는 하다. 그러나 회계에서는 법률 위반으로 낸 돈이라는 점에서 같은 비용으로 본다.

◆ 세금과공과

분류	예시
세금	국세, 지방세
공과금	상공회의소회비, 적십자회비, 조합비, 협회비, 국민연금 회사부담금 등
벌금 등	벌금, 과료, 과태료 등

세금과공과는 종류도 다양하고, 사연도 구구절절하다. 그렇다 보니 손익계산서와 재무상태표에 기록하는 방법도 조금씩 다르다.

손익계산서와 친한 세금과공과

다음 절에서 살펴볼 재무상태표와 친한 세금을 제외한 세금 및 공과금, 벌금 등은 손익계산서의 비용으로 기록한다. 제품 제조와 관련된 세금과공과는 제조원가로 분류하고, 판매 및 관리 활동과 관련된 세금과공과는 판매비와관리비, 법인의 소득에 대해 납부하는 세금은 법인세비용으로 분류한다.

손익계산서 계정과목(대분류)	내용	예시
제조원가	제품의 제조와 관련된 세금과공과	공장에 대한 재산세, 공장 차량에 대한 자동차세 등
판매비와관리비	판매 및 관리와 관련된 세금과공과	본사 건물에 대한 재산세, 영업부서 차량에 대한 자동차세 등, 제조원가에 포함되지 않는 세금과공과
법인세비용	법인의 소득에 대한 세금	법인세, 지방소득세 등

재무상태표와 친한 세금

세금이라고 하면 한 번 납부하고 마는 비용이니 왠지 손익계산서에 기록하면 될 것처럼 보인다. 대부분의 경우, 그 생각은 맞다. 그런데 재무상태표를 접하다 보면 심심치 않게 '세(稅)'라는 글자가 들어간 계정과목을 마주하게 될 것이다.

● **세금과 관련된 재무상태표 계정과목** : 부가세예수금, 원천세예수금, 미지급법인세(법인세부채), 선납법인세(법인세자산), 이연법인세자산, 이연법인세부채 등

글자로 봐서는 세금과 관련된 계정과목인 것은 맞다. 다만 재무상태표를 기웃거려야 하는 그들 나름의 사연이 있다.

❶ 발생주의 : 미지급법인세와 선납법인세

글자 그대로 법인세와 관련된 계정과목인데, 발생주의 때문에 생겼다. 미지급법인세(당기법인세부채)는 아직 납부는 하지 않았지만, 올해 발생한 이익에 대해 내야 할 법인세를 미리 부채로 잡아둔 계정과목이다. 법인세는 사업연도 종료일부터 3개월 내 국세청에 신고하고 납부한다. 즉 이익이 발생한 다음 회계연도에 세금을 내야 한다. 현금주의에서는 올해 낸 세금이 없으니, 비용도 없다. 그러나 돈을 벌었으면 세금을 내야 한다는 것을 누구나 알고 있다. 그래서 발생주의에서는 이익을 기록했으면 당연히 그에 대한 법인세 예상액을 비용과 부채로 기록한다.

선납법인세(당기법인세자산)는 현금은 미리 납부했지만(중간예납, 이자소득에 대한 법인세 등) 아직 법인세비용이 발생하지 않았을 때, 미리 낸 세금을 자산으로 기록할 때 사용하는 계정과목이다.

❷ 남의 세금 : 부가세예수금, 원천세예수금

예수금은 미리(豫) 받아둔(受) 돈(金)을 말한다. 미리 받아났으니 언젠가는 돌려주거나 토해 내야 한다. 그래서 예수금은 부채다. 제품이나 상품에 포함된 부가가치세는 최종소비자가 부담하는 세금이다. 고객이 부담한 부가가치세를 회사가 받아뒀다가 고객 대신 세무서에 납부하는 것이라고 이해하면 된다. 즉, 회사가 납부하기는 하지만 회사의 비용은 아니다. 고객 비용이다. 또한 남이 부담한 것을 받아둔 것이니, 부채다. 그래서 손익계산서가 아니라 재무상태표에 기록한다.

원천세는 회사가 임직원 등 다른 사람 또는 다른 회사의 소득세를 대신 납부해 주려고 미리 떼어가는 세금이다. 즉, 회사의 비용이 아니라 임직원의 세금이다. 회사의 비용이 아니니 손익계산서에 못 가고, 납부해야 할 빚이니 재무상태표의 부채로 기록한다.

❸ 이연법인세 회계 : 이연법인세자산, 이연법인세부채

법인세와 관련된 계정과목이다. 이연법인세 회계와 관련된 것이라는 정도만 알아두자.

여기서 잠깐!

이름만이라도 알아두면 유용한 세금

❶ **취득세** : 부동산, 차량, 기계장비, 항공기, 선박, 입목, 광업권, 어업권, 골프회원권, 승마회원권, 콘도미니엄 회원권, 종합체육시설 이용회원권 또는 요트회원권을 취득한 자에게 부과하는 세금

❷ **등록면허세** : 취득이 수반되지 않는 각종 등기, 등록 등에 대하여 부과하는 등록분과 각종 인가, 허가 등에 대하여 부과하는 면허분 세금이 있음

❸ **레저세** : 경마, 경륜, 경정, 소싸움 경기의 승자투표권 또는 승마투표권의 발매에 의해서 얻은 매출액에 대해 사업자에게 과세되는 세금

❹ **담배소비세** : 제조담배 또는 수입담배 등 담배를 대상으로 과세되는 세금

❺ **주민세** : 개인 또는 법인에 대하여 균등하게 부과하는 균등분, 사업소의 연면적을 과세표준으로 부과하는 재산분, 종업원의 급여총액을 과세표준으로 하여 부과하는 종업원분이 있음

❻ **재산세** : 토지, 건축물, 주택, 항공기 및 선박을 보유하는 경우에 과세되는 세금

❼ **자동차세** : 자동차의 소유에 대해 과세하는 소유분과 주행분이 있음

PART 7

회사의
쌀가마니 세어보는
현금흐름표

50

현금흐름표는
왜 작성할까?

재무상태표와 손익계산서를 도와주기 위해!

다시 말하지만, 회계의 모든 어려움은 발생주의에서 비롯되었다고 해도 과언이 아니다. 현금흐름표를 작성하는 것도 다 발생주의 때문이니 말이다.

발생주의에 따라 작성하는 재무상태표는 일정 시점 현재 현금이 얼마인지는 보여주지만, 그 현금이 어떤 과정을 통해 확보된 것인지는 알려주지 못한다. 손익계산서도 마찬가지다. 당기순이익은 회사가 얼마나 이익을 남겼는지 그 성과를 보여주기는 하지만, 그 금액이 회사의 현금동원능력을 알려주지는 않는다.

우리가 살아가는 데 있어 현금이 얼마나 중요한지는 모두 잘 안다. 아무리 사업을 잘해도, 또는 미래 전망이 밝아도 일시적으로 현금이 부족해서 대출을 갚지 못하면 그 회사는 망할 수밖에 없다(이게 바로 그 무서운

'부도다). 그만큼 현금 정보는 중요하다. 그런데 발생주의에 따라 작성한 재무상태표와 손익계산서를 통해서는 그 중요한 회사의 현금흐름에 대한 정보를 정확하게 확인할 수가 없다. 그래서 등장한 것이 현금흐름표다. 회사의 현금흐름에 대한 전반적인 정보를 제공해 주는 역할을 하는 현금흐름표는 발생주의 재무제표인 재무상태표와 손익계산서의 단점을 보완하기 위해 작성한다.

입금되거나 혹은 인출되거나

현금흐름은 크게 두 가지다. 현금이 들어오거나 혹은 현금이 나가거나. 예를 들어 월급을 받으면 돈이 입금되고 점심을 먹으면 현금이 나간다. 그러니 현금은 많이 들어올수록, 적게 나갈수록 좋을 것 같다.

그런데 은행에서 돈을 빌려도 현금은 들어온다. 언젠가 갚아야 하는 돈이니 마냥 즐거울 순 없다. 저축을 하거나 주식 투자를 하는 경우에는 현금이 나간다. 비록 지금은 쪼들리지만, 미래를 위한 투자이니 마음이 든든하다.

즉, 현금이 들어오고 나간다는 사실은 동일하지만 그 성격은 다르다. 돈이 들어온다고 무조건 좋고, 돈이 나간다고 무조건 나쁜 것은 아닌 것이다. 그래서 현금흐름은 그 성격에 따라 구분해서 보아야 한다.

51

현금을 3개로 나눠라!

재무상태표를 보면 회사의 활동이 무엇인지 쉽게 파악할 수 있다. 앞에서 회사는 채권자와 주주로부터 자금을 조달하여(부채와 자본), 사업을 한다고 했다(자산). 이 내용을 조금 깊이 들여다보면 다음과 같다.

❶ 회사는 채권자와 주주로부터 자금을 조달한다. (현금이 들어온다)
   ○ 부채와 자본

❷ 조달한 자금으로 사업도 하고 투자도 한다. (현금이 나간다) **○ 자산**

❸ 사업과 투자를 통해 돈을 번다. (현금이 들어온다) **○ 자산**

❹ 번 돈으로 부채 상환도 하고, 유상감자를 통해 주주에게 투자금을 반환하기도 한다. (현금이 나간다) **○ 부채와 자본**

회사의 활동 : 영업활동, 투자활동, 재무활동

이러한 회사의 모든 활동을 회계에서는 영업활동, 투자활동, 재무활동의 단 세 가지로만 구분한다. 회사가 하는 활동에는 응당 돈이 따르는 법, 현금흐름의 성격도 결국 활동의 성격에 따라 세 가지밖에 없다.

재무활동 : 채권자와 주주로부터 자금을 조달하고, 상환하는 것을 '재무활동'이라고 부른다. ○ 부채와 자본

투자활동 : 회사가 주식 투자를 하거나, 외부에 돈을 빌려주는 것 등은 말 그대로 투자다. 그래서 '투자활동'이라고 한다. ○ 자산

영업활동 : 회사의 주요 수익 창출 활동을 '영업활동'이라고 한다. 삼성전자가 휴대폰을 만들고, 판매하기 위해 행하는 모든 활동이 영업활동이다. 이외 영업활동에는 재무활동이나 투자활동에 해당하지 않는 모든 거래가 포함된다. ○ 자산

현금흐름표의 구조

현금흐름표는 회사의 일정 기간 현금흐름을 활동의 성격에 따라 각각 구분하여 표시한다.

❶ 영업활동으로 인한 현금흐름

말 그대로 영업활동으로 인한 현금흐름을 표시한다. 제품 등을 판매하거나 매출채권을 회수했을 때 현금의 유입이 생길 것이고, 반대로 원

재료나 상품을 구입하면 현금이 나간다.

영업활동으로 인한 현금흐름이라니, 영업활동으로 번 돈인 영업이익과 어감이 상당히 비슷하지 않은가? 같은 활동에서 번 현금과 이익이니, 두 숫자는 비슷한 것이 정상이다. 물론 외상 매출을 회수하고, 외상 빚을 지급하는 시점 등의 차이가 있으니 두 숫자가 다를 수밖에 없지만, 그 차이 내용은 합리적으로 설명할 수 있어야 한다.

❷ 투자활동으로 인한 현금흐름

투자활동으로 인한 현금흐름을 표시한다. 유형자산을 구입하거나, 주식을 사면 그게 다 투자다. 이렇게 투자를 할 때 현금의 유출이 일어나고, 사용하던 유형자산을 팔거나 주식을 팔면 현금이 들어온다. 돈을 빌려줄 때도 마찬가지다. 대출을 해줄 땐 돈이 나가지만 상환을 받았을 땐 현금이 들어온다.

❸ 재무활동으로 인한 현금흐름

채권자와 주주로부터 투자를 받고 부채를 상환하는 활동이 재무활동이다. 증자를 하면 현금이 들어오고, 돈을 빌려도 현금이 들어온다. 반대로 돈을 갚으면 현금의 유출이 있다.

다음 표는 한국채택국제회계기준에서 예시하고 있는 영업활동 현금흐름, 투자활동 현금흐름, 재무활동 현금흐름 내용이다. 참고 삼아 봐 두자.

활동	현금 유입	현금 유출
영업활동(❶)	재화의 판매와 용역 제공	재화와 용역의 구입
	로열티, 수수료, 중개료 및 기타 수익	종업원과 관련한 지출
	단기매매목적 유가증권 판매	단기매매목적 유가증권 취득
	이자 및 배당금 수취(ⓑ)	법인세 납부(재무활동 및 투자활동과 명백히 관련된 것은 제외)
		이자 지급(ⓒ)
투자활동(❷)	유형자산, 무형자산 처분	유형자산, 무형자산 취득
	주식, 채무상품 등 처분 (단기매매목적 상품 제외)	주식, 채무상품 등 취득 (단기매매목적 상품 제외)
	선급금, 대여금 회수	선급금, 대여금
재무활동(❸)	주식 발행	자기주식 취득, 주식 상환
	사채 발행, 차입	차입금 상환
		리스이용자의 리스부채 상환
		배당금 지급(ⓐ)

ⓐ 영업활동 현금흐름으로 분류 가능
ⓑ 투자활동 현금흐름으로 분류 가능
ⓒ 재무활동 현금흐름으로 분류 가능

위에서 살펴본 현금흐름은 일정 기간 동안 회사의 순현금변동액이다. 이 금액에다 기초 시점의 현금 잔액을 더하면 그 합계액은 당연히 기말 현재 시점의 현금 잔액과 일치해야 한다. 이 내용을 그림으로 표현하면 다음과 같다.

비록 생긴 모양이 재무제표스럽지는 않으나, 이것이 바로 현금흐름표의 기본 구조다. 재미있는 것은 현금흐름표에 기초 현금과 기말 현금을 표시해 줌으로써 현금흐름표가 '현금' 계정을 통해 재무상태표와 연결된다는 점이다. 이 말은 곧 재무상태표와 현금흐름표의 현금 기초 금액과 기말 금액이 정확히 일치한다는 뜻이다.

실제 현금흐름표에서는 재무상태표가 그러했던 것처럼, A4 용지의 폭이 좁다는 이유로 기초 현금과 기말 현금을 아래로 내려 한눈에 보기 쉽게 표시해 준다.

(+) 영업활동으로 인한 현금흐름
(+) 투자활동으로 인한 현금흐름
(+) 재무활동으로 인한 현금흐름
(=) 순현금변동액
(+) 기초 현금
(=) 기말 현금

위의 표를 보면 현금흐름표가 생각만큼 어려운 재무제표는 아닌 것 같지 않은가. 현금흐름표를 보면 회사가 영업활동과 투자활동, 재무활동에 얼마만큼의 현금을 쓰고, 얼마나 벌고 있는지 대략적인 파악이 가능하다. 물론 그 세부내용으로 들어가면 이래저래 복잡한 용어들이 많아서 어렵다. 그러니 지금은 세부내용보다는 전반적인 '현금의 흐름'을 파악하

는 데 관심을 갖자. 그것만으로도 충분히 유용하다.

＼|╱
여기서 잠깐!

이자와 배당금의 현금흐름 분류

일반기업회계기준에 따르면, 이자와 배당을 수취하는 것은 영업활동으로 인한 현금 유입이다. 이자와 배당수익은 투자활동으로 인한 결과물이니 투자활동 현금흐름으로 분류해야 할 것 같은데, 영업활동 현금흐름이란다. 또한, 이자의 지급은 재무활동으로 인해 파생된 현금 유출인데도 영업활동으로 인한 현금 유출로 분류한다. 반면에 배당을 지급하는 것은 당기순이익과 관련이 없으니 재무활동으로 인한 현금 유출이란다. 논리적으로 이해가 가지 않고, 일관성도 없어 보인다. 그래서 현금흐름표가 더 어려울 수밖에 없다.

이러한 이해하기 어려운 분류법은 현금흐름표를 간접법으로 그리다 보니 생겨났다. 간접법은 당기순이익에서부터 현금흐름을 역추적하는 방법이다. 이자수익, 이자비용, 배당금수익은 당기순이익에 영향은 주지만 일반적으로 그 금액이 크지는 않다. 간접법에서는 이렇게 대세에 영향이 없는 금액들을 영업활동으로 인한 현금흐름에 뭉뚱그려 놓는다. 그냥 모아놓다 보니 논리는 없어지고, 어려움만 남았다.

다행스럽게도 한국채택국제회계기준에서는 논리를 강조했다. 위와 같은 분류 방법을 그대로 사용해도 되지만, 이자와 배당금을 수취하는 것은 투자활동 현금흐름으로, 이자를 지급하는 것은 재무활동 현금흐름으로 분류 가능하다. 또한 배당금 지급의 경우, 영업활동 현금흐름에서 배당금을 지급할 수 있는 회사의 능력을 판단하는 데 도움을 주기 위해 영업활동 현금흐름으로 분류할 수도 있다.

52

현금흐름표는
현금주의 회계를 따른다

현금흐름표, 그래서 뭐가 까다롭다고?

현금흐름표가 어려운 이유는 (쉽기로 유명한) 현금주의 회계를 따르기 때문이다. 다른 재무제표는 그 어려운 발생주의 회계에 따라 작성하는데, 유독 현금흐름표만 현금주의를 사용한다. 쉬운 현금주의를 사용하는 것이 현금흐름표가 어려워진 이유라니, 참 아이러니하다.

이 대목에서 발생주의 회계와 현금주의 회계에 대해 다시 상기해 보자. 발생주의 회계에서는 현금흐름과 상관없이 수익과 비용을 '발생한 때'에 인식한다. 쇼핑을 하고 신용카드로 지불을 했으면, 대금 결제일이 아니라 쇼핑한 날의 비용이 된다. 재무상태표와 손익계산서, 자본변동표가 발생주의에 따라 작성된다.

현금주의 회계에서는 현금이 입금될 때 수익을 인식하고, 현금이 인출될 때 비용으로 기록한다. 즉, 신용카드 사용액은 쇼핑한 날이 아니라 카드 결제일, 즉 현금 인출일의 비용이 된다. 현금이 나가야만 비용이라고 단순하게 생각하면 되니, 이해하기가 쉽다. 가계부가 바로 현금주의에 따라 작성된다. 재무제표 중에서는 유일하게 현금흐름표가 현금주의를 적용한다.

	발생주의	현금주의
외상 판매(수익)	판매일의 수익	외상대금 결제일의 수익
신용카드 사용액(비용)	사용일의 비용	카드 결제일의 비용
재무제표	재무상태표 손익계산서 자본변동표	현금흐름표

여기서 문득 의문이 들 수 있다. 가계부는 누구나 이해하기 쉽다. 그렇다면 가계부처럼 현금주의를 쓰는 현금흐름표도 쉬워야 하는데, 왜 어렵다고 할까.

사실 현금흐름표 입장에서 보면 조금 억울할 수도 있다. 처음부터 현금주의에 따라 기록을 했더라면 현금흐름표가 세상에서 가장 쉬운 재무제표가 되었을 것이다.

그런데 회계의 기본은 발생주의다. 따라서 회사는 모든 거래를 이미 발생주의에 따라 기록을 해둔 상태다. 현금흐름표 하나 만들겠다고, 장부를 두 개 만들 수는 없는 것이다. 물론, 할 수야 있겠지만 돈이 많이 든다. 그러니 어쩔 수 없이 있는 자료를 재활용할 수밖에 없다. 경찰이 이미 일어난 범죄사건에 대해 거꾸로 추리를 해나가듯, 발생주의에 따른 회계 기록을 역추적하여 현금주의에 따른 자료로 탈바꿈시켜야 한다. 그래서 현금흐름표가 어렵다고들 하는 것이다.

한번 비틀어놓은 회계를 다시 되돌리기 위해 또 비틀어야 하니 현금흐름표를 만들어야 하는 사람은 고생스러울 수밖에 없다.

그런데 우리는 크게 걱정할 필요가 없다. 현금흐름표를 만들 때는 까다롭고 손이 많이 가지만, 그것은 만드는 사람 사정일 뿐이다. 결국은 현금주의에 따라 만든 것이니 현금흐름표는 어려워봤자 가계부인 것이다.

53

현금흐름표 읽어보기

흑자도산 : 현금흐름표는 알고 있다

영업실적이 좋고, 당기순이익도 높아서 별문제 없어 보이던 회사가 어느 날 갑자기 망하기도 한다. 당장 빚을 갚아야 하는데, 흑자가 났어도 현금이 없어 부도처리되는 경우다. 이런 것을 이른바 '흑자도산'이라고 한다.

당기순이익이 늘었다고 해서, 당장 현금 보유고가 증가하지는 않는다. 발생주의 회계에서는 외상으로 물건을 팔면 돈을 받지 못했어도 판매한 날의 수익으로 인식하기 때문이다. 그렇기 때문에 재무상태표나 손익계산서만 가지고는 회사가 흑자도산을 할지 예측할 수가 없다.

하지만 현금흐름표를 보면 회사에 현금이 얼마나 유입되고 있는지 확인할 수 있을뿐더러 미래의 현금흐름도 어느 정도 예측이 가능하다. 이런 이유로 현금흐름표는 중요한 역할을 한다.

영업활동으로 인한 현금이 증가했다면 회사의 매출 대금이 잘 회수되고 있다는 뜻이다. 물론 원재료를 사들이면서 거래처에 대금지급을 미루고 있다는 뜻도 된다. 또는 돈이 없어서 원재료를 아예 못 산 것이거나.

투자활동으로 인한 현금흐름이 증가했다면 회사가 가지고 있던 주식이나 공장을 처분했거나, 빌려줬던 돈을 돌려받은 거다. 또는 회사가 기계나 공장 등에 투자를 적게 하고 있는 것일지도 모른다. 투자하는 데 돈을 쓰지 않았다는 이야기도 된다.

재무활동으로 인한 현금흐름이 증가했다면 회사가 돈을 빌리거나 증자를 했는지 살펴본다. 회사가 내부에서 자금을 융통하기가 어려워 주주나 채권자로부터 자금을 융통해 온 것일 수 있다. 어쩌면 돈이 없어서 갚아야 할 채무를 갚지 못하고 있는 것일 수도 있다.

현금 변동의 원인은 현금흐름표 외에도 재무상태표의 자산 부채 변동, 손익계산서상 관련 손익의 변동 등과 연관지어 검토하거나 주석, 회사 관련 뉴스(예컨대, 사옥을 매각했다든지 해외 차관을 받았다든지 등), 사업보고서 등 다양한 경로를 통해 확인할 수 있다. 이렇게 재무제표를 보다 보면 궁금한 점이 생기고, 그럼 그것을 해결하기 위해 연관된 자료를 찾아보고 확인하면서 궁금증을 풀어가는 과정이 결국 재무제표 분석이다.

현금흐름표 읽기 1 : 스타벅스

현금흐름표는 가계부를 보듯 직관적으로 읽으면 된다. '어디에서 현금이 들어왔고, 어디에다 돈을 썼군.' 정도로 말이다. 스타벅스의 현금흐름표를 읽어보자.

❶ 재무상태표

스타벅스의 2022년 말과 2023년 말 현재 현금은 각각 2,009억 원과 2,468억 원이다. 1년 사이에 현금이 461억 원 정도 늘었다. 현금이 왜 이렇게 늘었을까?

❷ 손익계산서

스타벅스의 2023년 영업이익과 당기순이익은 각각 1,298억 원과 1,175억 원이다. 당기순이익이 1,000억 원 이상 증가했는데, 현금 증가액은 500억 원도 되지 않는다. 아니 왜? 현금을 어디에 쓴 거지?

❸ 현금흐름표

물론 재무상태표와 손익계산서의 여러 가지 계정과목 금액을 확인해서 그 이유를 확인해 볼 수도 있으나, 이럴 땐 현금흐름표를 보는 것이 빠르다. 멀리 돌아갈 필요 없이 직진이다! 복잡한 스타벅스의 현금흐름표 중에서 중요한 정보만 뽑아서 앞의 표로 요약해 보았다.

회사가 번 이익 대비 현금이 덜 증가한 것이 이상해서 현금흐름표

◆ **스타벅스(에스씨케이컴퍼니) 2023년 요약 현금흐름표** (단위 : 원)

	2023년	2022년
Ⅰ. 영업활동 현금흐름	443,767,584,797	262,793,706,034
Ⅱ. 투자활동 현금흐름	(192,686,086,029)	100,137,906,027
Ⅲ. 재무활동 현금흐름	(205,235,428,956)	(176,055,366,569)
Ⅳ. 현금 증감(Ⅰ+Ⅱ+Ⅲ)	45,846,069,812	186,876,245,492
Ⅴ. 기초 현금	200,975,964,607	14,099,719,115
Ⅵ. 기말 현금	246,822,034,419	200,975,964,607

를 확인했는데, 영업활동 현금흐름은 오히려 4,437억 원으로 영업이익 (1,298억 원)보다 3배 이상 크다. 손익과 관계없이 영업활동에 영향을 준 활동이 있었다는 이야기다. 예를 들어, 외상 대금(매출채권)을 회수했다거나, 법인세를 냈다거나 하는 것들 말이다. 또한 현금 유출이 없는 비용(감가상각비 등)이 크게 발생했을 수도 있다. 이런 내용은 현금흐름표의 상세 내용을 보면 확인할 수 있다.

스타벅스의 2023년 영업활동 현금흐름에서 가장 중요한 내용은 '비현금 항목의 조정(3,368억 원 증가)'이다. 당기순이익은 수익에서 비용을 빼서 계산하는데, 비용 중에는 발생주의가 시키는 바람에 현금 지출이 없음에도 비용으로 기록하는 항목(감가상각비, 사용권자산상각비 등)이 있다. 영업활동 현금흐름을 계산할 때는 이런 비용 항목을 당기순이익에 더한다. 발생주의로 기록한 것을 취소하는 절차다.

현금흐름표 상세 내용에 따르면, 회사는 유형자산(1,250억 원) 구입(투자활동), 배당금(1,062억 원) 지급(재무활동), 리스부채(990억 원) 상환(재무활동) 등을 위해 현금을 썼다.

요컨대 영업활동으로 증가한 현금이 4,437억 원인데도, 총 현금은 고작 461억 원밖에 늘어나지 않았다. 그 이유는 현금흐름표에서 즉시 확인할 수 있다. 바로 회사가 투자활동(1,927억 원)과 재무활동(2,052억 원)으로 현금을 썼기 때문이다.

현금흐름표 읽기 2 : ㈜동양

대규모 채권을 발행하여 국민들로부터 자금을 조달했던 ㈜동양이 2013년 결국 법정관리에 들어가면서 사회적으로 큰 문제가 된 바 있다. 이런 자금위기의 징후가 미리 있지는 않았을지 법정관리 들어가기 전해인 2012년 동양의 현금흐름표를 보자. 자세히 볼 것도 없다. 각각의 활동으로 인한 현금흐름이 정상적인지만 체크하면 족하다.

◆ ㈜동양 2012년 요약 현금흐름표

(단위 : 원)

	2012년	2011년
I. 영업활동으로 인한 현금흐름	(32,016,072,845)	(97,654,036,195)
II. 투자활동으로 인한 현금흐름	(8,035,159,255)	(174,465,481,543)
III. 재무활동으로 인한 현금흐름	32,233,449,048	218,170,085,096
IV. 현금의 증감(I + II + III)	(7,817,783,052)	(53,949,432,642)
V. 환율변동효과	270,902	(12,608,531)
VI. 기초 현금	9,714,895,056	63,676,936,229
VII. 기말 현금(IV + V + VI)	1,897,382,906	9,714,895,056

2012년 당시 영업활동으로 인한 현금흐름은 -320억 원이다. 즉, 물건을 팔아서는 돈이 잘 돌지 않고, 오히려 지출만 되고 있다는 뜻이다.

반면에 재무활동으로 인한 현금흐름은 +322억 원이다. 자세한 내용을 찾아보니 돈을 빌려왔기 때문에 현금이 들어왔다. 그중에서도 특히 단기차입금으로 인한 현금유입액이 1조 원이 넘었다. 이것은 단기(1년 이내)에 갚아야 할 빚이 1조 원이고, 그만큼의 현금이 곧(1년 이내) 필요해질 것이라는 뜻이다.

즉, 회사는 사업을 하면 할수록 돈을 벌지는 못한 채 쓰기만 하는 상황이고, 단기에 만기가 다가올 채무는 그 금액이 엄청나다. 딱 봐도 뭔가 비정상적이다. 이를 통해 당시 동양의 상황이 썩 좋지 않았음을 알 수 있다.

현금흐름표 읽기 3 : 모뉴엘

앞에서 모뉴엘 분식회계 사건을 간략히 언급했었다. 현금흐름표를 통해 이 사건에 대해 조금 더 알아보자.

❶ 손익계산서

회사의 2012년 및 2013년의 매출액은 각각 9,325억 원, 1조 747억 원이고, 영업이익은 881억 원, 1,104억 원이다. 매출과 영업이익이 증가하는 추세이고, 매출 규모가 1조 원이 넘으니, 잘 나가고 있는 좋은 회사로 보인다.

❷ 현금흐름표

그런데 현금흐름표를 한번 살펴보자.

◆ 모뉴엘 2013년 요약 현금흐름표 (단위 : 원)

	2013년	2012년
Ⅰ. 영업활동 현금흐름	(1,513,705,618)	1,684,079,602
Ⅱ. 투자활동 현금흐름	(44,385,783,237)	(34,263,833,667)
Ⅲ. 재무활동 현금흐름	59,643,882,512	37,779,286,442
Ⅳ. 현금 증감(Ⅰ+Ⅱ+Ⅲ)	13,744,393,657	5,199,532,377
Ⅴ. 환율변동효과등	1,486,495	(383,685,061)
Ⅵ. 기초 현금	60,068,808,213	55,252,960,897
Ⅶ. 기말 현금	73,814,688,365	60,068,808,213

영업활동 현금흐름이 2012년에는 고작 17억 원, 2013년에는 심지어 -15억 원이다. 영업활동으로 입금된 현금보다 지출된 현금이 많은 상황으로 팔면 팔수록 현금이 부족해진다는 의미이다. 영업이익 규모를 생각하면 현금이 저렇게 모자랄 리가 없는데 영업활동 현금흐름이 매우 이상해 보인다. 더군다나 재무활동 현금흐름은 오히려 2012년에 378억 원, 596억 원 증가하고 있다. 돈이 부족하니 계속해서 돈을 빌리고 있다는 뜻이다. 회사가 너무 무리하게 외상으로 판매를 한 것일까. 당장은 빌려

온 돈이 있어 현금 잔고는 늘었지만, 영업활동으로 현금을 벌지 못하니, 향후 영업 자금 부족뿐만 아니라 차입금 상환 압박으로 유동성 위기가 우려되는 상황이다.

이러한 이상한 현금흐름표가 작성된 원인은 결국 분식회계, 횡령 때문이었던 것으로 드러났다.

- 매출을 거짓으로 기록 → 실적은 좋아졌지만, 받을 돈은 없음
- 임원들의 횡령으로 돈을 펑펑 씀 → 현금흐름 나빠짐

현금이 증가했다고 마냥 좋거나, 마냥 나쁜 것은 아니다. 다른 여러 가지 상황을 고려해서 판단해야 한다. 어차피 현금흐름표 하나만 가지고는 아무것도 못한다. 그럼에도 불구하고 발생주의에 따른 재무제표만 존재하는 상황에서 현금흐름표가 주는 정보의 가치는 빛날 수밖에 없다.

여기서 잠깐!

현금흐름표 작성법, 직접법 vs 간접법

현금흐름표는 영업활동으로 인한 현금흐름을 어떻게 측정하는지에 따라 직접법과 간접법으로 작성할 수 있다.

❶ **직접법** : 말 그대로 직접적으로 현금흐름을 보여주는 방식이다. 현금주의에 따라 실제로 장부를 기록한 것처럼 말이다. 현금흐름이 직접 눈에 보이기 때문에 정보 이용자 입장에서는 이해하기가 더 쉽고 유용하다. 그래서 한국채택국제회계기준에서는 직접법을 사용하도록 권장하고 있다.

❷ **간접법** : 당기순이익에서 발생주의에 따른 회계처리 효과를 하나씩 없애가는 방식이다. 즉, 당기순이익(손실)에 현금의 유출이 없는 비용을 더하고, 현금의 유입이 없는 수익 등을 차감하여, 영업활동으로 인한 현금흐름을 측정한다. 실무에서는 대부분 간접법을 사용한다.

PART 8

어엿한
재무제표 형제들,
자본변동표와 주석

54

자본과 주식의
은밀한 관계

먼지처럼 사라진 주식, 무상감자로 인한 주주 강제퇴출

오회계사의 친구 중 한 명이 미국 유학을 떠나기 전 미래 전망이 밝다는 코스닥 회사의 주식을 샀다. 유학 생활 중 주식가격이 폭발적으로 상승했다는 소식을 전해 듣고, 그는 행복한 유학 생활을 즐길 수 있었다. 문제는 긴 유학 생활을 마치고 귀국하여 주식 계좌를 확인한 순간 발생했다. 큰 재산이 되어줄 것이라 믿어 의심치 않았던 주식이 1주도 남아 있지 않았기 때문이다. 도대체 무슨 일이 벌어진 것일까.

오회계사는 뉴스를 통해, 주가가 오르기 전 회사가 수차례의 무상감자를 실시해 유통주식수를 줄인 사실을 확인할 수 있었다. 주식수를 10대 1로 줄이는 무상감자를 하는 경우, 10주를 소유하고 있던

무상감자

말 그대로 무상으로 자본금을 감소시키는 것이다. 회사의 누적된 결손금을 보전하기 위해 자본금을 감소시키는 과정에서 주당 액면금액을 감액하거나 주식 수를 일정 비율로 감소(주식병합)시키는 방법으로 이루어진다. 이때, 주주들은 아무런 보상도 받지 못한다.

주주들은 1주(10주 ÷ 10 = 1주)만 보유하게 된다.

그렇다면, 10주보다 적은 9주만 가지고 있던 주주는 어떻게 될까. 이 경우, 계산상으로는 0.9주(9주 ÷ 10주 = 0.9)가 나온다. 그런데 주식은 무조건 1주 이상이어야 한다. 0.9주와 같이 1주 미만의 주식을 단주라고 하는데, 단주가 생기면 그냥 돈을 주고 팔아야 한다. 즉, 더 이상 주주가 아니게 된다.

아니나 다를까, 회사의 과거 자본변동표를 보니 무상감자로 인해 회사의 자본금이 줄어들었다. 수차례의 무상감자를 거치면서 친구가 보유하고 있던 주식수가 줄고 줄어 결국은 단주 처리되면서 먼지처럼 사라진 모양이다. 오회계사는 조심스레 무상감자로 인해 친구의 주식이 단주 처리되면서 주주에서 강제퇴출된 것임을 확인해 주었다.

회사의 주인은 주주다. 그리고 주주의 소유지분을 나타내는 재무상태표 항목이 바로 자본이다. 그런데 재무상태표는 일정 시점 현재 자본이 얼마이고 구성내역이 무엇인지에 대한 정보만을 제공한다. 자본의 변화내용에 대해서는 알 도리가 없다. 오회계사의 친구처럼 주주에서 강제퇴출되더라도 왜 그런지 그 이유를 확인할 수 없는 것이다.

이때 유용한 것이 바로 자본변동표다.

자본변동표에 대해 살펴보기 전에 자본이 어떻게 구성되는지부터 살펴보자. 자본변동표는 자본의 변동에 관한 재무제표일 터. 여기서 자본의 변동은 곧 자본을 구성하는 세부내역의 변동을 의미하므로, 자본 구성내역만 숙지하면 자본변동표는 다 배운 셈이다.

55

상법이 시키는 대로
하는 자본

주주가 되는 방법 : 회사를 세우거나 주식 매입하기

주주가 되는 방법은 크게 두 가지다. 돈을 투자해서 회사를 설립하거나, 남이 설립한 회사의 주식을 사거나. 물론 이외에도 유상증자에 참여하거나 전환사채 등을 매입해서 주식으로 전환하는 등 다양한 방법이 존재하지만 일단 두 가지만 기억해 두자.

주주가 되고 싶을 때, 일반적으로 주식시장에서 주식을 매입하는 방법을 떠올릴 것이다. 그런데 회계에서는, 특히 자본에 있어서는 '주주는 회사의 설립자'라고 기억해 두면 도움이 된다. 어차피 투자해서 주주가 되는 것인데 회사를 설립하든 주식을 사든 무슨 상관일까 싶겠지만, 회계처리가 서로 좀 다르다. 일단 자본 회계에서는 설립자가 우선이니, 이하 '주주라 함은 다른 언급이 없는 한 회사의 설립자'라고 생각하자.

자본은 상법이 시키는 대로 한다

여기서 한 가지 짚고 넘어갈 것은 회사의 설립은 회계의 영역이 아니라 상법의 영역이라는 점이다. 회사는 설립부터 청산에 이르기까지 상법에서 규정하고 있는 다양한 절차를 반드시 따라야 한다. 상법의 수많은 규정 중에 특히 회계와 관련된 것이 자본이다. 이를테면 주식회사의 자본은 주식으로 분할돼야 하고, 주식의 금액은 균일해야 한다는 등 미주알고주알 규정된 것이 많다. 따라서 상법을 모르면 자본 회계가 어렵게 느껴질 수 있다. 회사는 상법에서 시키는 대로 했을 뿐이고, 회계는 그것을 기록한 것에 불과하니, 상법을 모르면 자본 회계가 잘 와닿지 않을 수밖에. 그래서 회계사 시험과목에는 상법이 필수적으로 들어간다. 그냥 그렇다는 이야기다. 회계사나 변호사가 될 것도 아닌데, 굳이 상법까지 공부할 필요는 없다. 자본 회계가 어려운 이유나 알고 넘어가면 족하다.

자본의 구성 요소 : 납입자본과 주주 몫의 이익

자본은 주주의 회사에 대한 지분을 표시한다. 주주의 지분인 자본은 ❶ 주주가 회사에 납입한 납입자본과 ❷ 회사가 다양한 활동을 통해 벌어들인 이익 중에 현재 보관하고 있는 주주 몫의 이익 등으로 구성된다.

납입자본 : 자본금과 자본잉여금
납입자본은 회사 설립 시 주주가 투자한 돈을 말한다. 자본은 주식으로 분할되는데, 우리나라의 주식은 대부분 액면주식이다. 액면주식은 액면금액이 정해져 있는 주식을 말하는데, 한 회사 주식의 1주당 액면가액은 모두 동일하다. 주식을 발행할 때 최소한 액면가액 이상은 받아야 한다는 의미로 액면가액을 정한다고 한다. 이 모든 것은 다 상법이 시켜서 그리된 것이니, 그냥 그런가 보다 하자. 액면가액은 주식 발행가액이나 주식가격(주가)과는 다른 개념이다.

회계에서는 납입자본을 자본금과 자본잉여금으로 구분하여 표시하는데, 납입자본 중 액면가액에 해당하는 금액을 '자본금'이라고 하고, 액면가액 초과금액을 '자본잉여금'으로 표시한다. 자본잉여금은 주주와의 거래에서 자본을 증가시키는 잉여금을 말한다. 주주로부터 투자받은 금액 중에서 자본금을 초과하여 남은, 즉 '잉여'된 투자금 정도로 이해해 두자. 삼성전자가 액면가액 100원인 주식에 대하여 주당 10만 원을 발행가액으로 하여 유상증자를 한 경우, 유상증자 1주로 인한 삼성전자의 자본 변동은 다음과 같다.

	금액	계정과목	자본의 변동
❶ 액면가액	100원	자본금	100원×1주 = 100원 증가
❷ 액면가액 초과금액	99,900원	자본잉여금	99,900원×1주 = 99,900원 증가
❸ 발행가액(❶ + ❷)	100,000원		100,000원×1주 = 100,000원 증가

기타자본(자본조정)

그럴 리는 없겠지만 삼성전자가 액면가액 100원보다 적은 90원을 발행가액으로 하여 유상증자를 한다고 가정해 보자. 액면가액 100원은 상법과 정관에 따라 정해진 금액 이기 때문에 원래는 액면가액 이하로 주식을 발행 할 수 없다(무액면주식 제외). 그럼에도 그 이하 금액 으로 발행했다면, 회사는 가급적 빨리 그 차액을 채 워 놓아야 한다. 액면가액을 정한 이유가 최소한 액 면가액만큼은 받고 주식을 발행해야 한다는 취지 였음을 기억하자. 이때, 차이금액을 곧 해결하겠다

자본조정

거래의 성격은 주주와의 자본거래에 해 당하지만 최종불입된 자본으로는 보기 어렵거나, 자본의 차감 성격으로 자본 금이나 자본잉여금으로 분류할 수 없는 항목들을 말한다. 일반기업회계기준에 서는 '자본조정'으로, 한국채택국제회계 기준에서는 '기타자본'으로 표시한다. 주 식할인발행차금 외에도 자기주식, 주식 선택권, 감자차손이나 자기주식처분손 실 등이 있는데 참고로만 봐두면 된다.

는 약속의 뜻으로 액면가액 100원에 해당하는 금액을 자본금으로 표시 하고, 차이금액을 따로 표시해 준다. 이 차이금액을 '주식할인발행차금'이 라고 부른다. 주식을 싸게 할인하여 발행한 차이금액이라는 뜻이다. 주 식할인발행차금은 자본 항목 중에서도 기타자본(자본조정)으로 분류한다.

	금액	계정과목	자본의 변동
❶ 액면가액	100원	자본금	100원×1주 = 100원 증가
❷ 액면가액 미달금액	10원	기타자본	10원×1주 = 10원 감소
❸ 발행가액(❶ + ❷)	90원		90원×1주 = 90원 증가

주주 몫의 이익 : 이익잉여금

회사의 이익은 회사의 주인인 주주의 몫이다. 그래서 회사가 벌어들 인 이익은 주주가 가져가지 않는 이상, 차곡차곡 적립해 둔다. 이를 '남아 있는 이익'이라는 의미로 '이익잉여금'이라고 부른다. 손익계산서에서 보 았던, 회사의 성과인 당기순이익이 자본의 이익잉여금 항목에 누적된다. 즉, 당기순이익이 발생하면 이익잉여금이 증가한다.

한편, 주주가 투자의 대가로 받아가는 배당금은 회사가 그동안 모아둔

이익잉여금에서 꺼내준다. 따라서 배당이 이루어진 경우에는 이익잉여금이 감소한다.

이외에 다양한 자본 항목들이 있지만, 여기에서는 큰지막한 내용 위주로 기억하자. 우선 자본은 '납입자본', '주주 몫의 이익', '그 외 기타 항목'으로 구성된다는 것이 중요하다.

◆ **자본의 구성 요소**

자본	상세 항목
납입자본	자본금, 자본잉여금(주식발행초과금, 기타자본잉여금) 등
주주 몫의 이익	이익잉여금, 이익준비금 등
기타자본	자기주식, 주식선택권, 기타포괄손익누계액, 주식할인발행차금 등

주식 시가(주식거래 앱에서) vs 주식 발행가액(재무제표에서)

상장주식은 아무 때나 주식시장에서 거래된다. 네이버의 주식을 오늘 샀다면 미미하지만 네이버의 공동 주인이 될 수 있다. 그런데 주주 간에 주식을 사고판다고 해서 회사에 추가로 불입되는 자금이 있는 것은 아니다. 회사와 상관없이 주주들끼리 각자 가지고 있는 주식을 사고파는 것이기 때문에 그렇다. 따라서 이런 거래는 네이버의 재무제표에 아무런 영향을 주지 않는다.

회사의 재무제표에 영향을 주는 것은 실제로 주주로부터 회사에 입금되는(또는 회사에서 출금되는) 돈이 있을 때, 즉 회사가 최초에 설립되거나, 증자를 통해 추가로 주주로부터 돈이 입금될 때, 혹은 감자를 해서 회사가 주주에게 돈을 돌려주는 때 등이다. 물론 돈의 입출금이 없어도 자본

항목이 변화되는 경우가 있기는 하지만 그것과는 별개로 주주들 간에 무슨 일이 있었는지는 회사의 재무제표에 전혀 영향을 주지 않는다.

주식가격, 주가, 주식 시가는 모두 같은 말이다. 셋 다 현재 주주와 미래의 주주, 또는 과거의 주주와 현재 주주가 서로 주식을 사고파는 가격, 즉 현재 주식시장에서 거래되는 주식의 가격을 뜻한다. 주가는 현재 시점의 가격이므로 주식거래 앱에서 볼 수 있듯이 수시로 그 금액이 변화한다. 반면 주식의 발행가액은 처음 주식을 발행할 때 주주가 회사에 납입하는 금액이다. 회사의 재무제표에 표시되는 자본은 바로 이 발행가액(자본금 + 주식발행초과금 - 주식할인발행차금)이다. 주식의 발행가액은 처음 발행될 때 확정되어 변화하지 않는다. 일단 주식이 발행가액으로 발행이 되면, 주주들 간에 거래가 이루어지기 시작하고, 그 과정에서 형성된 거래가액이 주가가 되는 것이다.

56

자본변동표는
오지랖이 넓다

자본변동표는 주주 관점의 보고서

자, 이제 드디어 자본변동표에 대해 알아볼 때가 되었다. 자본변동표는 일정 기간 동안 자본의 크기와 그 변동에 대한 정보를 제공해 주는 보고서다. 주주 입장에서 볼 때 자신이 투자한 회사에 대한 지분이 1년 동안 어떻게 증가하고 감소했는지에 대한 내용을 알려준다.

먼저 자본의 구성 항목을 보기 쉽게 쭈욱 나열해 보자.

자본금	자본잉여금	기타자본	이익잉여금

* 회사마다 구성 항목을 표현하는 방법은 다를 수 있다.

여기까진 아주 쉬웠다. 그런데 앞으로는 더 쉽다.

자본변동표는 자본의 변동을 보여주는 보고서라고 했으니, 자본의 구성 항목들이 각각 처음에 얼마였고, 얼마나 변해서 결과적으로 얼마가 되었는지를 보여주면 된다. 다음 표처럼 말이다.

	자본금	자본잉여금	기타자본	이익잉여금
기초	×××	×××	×××	×××
당기순이익(+)				×××
연차배당(−)				×××
유상증자(+)	×××	×××		
FVOCI 평가이익(+)			×××	
자기주식 취득(−)			×××	
기타(증감)				
기말(계)	×××	×××	×××	×××

증자를 해서 자본금과 자본잉여금이 증가했다면 각 항목의 증가 내용에 증가한 금액을 적는다. 반대로 감자를 통해 자본금이 감소했다면 자본금 감소 항목에 표시된다. 주주에게 배당을 지급하면, 이익잉여금이 감소한다. 이때는 이익잉여금 항목의 감소 내용에 배당지급 내역이 나타난다. 이게 자본변동표의 전부다.

오지랖 넓은 자본변동표 :
재무상태표와 손익계산서를 연결해 주는 재무제표

알고 보면 자본변동표는 오지랖이 아주 넓은 재무제표다. 재무상태표와 손익계산서 모두를 품고 있기 때문이다.

자본변동표의 기초 자본 금액은 전기 재무상태표에서 가져온다. 자본 항목의 다른 변동(증자나 감자 같은)은 없다고 가정하고 기초 자본 금액에 다 당기 손익계산서에서 나온 당기순이익을 더해 준다(이익잉여금 증가). 이것이 자본변동표의 기말 자본 금액이 된다. 자본변동표의 기말 자본 금액은 당기 재무상태표의 자본 금액과 같다.

재무상태표와 손익계산서를 연결해 주는 것이 바로 자본변동표다. 참 착한 재무제표다.

	자본변동표의 자본
기초	전기 재무상태표의 기말 자본
증가	당기 손익계산서 당기순이익
기말	당기 재무상태표의 기말 자본

57

주석,
나도 재무제표다!

엄연히 재무제표 중 하나

과제를 하거나 보고서를 작성할 때, 참고문헌을 밝히거나 조금 더 자세한 설명을 덧붙이기 위해 주석을 달아본 경험이 한 번쯤은 있을 것이다. 물론 책이나 논문 등에서도 쉽게 주석을 찾아볼 수 있다.

국어사전에서는 '주석'을 '낱말이나 문장의 뜻을 쉽게 풀이한 글'이라고 설명한다. 재무제표의 하나인 '주석'도 국어사전의 뜻풀이와 크게 다르지 않다. 재무상태표, 손익계산서, 자본변동표, 현금흐름표의 숫자만으로는 알 수 없는 유용한 정보를 추가적으로 표시해 주는 재무제표가 바로 주석이다.

단지 참고용 자료일 뿐인데 '굳이 재무제표로 분류할 필요까지 있었을까' 하는 의구심이 들 수도 있다. 그렇지만 반대로 생각해 보자. '얼마나 중요한 것이기에 재무제표의 하나로 분류되었을까'라고 말이다.

주석이 궁금할 땐, 감사보고서나 사업보고서

주석은 회사의 감사보고서나 사업보고서에서 쉽게 찾아볼 수 있다. 감사보고서는 공인회계사가 회계감사를 실시한 뒤, 회사의 재무제표가 회계기준에 따라 적정하게 작성되었는지에 대한 의견을 표명한 문서다.

사업보고서는 자본시장과 금융투자업에 관한 법률(자본시장법)에 따라 투자자가 많은 회사(상장법인, 주주가 500인 이상인 회사 등)가 투자자들에게 알릴 필요가 있는 사항들을 담아 사업연도가 끝난 후 90일 이내에 금융위원회 등에 제출하는 보고서다. 회사의 목적, 상호, 사업 내용, 임원 보수, 주주 및 이사회 등에 관한 유용한 정보들이 가득 담겨 있을 뿐만 아니라 재무제표 및 감사보고서도 첨부되어 있어 그야말로 보물창고라고 할 수 있다. 금융감독원 전자공시시스템(dart.fss.or.kr)에서 누구라도 쉽게 무료로 열람할 수 있어서 더 좋다.

주석, 넌 누구냐!

다른 재무제표와 달리 주석에는 특별한 형식이나 양식이 정해져 있지 않다. 그냥 책에서 보던 주석과 같다고 이해하면 된다. 책에 주석이 달리면 본문에 주석번호가 표시되고, 해당 주석 내용을 찾아서 읽는다. 재무제표도 마찬가지다. 재무상태표, 손익계산서, 현금흐름표와 자본변동표(여기에서는 이 모두를 '재무제표 본문'이라고 하자)를 잘 보면 주석이라는 항목이 있고, 그곳에 주석번호가 달려 있다.

주석은 재무제표 본문 뒤에 붙어 있다. 재무제표 본문 내용 중에 궁금한 사항이 있을 땐 본문의 주석번호를 확인하자. 그리고 해당 주석을 찾아 읽으면 된다. 주석에는 글이 줄줄이 적혀 있고, 가끔씩 표도 그려져 있다. 숫자도 좀 보인다. 내용이 뭐라고 적혀 있든 간에 형식 자체가 어려워 어리둥절한 다른 재무제표들보다야 훨씬 친근하다.

자, 이제 주석의 내용이 무엇인지 한번 살펴보자. 하나하나 일일이 열거하기도 어려울 정도로 주석에 담기는 정보는 많다. 사실 감사의견 표명이야 한 쪽이면 족하고, 재무제표 본문도 네 쪽 정도면 끝난다. 그럼에도 대부분의 회계감사보고서가 수십 쪽이 되는 이유는 다 주석 때문이다.

58

주석,
얕보다간 큰일난다

주석에 담기는 정보 3가지

공식적으로 주석은 크게 세 가지 종류의 정보를 담고 있다.

첫째, 주석에는 재무제표 작성 근거와 회사가 사용한 구체적인 회계정책이 명시되어 있다. 한국채택국제회계기준과 일반기업회계기준 중 어떤 회계기준을 적용했는지 밝히고, 각 재무제표 항목별로 어떤 회계정책을 사용했는지 자세한 설명을 하는데, 이 부분은 회계의 깊숙한 내용을 다루고 있어서 좀 어려울 수 있다. 회사가 사용한 재고자산 평가방법이라든지, 수익인식기준이라든지 뭐 그런 것들이 적혀 있을 텐데, 회계를 좀 깊이 있게 공부하고 나서 제대로 공부했는지 확인할 때 읽어보면 도움이 될 것이다.

둘째, 회계기준에서 요구하는 정보이지만 재무제표 본문에 표시되지 않은 정보들도 있는데, 이런 정보를 주석이 알려준다. 예를 들어, 회사가 큰 소송에 걸려 있다 치자. 만약 소송에서 진다면 회사가 물어내야 할 배상금이 어마어마한 규모다. 그렇다면 이런 정보는 회사의 외부 관계자들에게도 알려야 한다. 그런데 소송에서 질지 이길지 알 수가 없으니, 재무제표 본문에 이런 내용을 기재할 방법이 전혀 없다. 이런 것을 회계에서는 우발상황이라고 하는데, 주석에 그 내용이 기재된다. 회사가 엉뚱한 소송에 걸려 있는 경우도 가끔 있어 주석을 보면 재미있을 때도 종종 있다.

셋째, 재무제표 본문에 표시되진 않지만 재무제표를 이해하는 데 유용한 정보가 실려 있다. 가장 대표적인 것이 보통 주석 1번으로 기재되는 '회사의 개요'다. 회사가 언제 설립되었는지, 어떤 사업을 하고 있는지, 주요 주주는 누구인지 모두 알려준다. 주석만 봐도 회사에 대한 전반적인 정보를 확인할 수 있으니 흥미롭지 않은가. 그것도 공짜로 말이다.

예를 들어, 스타벅스커피코리아의 상호가 바뀌었다는 것을 모르고 있었기에 그 진의를 확인해 보고 싶었다고 치자. 이럴 땐 주석을 확인하는 것이 정확하다. 회사가 직접 자신의 정보를 대중에게 공표한 내용이기 때문이다. 다음은 스타벅스의 2023년 주석 중, '회사의 개요'를 발췌한 것이다. 회사의 상호가 2021년 12월에 스타벅스커피코리아에서 에스씨케

> 주식회사 에스씨케이컴퍼니('당사')는 1997년 9월에 설립되어 커피 및 관련용품의 수입 및 제조, 판매를 주된 영업으로 영위하고 있습니다. 당사는 2021년 12월 1일 임시주주총회를 통하여 상호를 주식회사 스타벅스커피코리아에서 주식회사 에스씨케이컴퍼니로 변경 결의하였습니다. 한편 당기말 현재 당사의 납입자본금은 200억 원이며, ㈜이마트와 Apfin Investment Pte Ltd.가 당사 주식을 각각 67.5%, 32.5%씩 소유하고 있습니다.

이컴퍼니로 변경된 것을 확인할 수 있다.

전세를 구할 때는 부동산등기부등본을 떼어 담보 대출 여부를 꼭 확인해야 한다. 전세보증금을 떼이지 않으려면 말이다. 주석은 부동산등기부등본처럼 재무제표 본문이 제공해 주지 않는 중요하고 다양한 정보를 주는 소중한 보물창고다.

혹시라도 회사에 대해 궁금한 것이 있으면 회사 홈페이지나 기사 검색을 통해 웬만한 건 다 찾아볼 수 있다. 하지만 때때로 이런 식상한 정보 검색이 지겨워지거나 조금 더 명확한 정보를 알고 싶을 때가 있다. 이럴 땐 주석을 한번 떠올려보자. 의외의 고급 정보를 낚을 수도 있다.

여기서 잠깐!
어느 재무제표의 몰락 : 이익잉여금처분계산서

잘나가던 재무제표가 하나 있었다. 그런데 회계기준이 바뀌면서 재무제표에서 제외되는 수모를 겪었다. 하루아침에 신세가 뒤바뀐 '이익잉여금처분계산서' 이야기다.

이익잉여금처분계산서는 주주의 지분인 자본 중에서 '회사가 번 돈 중 주주 몫'으로 남은 '이익잉여금'이 어떻게 변동되었는지를 알려주는 보고서다. 자본변동표에서 '이익잉여금' 항목만 떼어내면 그것이 바로 이익잉여금처분계산서라고 보면 된다.

원래 이익잉여금처분계산서는 재무제표였다. 그러던 것이 자본의 변동 내용에 대한 전반적인 정보를 원하는 사회적 요구에 따라 2006년 12월 31일 이후부터 이익잉여금처분계산서 대신 자본변동표를 작성하게 되었다.

그런데 상법에서는 여전히 이익잉여금처분계산서를 기본 재무제표에 포함시키고 있다. 즉, 회계에서의 신분이 어찌 바뀌었든 간에 상법에 따라 여전히 이익잉여금처분계산서를 작성해야 한다는 뜻이다. 이렇게 작성하였건만 이익잉여금처분계산서는 여전히 재무제표 본문으로는 갈 수 없다. 그래서 주석에 표시된다. 옛 영화를 기억해 주는 주석이다.

사건의 단서를 제공하는 주석

모뉴엘 분식회계 사건을 다시 한번 떠올려 보자. 이 회사는 분식회계에 임원 횡령뿐만 아니라, 금융사기에도 연루되었다. 팔지도 않은 제품에 대해 매출채권을 잔뜩 기록해 놓고, 이 채권을 금융기관에 싸게 팔아치우면서 자금을 조달한 것이다. 사건이 터지고 나서 보아 그런지, 사기의 전조는 이미 주석에서 찾을 수 있었다.

다음은 모뉴엘의 2013년 주석의 일부 내용을 발췌한 것이다.

주석 5. 매출채권

연결회사는 당기 중 금융기관에 1조 580억 5,600만 원에 상당하는 매출채권을 양도하고 현금을 수령하였습니다. 이 거래는 매출채권 매각거래로 회계처리하였으며 이로 인하여 당기 중 발생한 매출채권처분손실은 136억 6,100만 원입니다. 또한 보고기간 종료일 현재 금융기관에 52억 7,700만 원에 상당하는 매출채권을 담보로 제공하고 현금을 수령하였으며, 이 거래는 담보부 차입거래로 회계처리되었습니다.

당시 1조 매출을 찍을 정도로 잘 나가는 회사가 매출채권을 팔았다고 한다. 그것도 136억 원이나 되는 손실을 보면서 말이다. 심지어 남아있는 매출채권을 담보로 돈을 빌리기도 했다.

매출채권은 매각의 대상이 아니다. 거래처에 물건을 외상으로 주고 나중에 돈을 받겠다는 일종의 약속이나 마찬가지다. 따라서 사업을 정상적으로 하는 회사라면 약속에 따라 대금 지금 기일이 될 때까지 기다릴 것이다. 그게 약속이니, 조금만 기다리면 원금을 회수할 수 있다.

그런데 현금이 부족한 회사라면 매출채권이라도 팔아('팩토링'이라고 한다) 신속하게 자금을 회수해야 한다. 원금을 다 받지 못하더라도 말이다. 즉, 회사가 매출채권을 팔고, 처분손실을 인식했다는 것은 그 회사가 손해를 감수해야 할 만큼 자금 압박에 시달리고 있다는 것으로 해석될 수 있다.

팩토링
금융기관 등이 회사의 매출채권을 할인된 금액으로 매입하여 회사가 대금을 신속하게 회수할 수 있도록 한 제도이다.

당시 모뉴엘은 1조 원 매출을 달성할 정도로 승승장구하는 상황이었다. 그럼에도 굳이 매출채권을 헐값에 처분했다? 뭔가 이상한 일이 벌어지고 있었던 것이 틀림없다. 이처럼 모뉴엘 분식회계 사건에 대한 단서는 곳곳에 널려 있었다.

기업 건강성 한눈에 보는 핵심 재무비율

재무비율, 왜 알아야 할까?

재무제표가 쉬워지는 재무비율

회계는 어렵다. 그래서 대부분의 사람들이 '재무제표를 읽는 것'도 어려울 것이라고 생각한다. 그런데 이렇게 한번 생각해 보자.

프로야구를 정말 좋아하는 사람이 있다. 경기를 보다 보면 경기규칙도 알게 되고, 좋아하는 선수들의 프로필까지 줄줄 외우게 된다. 사실 야구를 관람하는 것 자체는 시간과 관심만 있다면 누구나 할 수 있는 일이다.

물론 프로야구 선수가 되는 것은 당연히 힘들다. 공을 똑바로 던지는 것도 쉽지 않고, 뜬공조차 쉽게 잡아낼 수 없다. 타석에서도 공을 치기는커녕 빠른 공 스피드에 놀라 주저앉게 될지도 모른다.

그러나 야구는 프로선수가 하는 것이지 일반인이 하는 것이 아니다. 우리는 그저 야구경기를 관람하기 위해 경기 티켓을 사고, 야구장에 방문하는 수고만 들이면 된다. 그럼 신나게 경기를 관람할 수 있다. 굳이 야구장을 찾지 않더라도 TV 중계를 보며 편하게 야구 경기를 관람할수도 있다. 그뿐인가. 해설자들이 저 선수는 어떻고, 경기 전망은 어떻고 등등 설명까지 해주니 야구를 즐기기가 얼마나 쉬운가.

회계도 마찬가지다. 회계는 어렵다. 그러나 재무제표를 작성하고, 어려운 회계기준을 해석하는 일은 회계사 또는 회계부서와 같은 회계 프로선수들에게 맡겨두면 된다. 일반인은 그저 회계의 기본적인 사항 몇 가지만 파악한 뒤, 이미 만들어져 있는 재무제표를 읽기만 하면 된다.

TV 중계를 통해 쉽고 편하게 야구경기를 관람할 수 있는 것처럼, 회계도 쉽고 편하게 재무제표를 읽으라고('재무제표 읽기'를 흔히 '재무제표 분석'이라고 표현한다) '재무비율'이라는 도구를 제공한다.

재무비율이란?

재무비율은 말 그대로 '재무와 관련된 비율'이다. 조금 더 공식적으로 재무비율은 '재무제표에 있는 여러 계정의 숫자들의 상관관계를 수학적으로 표현한 것'을 말한다.

재무제표에는 정말 많은 숫자가 적혀 있다. 어떤 숫자가 중요한지, 무엇을 봐야 하는지 처음에는 감도 잡히지 않을 것이다. 게다가 재무제표의 숫자들은 그 자체로 의미를 갖기보다는 계정과목 간 관계 분석, 과거와 현재의 비교, 다른 회사와의 비교 등을 할 때 더 중요한 의미를 갖는다.

재무비율은 따로 시간내기가 어려운 바쁜 사람들, 그리고 회계가 어려운 사람들을 위해 재무제표에서 특별히 의미 있고 중요한 숫자들을 발췌해서 읽기 쉽고, 비교 분석하기 쉽도록 사전에 정해진 공식대로 계산해 놓은 비율이라고 이해하면 된다.

재무비율을 고려하지 않은 경우

재무비율 이해하기

A와 B회사의 재무제표를 보고 다음과 같이 비교해 보았다.

> **정보** ① A회사의 올해 매출액이 1,000억 원, 매출원가는 900억 원, 매출총이익(매출액 − 매출원가)은 100억 원이다.
>
> **판단** 100억 원이 이익이라면 느낌상 실적이 나쁘진 않은 것 같다.
>
> **정보** ② A회사의 전기매출액은 800억 원이고, 전기 매출원가는 600억 원, 전기 매출총이익은 200억 원이다.
>
> **판단** 올해 매출이 작년보다 늘었다. 영업을 잘한 것 같다. 그런데 매출총이익은 오히려 작년보다 줄었다. 왜 그런지 의문이 든다.
>
> **정보** ③ B회사의 올해 매출액이 10억 원이고, 매출원가는 8억 원, 매출총이익은 2억 원이다.
>
> **판단** 매출총이익이 고작 2억 원이다. B회사는 A회사에 비해 별로다.

이와 같이 어떤 판단이 필요할 때 재무비율을 이용해 재무제표를 읽으면 조금 더 구체적인 판단이 가능해진다.

재무비율의 계산 : 매출총이익률 = 매출총이익 ÷ 매출액

매출총이익률은 재무비율의 하나로, 매출액에서 얼마만큼의 매출총이익을 얻었는지를 보여준다. 그 의미는 제쳐두고, 일단 매출총이익률을 계산해 보자. 재무제표에서 필요한 숫자만 찾아서 계산하면 된다.

위 공식에 따르면, 올해 A회사의 매출총이익률은 아래와 같이 10%다. 매출액의 10%만 매출총이익으로 남는다는 소리다.

$$\text{매출총이익률} = \frac{\text{매출총이익}}{\text{매출액}} = \frac{100억\ 원}{1,000억\ 원} = 10\%$$

A회사의 작년 매출총이익률은 다음과 같이 25%다. 매출액의 25%가 원가를 제외한 매출총이익으로 남는다는 의미다.

$$\text{매출총이익률} = \frac{\text{매출총이익}}{\text{매출액}} = \frac{200억\ 원}{800억\ 원} = 25\%$$

한편, B회사의 올해 매출총이익률은 20%다. 매출액의 20%가 회사의 이익인 것이다.

$$\text{매출총이익률} = \frac{\text{매출총이익}}{\text{매출액}} = \frac{2억\ 원}{10억\ 원} = 20\%$$

재무비율의 활용

❶ 재무비율을 활용하면 재무제표 구성 항목의 의미를 구체적으로 이해할 수 있다

재무비율을 보면 A회사는 올해 매출액의 10%, 작년에는 매출액의 25%가 이익으로 구성된다는 것을 구체적인 숫자를 통해 확인할 수 있다. 막연히 재무제표의 숫자 그대로를 분석하는 것보다 재무비율을 이용하면 재무제표에서 경제적으로 의미 있는 정보를 쉽게 파악하고, 이해할 수 있다.

❷ 재무제표 구성 항목의 변화 · 추세 등의 분석이 가능해진다

A회사의 경우 작년에 25%였던 매출총이익률이 올해 10%로 감소했다는 것을 알 수 있다. 즉, 재무제표 구성 항목의 변화 추이를 수치상으로 즉시 파악할 수 있다. 더구나 A회사는 전기보다 당기에 매출이 증가한 상태다. 그럼에도 불구하고, 매출총이익률이 전기보다 15%나 감소하였으니, 뭔가 이상하지 않은가? 그러니 뭔가 추가적인 검토가 필요할 것 같지 않은가? 이와 같이 재무비율을 활용하면, 이상 항목을 즉각적이고 구체적으로 파악할 수 있다. 따라서, 차이 항목에 대한 분석 계획을 세우기에도 매우 용이하다.

❸ 다른 회사의 재무제표 구성 항목과 비교 · 대조 등이 가능해진다

재무비율을 응용하면 다른 회사의 재무제표와 비교하기도 수월해진다. 매출총이익 규모만 놓고 보면, A회사가 B회사보다 실적이 훨씬 좋다(100억 원 vs 2억 원).

B회사는 매출 규모로 볼 때, A회사에 비해 상당히 영세한 업체인 것으로 이해된다. 따라서 단순히 매출액, 매출원가, 매출총이익 등의 금액만 가지고 두 회사를 서로 비교하는 것은 그리 의미가 없다. 그런데, 이 상태로 B회사를 버려야 하는가.

재무비율을 안다면, 재무제표상의 숫자만을 비교하여 의사결정을 하는 것은 조금 고민해 봐야 한다. 여건이 다른 두 회사의 경우, 재무비율을 비교 분석해 보면 상당히 의미 있는 정보를 얻을 수도 있기 때문이다. 두 회사의 매출총이익률(10% vs 20%)을 살펴보자. 비록 B회사는 영세하지만, 오히려 A회사보다 매출을 통한 이익을 10%나 더 남기고 있음을 알 수 있다. 혹시 모른다. B회사는 영세하지만 굉장히 효율적으로 회사를 운영하고 있으며, 미래 성장가능성이 무궁무진한 알짜배기 회사일지 말이다.

다양한 재무비율로 재무제표를 쉽게 이해하자

재무제표의 정보가 방대한 만큼, 재무비율도 다양하게 존재한다. 예컨대, 회사의 단기지급능력을 알려주는 유동성비율, 장기지급능력을 나타내는 안정성비율, 수익성을 나타내는 수익성비율, 효율성을 나타내는 활동성비율 등이 있다.

그 의미를 모를 경우, 오히려 일반적인 회계보다 더 어렵게 느껴질 수도 있는 것이 재무비율이다. 믿기지 않겠지만 기억하자. 재무비율은 '재무제표를 쉽고 편하게 읽으라'고 존재하는 것임!

유동성비율

유동성비율은 단기부채가 있을 경우, 이 부채를 상환하기 위해 단기간에 현금화가 가능한 자산이 얼마나 되는지를 보여주는 재무비율이다. 대표적으로는 유동비율과 당좌비율이 있다.

❶ 유동비율

유동비율(Current Ratio)은 유동자산(당좌자산과 재고자산을 포함)을 유동부채로 나눈 비율이다.

> **유동비율 = 유동자산 ÷ 유동부채**

일반적으로 유동비율이 2 : 1(200%) 이상이면 회사의 단기채무 변제 능력이 양호하다고 평가된다. 공식을 잘 생각해 보자. 유동비율이 200%라는 것은 유동부채보다 유동자산이 2배 많다는 의미다. 자산이 2배나 많으니 빚 갚을 능력도 충분하다고 해석될 수 있는 것이다.

유동비율이 높을수록 회사의 현금동원능력이 높은 것이니, 채권자들은 긍정적인 신호로 받아들인다.

❷ 당좌비율

유동비율을 계산할 때, 분자에 해당하는 유동자산에는 재고자산과 같이 상대적으로 현금화하기 어려운 항목들도 포함된다(현금화하기 어렵다는 것은 유동성이 낮다는 말이다. 반대로 유동성이 높다는 것은 현금화가 쉽다는 뜻이다. 재고자산은 영업활동을 통해 판매를 해야 현금으로 만들 수 있기 때문에 유동성이 낮은 자산에 속한다). 따라서 당좌비율에서는 이러한 자산들을 제외하고 유동성이 높은 당좌자산만을 고려하여 유동성을 평가하게 된다.

당좌비율(Quick Ratio)은 당좌자산을 유동부채로 나누어 계산하는 비율이다.

당좌비율 = 당좌자산 ÷ 유동부채

여기서 당좌자산은 현금 및 현금성자산, 단기투자자산, 매출채권, 선급비용, 이연법인세 자산 등으로 구성된다.

일반적으로 당좌비율은 1 : 1(100%) 이상이면 긍정적인 신호로 여겨지니, 참고로 알아두자.

안정성비율

유동성비율이 회사의 단기채무에 대한 현금 조달능력을 보여주는 비율이라면, 안정성비율은 회사가 장기채무와 그 이자를 잘 갚아나갈 수 있는지를 알려주는 재무비율이다.

❶ 부채비율

부채비율(Debt to Equity Ratio : D/E Ratio)은 타인자본인 부채를 자기자본으로 나누어 계산한 비율이다(부채비율을 계산할 때 분모에 자기자본 대신 총자본을 이용하기도 한다).

> **부채비율 = 부채 ÷ 자기자본**

공식을 잘 생각해 보면 자기자본으로 부채를 얼마만큼 커버할 수 있는지를 보여준다는 것을 알 수 있다. 예컨대 부채비율이 150%인 경우, 부채가 자기자본보다 1.5배 많다는 의미다. 회사가 번 돈이나 주주가 투자한 돈보다 부채가 더 크다면, 까딱 잘못하면 부채를 변제하지 못할 수도 있지 않겠는가. 따라서 부채비율이 클수록 회사가 빚을 갚지 못할 위험이 커진다고 이해할 수 있다.

❷ 자기자본비율

자기자본비율(Shareholder's Equity to Total Assets)은 총자본(또는 총자산)에서 자기자본의 비중이 얼마나 되는지를 나타내는 비율이다.

> **자기자본비율 = 자기자본 ÷ 총자본(또는 총자산)**

❸ 이자보상비율

이자보상비율(Interest Coverage Ratio)은 회사의 영업이익으로 채권자에게 지급해야 하는 이자를 몇 번이나 지급할 수 있는지를 보여준다.

> **이자보상비율 = 영업이익 ÷ 이자비용**

이자보상비율이 5라면, 회사는 영업활동을 통해 번 돈으로 이자를 다섯 번 갚을 수 있다는 의미다. 이자보상비율을 통해 회사가 이자를 지급할 수 있는 능력이 어떤지를 평가할 수 있는 것이다. 따라서 이자보상비율은 크면 클수록 채권자들에게 유리한 신호로 해석된다.

수익성비율
~~~~~~~~~~

수익성비율은 회사의 영업성과를 알려주는 재무비율이다. 보통 수익성비율은 회사의 이익을 총자산이나 매출액 등으로 나누어서 계산하게 되는데, 투자된 자본이 얼마나 효율적으로 이용되고 있는지를 보여준다.

❶ 총자본순이익률

총자본순이익률(또는 총자산순이익률)은 회사가 조달한 타인자본과 자기자본을 얼마나 효율적으로 이용하고 있는지를 보여준다. 당기순이익을 회사의 평균총자본(또는 총자산)으로 나누어서 계산한다.

> **총자본(또는 총자산)순이익률 = 당기순이익 ÷ 평균총자본(또는 총자산)**
>
> ※ 평균총자본 = (기초 총자본 + 기말 총자본) ÷ 2

이때, 총자본은 일정 기간의 평균치로 계산을 해야 한다. 그 이유는 분자의 당기순이익이 1년간의 경영성과를 나타내는 수치인 데 비해서, 재무상태표의 총자본은 일정 시점의 잔액을 나타내는 정보이기 때문이다.

❷ 매출액이익률

매출액이익률(Return on Sales)은 매출에서 얼마만큼의 이익을 얻는지를 나타내는 재무비율이다. 분자에는 매출총이익, 영업이익, 당기순이익 등의 이익을 반영하고 분모에 매출액을 넣어 계산한다.

> 매출총이익률 = 매출총이익 ÷ 매출액
>
> 매출액영업이익률 = 영업이익 ÷ 매출액
>
> 매출액순이익률 = 당기순이익 ÷ 매출액

매출액이익률은 물건을 1원어치 팔았을 때, 회사가 벌어들일 수 있는 이익이 얼마나 되는지를 보여준다.

❸ 주당이익

주당이익(Earning Per Share : EPS)은 보통주 1주당 회사의 이익이 얼마나 되는지를 보여주는 지표다. 순이익이 높아지면 일반적으로 회사의 주가도 상승하기 마련이다. 그렇기 때문에 주당이익이 높아진다면 그 회사의 주가도 상승할 것으로 해석할 수 있다.

주당이익을 구할 때, 분자는 당기순이익에서 우선주배당금을 뺀 금액으로 하고, 분모에 가중평균유통보통주식수를 넣는다. 주당이익은 개인들이 주식 투자를 할 때 자주 거론하는 재무비율 중 하나이니, 알아두면 두고두고 유용하다.

> 주당이익 = (당기순이익 – 우선주배당금) ÷ 가중평균유통보통주식수

주당이익을 계산하는 것은 회계에서도 어려운 분야에 속한다. 그러니 주당이익을 어떻게 구해야 하는지에 대해 너무 많은 고민은 하지 않도록 하자. 게다가 재무제표가 공시되는 회사의 경우 손익계산서 맨 아래에 떡하니 주당이익이 얼마인지 적혀 있기 때문에 계산이 필요 없다.

아래는 삼성전자의 2023년 연결손익계산서 중 일부를 발췌한 것이다. 2023년 삼성전자의 주당이익은 2,131원이다.

◆ 삼성전자 2023년 연결손익계산서 발췌

	2023년	2022년
Ⅵ. 당기순이익(단위 : 백만 원)	15,487,100	55,654,077
Ⅶ. 주당이익(단위 : 원)		
기본주당이익(단위 : 원)	2,131	8,057

활동성비율

활동성비율이 뭔가요?

활동성비율은 회사가 자산을 얼마나 효율적으로 운용하고 있는지 평가할 수 있는 재무비율이다. 활동성비율은 자산회전율이라고도 부르는데, 자산회전율은 횟수로 계산된다. 한 자산 단위당 몇 회의 매출을 실현시키는지 등으로 해석할 수 있다.

식당에서 일정 시간 동안 테이블당 손님이 자주 바뀌면 '회전율이 빠르다'라고 표현한다. 회전율이 빠르면 그만큼 음식을 많이 팔 수 있어 매출액도 늘어날 것이다. 재무비율의 자산회전율도 식당의 회전율과 유사한 개념이라고 생각하면 쉽다.

총자산회전율과 자기자본회전율

총자산회전율(Asset Turnover Ratio)은 매출액을 평균총자산으로 나누어 계산한다. 총자산회전율을 통해 한 단위의 자산을 사용할 때 얼마만큼의 매출액을 창출해 낼 수 있는지를 평가할 수 있다.

총자산회전율 = 매출액 ÷ 평균총자산

※ 평균총자산 = (기초 총자산 + 기말 총자산) ÷ 2

당연히 총자산회전율이 높을수록 회사는 총자산을 효율적으로 운용하고 있다고 해석할 수 있다.

총자산회전율과 유사한 개념으로 자기자본회전율(Equity Turnover Ratio)이 있는데, 자기자본회전율은 매출액을 평균자기자본으로 나누어 계산한다.

> **자기자본회전율 = 매출액 ÷ 평균자기자본**
>
> ※ 평균자기자본= (기초 자기자본 + 기말 자기자본) ÷ 2

재고자산회전율과 재고자산 평균회전기간

재고자산회전율은 매출원가를 평균재고자산으로 나눈 비율이다. 재고자산 한 단위가 매출에 얼마나 기여하는지, 결과적으로 회사가 재고자산을 얼마나 효율적으로 관리하는지를 알려준다.

> **재고자산회전율 = 매출원가 ÷ 평균재고자산**
>
> ※ 평균재고자산 = (기초 재고자산 + 기말 재고자산) ÷ 2

재고자산회전율이 높은 경우에는 같은 양의 재고를 가지고도 더 많이 판매할 수 있으므로 회사가 재고자산을 효율적으로 운용하고 있는 것으로 해석될 수 있다.

한편 재고자산이 현금화되는 데 소요되는 기간이 얼마나 되는지를 알려주는 '재고자산 평균회전기간'이라는 것도 있다. 재고자산 평균회전기간은 365일을 재고자산회전율로 나누어서 계산하는데, 재고자산이 1번 회전해서 현금으로 바뀌는 데 얼마나 걸리는지를 보여준다고 생각하면 된다.

> **재고자산 평균회전기간 = 365일 ÷ 재고자산회전율**

이외에도 다양한 종류의 재무비율이 있다. 재무비율은 재무제표에서 숫자를 발췌해서 손쉽게 계산할 수 있으므로 회사의 수익성과 위험 등을 파악하는 데 많은 도움이 된다. 그렇지만 재무제표를 읽고 의사결정을 할 때, 재무비율은 참고 목적으로만 이용하는 것이 좋다. 재무비율은 과거의 정보를 분석한 것에 불과할 뿐, 회사의 미래를 예측하는 데에는 한계가 있기 때문이다.